中西方文化差异与文学翻译的融合探索

宋欣阳　郝永辉◎著

武汉理工大学出版社

·武汉·

内 容 提 要

本书是一本探讨中西文化差异与文学翻译融合的学术性著作。首先阐述了中西方文化差异的根源、文学翻译的基础知识、中西方文化差异对翻译的影响以及文学翻译中的文化差异与处理；而后分析了中西方词汇文化、句式文化、语篇文化、修辞文化、生活文化、习语文化、典故文化等的差异与文学翻译；最后论述了中国古典文学的翻译与传播。通过本书的研究，方便译者在翻译文学作品时，能够充分理解中西方文化的差异，并熟练掌握文化与文学的相关知识，从而促进文学翻译水平的不断提高。

图书在版编目（CIP）数据

中西方文化差异与文学翻译的融合探索 / 宋欣阳，郝永辉著. -- 武汉：武汉理工大学出版社，2024. 10.
ISBN 978-7-5629-7287-7

Ⅰ. G04；I046

中国国家版本馆CIP数据核字第20244TF459号

责任编辑：何诗恒
责任校对：尹珊珊   排   版：米 乐
出版发行：武汉理工大学出版社
社   址：武汉市洪山区珞狮路122号
邮   编：430070
网   址：http://www.wutp.com.cn
经   销：各地新华书店
印   刷：北京亚吉飞数码科技有限公司
开   本：710×1000   1/16
印   张：13
字   数：233千字
版   次：2025年4月第1版
印   次：2025年4月第1次印刷
定   价：92.00元

前　言

在全球化的大背景下，随着文化交流的日益频繁，中西文化之间的差异和冲突也变得更加明显。如何在文学翻译中妥善处理这些差异，实现文化的融合和交流成为一个至关重要的问题。在探讨这一议题时，首先要认识到中西文化之间存在的显著差异，这些差异体现在思维方式、价值观念、审美取向以及语言习惯等多个层面。例如，中国文化强调集体主义和和谐统一，而西方文化则更注重个人主义和自由竞争。这些文化差异导致了文学作品在语言表达、情节构建、人物形象塑造等方面存在显著不同。在文学翻译中，如何处理这些文化差异是一个挑战。译者既要尽可能保留原作的文化特色，让读者感受到原作的文化魅力，又要考虑到目标读者的文化背景和审美习惯，使译文更加贴近读者。这要求译者不仅要有深厚的文化底蕴，还要有敏锐的跨文化意识，以便在翻译过程中实现文化的融合和交流。

本书共分为九章。首先，本书讨论了中西方文化差异的根源、文学翻译的基础知识，以及文化差异对翻译的影响和文学翻译中的文化差异处理。接着，深入分析了中西方在词汇文化、句式结构文化、语篇文化、修辞文化、习语文化、典故文化、生活文化等方面的差异，并探讨了这些差异对文学翻译的影响。最后，专门讨论了中国古典文学的翻译与传播问题，旨在推动中国古典文学在世界范围内的传播和交流。在词汇文化方面，详细比较了中西方词汇的内涵和外延，探讨了词汇背后的文化含义。对于译者来说，理解词汇的文化内涵是准确传达原作意图的关键。通过对比和分析，译者可以更精准地选择译文词汇，使译文更加贴近目标读者的文化背景。在句式结构文化方面，探讨了中西方句式结构的不同特点，并分析了句式背后所体现的思维方式和审美取向。这有助于译者更好地理解原作的句式结构和表达方式，并在译文中灵活调整句式结构，以符合目标读者的阅读习惯。在语篇文化方面，深入分析了中西方文学作品的篇章结构和叙事方式，揭示了不同文化背景下的文学传统和审美观念。这有助于译者在翻译过程中保持原作的整体风格和逻辑结构，同时传达原作的艺术魅力。在修辞文化、习语文化、典故文化等方面，本书进行了详细的比较和分析。这些内容对于译者来说是理解和掌握原作文化特色的重要途径。通过深入研究这些文化元素，译者可以更准确地传达原作的文化内涵，使译文更加生动、有趣。此外，本书还讨论了中国古典文学的翻译与传播。中国古典文学是中华民族的文化瑰宝，其独特的文化内涵和艺术魅力吸引了世界各地的读者。通过探讨中国古典文学的翻译策略和传播途径，本书旨在推动中国古典文学在世界范围内的传播和交流，为中西文化交流贡献力量。

本书旨在帮助翻译工作者和文学爱好者理解和处理中西文化差异，以便更好地推动文学翻译的实践和发展。通过对中西方文化差异的深入剖析，本书帮助读者认识到文化差异对文学翻译的影响，并提供了一系列处理文化差异的策略和方法。

全书由宋欣阳、郝永辉撰写，具体分工如下：

第四章、第六章至第九章，共12.12万字：宋欣阳（太原工业学院）；

第一章至第三章、第五章，共10.16万字：郝永辉（北京信息科技大学）。

在撰写过程中，作者秉持着严谨的态度，力求为广大读者呈现一部高质量、内容丰富的作品。然而，由于作者自身水平的局限性，书中难免存在不完善之处。对此，作者深感抱歉，并诚挚地邀请各位翻译专家、翻译工作者以及广大读者朋友们，对作品进行批评和指正，以期提高文学翻译的质量和水平，促进不同文化之间的交流和理解。

作者

2024年4月

目　录

第一章　中西方文化差异与文学翻译概述

　　在全球化背景下，文学作品作为跨文化交流的重要桥梁，其内容的翻译工作日益受到关注。这些作品不仅丰富了世界文化的多样性，还促进了不同文化之间的理解与交流。文学作品的翻译远不止语言文字的转换那么简单，它涉及深层次的文化差异和文化表达的准确传递。尤其是在中西方文化差异显著的背景下，文学作品的翻译成为一项挑战性的任务。中西方文化在价值观念、社会习俗、表达习惯等方面存在极大的差异，这些差异直接影响翻译的准确性和文学作品在目标语言中的接受度。本章在分析中西方文化差异的基础上，探讨中西方文化差异对文学翻译的影响以及如何处理文学翻译中的文化差异现象。

第一节　中西方文化差异的根源

　　随着中国逐渐融入全球化的大潮，与西方国家之间的经济往来越发频繁，文化的交流与碰撞也日益显著。中国传统文化以儒释道为主流，注重人伦道德、修养内心，注重和谐、稳定，强调集体意识和服从大局；而西方文化则以基督教为根基，强调个人主义、理性思维，注重个人自由、竞争和创新。这种文化差异在双方的交往中产生了不少摩擦和误解。今天，中西方文化依然面临着不同的考验。中国文化需要保持其独特的魅力，吸收西方文化的优秀元素，不断创新发展；西方文化也要尊重并理解中国文化的特点和价值观，实现更加和谐的交流。

一、中西方思维模式差异

思维模式是人们认识和理解事物的基本方式，包括思维形式、思维倾向以及思维方法等。这种深层的文化要素不仅影响着人们的日常行为，也塑造了一个民族独特的心理特征。不同的民族在不同的文化氛围下成长，从而形成各自独特的思维模式。这些思维模式就如同每个民族的独特指纹，反映了各自民族独特的文化、历史和生活环境。总之，这些思维模式的形成是每个民族长期生存在特定的地理环境和历史条件下逐渐积累和塑造的结果。

（一）螺旋型和直线型

1.中国人的螺旋型思维

中国人往往采用螺旋型思维来观察事物，这种思维方式并不是偶然形成的，而是深深植根于中国的传统文化和哲学思想之中。在中国人的思维模式中，整体性更为重要。整体性观念在中国文化中有着深厚的历史渊源。无论是古代的阴阳五行还是现代的系统思维，都体现了中国人对事物整体性的理解和把握。所谓整体性，即将事物视为一个有机整体，经过概括性研究和探索来揭示其内在规律，这种思维模式如同曲线或圆形的形状，循环上升，间接而深入。

螺旋型思维在中国人的语言中有明显体现。中国人在思考或进行语言表达时，喜欢重复使用某些词语或句式，这种重复并不是冗余，而是一种修辞手法，目的是强化语言的表达力。

2.西方人的直线型思维

西方人的思维模式具有强烈的个体性导向，倾向于将复杂的事物拆分成单独的要素逐一进行逻辑分析，注重形式论证，这使西方人的思维模式呈现出直线型的特征。

西方人的直线型思维在语言中表现得尤为明显。西方人坚持"天人相分"，即将事物视为相互独立且区分开来的个体，同时这些事物的状态是不断变化的。因此，在长期使用线性连接和排列的抽象化文字符号的过程中，西方人的思维线路逐渐发展成直线型，具有显著的直接性。这种直线型的论述方式使读者能够清晰地把握作者的思路，更好地理解文章的主旨。西方人的直线型思维模式还体现在他们的决策过程中。在面对问题时，西方人习惯于将问题拆分成若干个子问题，然后分步骤、有逻辑地逐一解决，以便更加高效和准确。

（二）内倾型和外倾型

1.中国人的内倾型思维

中国文化以自给自足为基调，形成了一种独特的内倾型特质，使中国人自古以来就高度重视以人为本的理念。中国人普遍认为，只有人类才能够主动地将主观情感与现实世界中的客体相结合，创造出富有情感和思想的语言表达。

中国人的内倾型思维实际上可以追溯到中国古代道家哲学的核心思想——"天人合一"和"万物与我为一"，这种哲学观念强调人类与自然界的和谐统一，认为人类与万物之间存在着一种神秘的联系。这种联系不仅体现在物质层面，更体现在精神层面。因此，在中国文化中，人们习惯将自身与自然环境、社会现象等外部世界紧密地联系在一起，通过语言表达来传递内心的情感和思想。

在汉语中，中国人的内倾型思维模式有明显的体现。汉语句子的执行主体往往是人或者是有生命的词语，动作往往以人或者有生命的词语为中心。在描述某一个事件时，中国人习惯将人的动作和状态作为句子核心，而将时间、地点等其他元素作为辅助信息，这使汉语表达更加生动、形象，富有情感和思想。此外，在表达时间、地理位置、组织系统、人物等方面，汉语的排列顺序为从大到小，这种方式不仅符合中国人的思维习惯，也使汉语表达更加符合逻辑，语义更具连贯性。

2.西方人的外倾型思维

西方文化致力于寻求自我完善与发展，但由于其对内在需求的无法满足，西方文化不得不持续向外拓展，不断征服外界环境以汲取养分。这种向外寻求帮助的倾向，正是西方文化典型的外倾型特质的体现。

西方人的外倾型思维可以追溯到西方哲学中的"天人相分"与"主客相分"观念，强调人类与自然的分离，认为人类应当运用科学方法来认识自然、改造自然。这种物本文化注重客观事物和现象对人的作用，认为人类应当通过不断了解自然规律，以便更好地适应和改造环境。

在语言表达方面，西方人的外倾型思维有突出的表现。用英语说明事物时，西方人往往习惯从小到大、从个体到整体来表述，这使他们更加注重细节，善于从微观层面揭示事物的本质。同时，英语中多使用"非人称"主语，以被动语态和主动语态并重，体现了西方文化对外在事物的关注与探究。

（三）集体主义和个人主义

1.中国人的集体主义

自古以来，中国人深受天地万物之间互动关系的影响，从日月交替、四季更迭等自然现象中汲取智慧，形成了独特的"万物一体"和"天人合一"哲学观念。在这种哲学思想的影响下，中国人群体意识强烈，重视集体价值，认为集体利益高于个人利益。在日常生活中，这种观念表现为人们对家庭、社区和国家的深厚情感与责任感，当个人利益与集体利益发生冲突时，中国人通常会选择服从集体利益，以维护整个社会的和谐与稳定。

虽然在当代，随着经济不断发展，个人主义的思想在中国也逐渐兴起，但中国人依然保持着集体主义观念，具有强烈的集体归属感，这种归属感不仅是他们内心深处的精神支柱，也是他们面对挑战和困难时的重要力量来源。在中国文化中，谦逊、随遇而安和知足常乐被视为美德，人们赞赏那些不张扬、不炫耀、默默奉献的人，而争强好胜、好出风头的人则常会受到批评。这种价值观的形成与中国的社会结构和历史背景密切相关。中国传统文化强调的是和谐与平衡，而不是竞争与对抗，即所谓的"枪打出头鸟"。

此外，双数在中国文化中被视为吉利数字，人们认为双数代表着好事成双、双喜临门，寓意着吉祥如意和美满幸福，因此对结婚、乔迁等重要活动，人们往往选择双数的日期，以求吉利和好运。在汉语中，与双数相关的词语也大多是褒义的，如"好事成双""六六大顺""十全十美"等，体现了人们对双数的喜爱和推崇。

2.西方人的个人主义

在西方哲学史上，一种主导性的观念便是"主客二分"，即将主体与客体、人与自然、思维与存在对立起来。这种哲学观念深深地烙印在西方人的思维方式和行为模式之中，塑造了他们的世界观和价值观。随着时间的推移，主客二分的观念逐渐渗透到西方社会的各个层面。在宗教领域，人们坚信神是超越自然界的存在，而人类则是神的创造物，具有独特的灵魂和意志。这种信仰使得西方人更加强调个人的独立性和自主性，追求自我实现和个性发展。

（四）保守与创新

1.中国人的保守思维

中国封建社会的一体化政治结构不仅决定了国家层面的统一，更在文化层面上塑造了中国传统文化的独特面貌。这种一体化的政治结构使"大一统"思想成了中国文化的核心，强调个人与社会的信仰必须一致，所有社会成员，无论身份地位如何都应遵循相同的价值取向和行为模式。

"大一统"思想在中国传统文化中得到了广泛的体现。儒家的"三纲五常"和"礼乐教化"思想强调家庭、社会、国家的和谐统一以及人与人之间的尊重与秩序，进一步巩固了"大一统"思想的地位。儒家倡导的中庸之道，如反对走极端，鼓励人们在言行举止上追求适度，避免冒尖和与众不同，这种思想在一定程度上塑造了中国人保守的思维模式，使他们更加注重稳定和传统，而不是变革和创新。

在中国封建社会中，这种"大一统"文化的熏陶使中国人的思维方式显得相当保守，他们极端排斥异己，对于不同的观点和做法往往持有怀疑和排斥的态度。这种封闭性在一定程度上限制了人们的思想自由和创新精神的发展，然而正是在这种保守的思维模式下，中国人形成了一种注重稳定、尊重传统的价值观，促进中华文化得以延续并保存至今。

2.西方人的创新思维

西方智者们的研究范围宽广无垠，他们的探索目光既聚焦于细微如尘埃的石子，又放眼于浩渺无垠的宇宙，为了探求真理，他们不惜举行规模宏大的辩论，倾听并接纳各种不同的声音，以此寻求共识，并在此基础上不断创新。这种勇于探索、开放包容的精神正是西方哲学得以繁荣昌盛的源泉。

西方人的创新思维非常强大，他们敢于挑战传统观念，勇于打破陈规陋习，以崭新的视角审视世界，这种强烈的创新精神使西方哲学在各个历史时期都能涌现出不同的理论体系，形成了丰富多彩、千姿百态的哲学流派，共同推动着西方哲学的不断前进。

西方思维方式的特点在于其多元化和开放性，习惯从多个方向、多个层次、采用多种方法去探寻问题的解决方案，不满足单一的解释和答案。这种发散性、开放性的思维方式使西方人在面对复杂问题时能够迅速找到突破口，提出富有创意的解决方案。

（五）和谐与竞争

1.中国人的和谐思维

中国传统哲学以"天人合一"作为最高境界，这一观念深深地烙印在每一个中国人的心中。合作与协调的思维进一步体现在中国人对和睦、和谐的推崇与追求上。例如，"远亲不如近邻"这一说法就充分展现了中国人对邻里关系的重视，他们更愿意与邻居保持良好的关系，相互帮助，和睦相处。"家和万事兴"强调了家庭和谐的重要性，认为只有家庭和睦，才能带来万事兴旺。

儒家的中庸思想进一步强化了这种和谐思维。中庸思想主张在社会方方面面保持和谐一致，追求平衡与和谐。它强调个人在社会中应保持中正的态度，避免偏激和极端，以实现社会的和谐稳定。这种思想与中国古代的农业社会背景紧密相连，在农业生产中，人们需要顺应天时地利，遵循自然规律，以达到最佳的生产效果，同样在社会生活中，人们也需要遵循中庸之道，保持和谐的人际关系，以实现社会的稳定和发展。

此外，道家主张"无为而治"，强调顺应自然，不强行干预，以达到社会的和谐。佛家则强调因果报应，认为人们的行为将会影响未来的命运，因此应该注重修身养性，以达到内心的和谐。这些思想都在不同程度上影响了中国人对和谐思维的理解和追求。

2.西方人的竞争思维

西方人勇于面对和接受各种挑战，愿意将自己置于与他人平等的竞争地位，以此来激发自身的潜力和战斗力；注重行动，追求速度、结果和效率，认为这才是实现个人理想和获取财富的关键。西方人深受达尔文进化论思想的影响，坚信"物竞天择"的生存法则，认为只有通过竞争才能筛选出最优秀、最适应环境的个体。这种信条深深烙印在他们的思维方式和生活方式中，使他们在面对挑战时更加坚定和果敢。

（六）整体性与分析性

1.中国人的整体性思维

在宇宙生成的最初阶段，天地混沌未分，阴阳混为一体，这种状态被形象地称为太极。太极的动与静分别催生出了阳与阴，二者在交替变化中不断地塑造和影响着宇宙万物。阴与阳既相互对立又相互转化，如同黑夜与白昼的更迭、季节的轮回，都在彰显着阴阳的无穷魅力。这种对立与统一的关系，正是中国传统哲学中整体性思维的生动体现。

中国的传统哲学并不满足对事物的简单分类，而是深入探索事物之间的相互关系，寻求整体上的和谐与平衡。在春秋战国时期，儒家和道家两大文化派别的思想便是对这种整体性思维模式的形象演绎，尽管两者在观察和处理问题的角度上有所差异，但都坚持认为人与自然、个体与社会是一个不可分割的整体，必须相互协调，共同发展。

　　儒家所倡导的中庸思想正是源于阴阳互依互根的整体思维，主张在事物的发展中寻求平衡，既不过度，也不偏颇，以达到和谐共处的目的。就像大自然中的万物，虽然各自有着独特的生长规律和特性，但都在大宇宙的整体框架内相互依存、相互制约，共同维系着生态系统的平衡。

　　中国人习惯从宏观的角度去把握和理解事物，这使他们在处理问题时更加注重整体的和谐与平衡，倾向于避免过于绝对和极端的判断，采取一种折中、含糊的表达方式，以体现事物本身的复杂性和多面性。这种思维方式使中国人在处理问题时更加注重事物之间的相互关系以及这些关系对整体的影响。

　　2.西方人的分析性思维

　　对事物的分析不仅涉及原因和结果，还需要考虑事物之间的相互联系和相互影响。自17世纪以后，西方人在分析事物时主要采用因果关系，这种思维方式为西方科学的发展奠定了坚实的基础，但是仅仅依赖因果关系进行分析并不足以全面理解事物的本质和复杂性，因此西方人在分析事物时，还需要考虑其他因素，如事物的结构、功能、演变过程等。

　　分析性思维具有两个鲜明的特征。一是强调将整体的事物分解为各个不同的要素，使这些要素相互独立、相互分开，从而更深入地了解每个要素的本质属性和功能，更好地理解整体事物的结构和功能。二是分析性思维是完整而不是孤立的、变化而不是静止的、相对而不是绝对的辩证观点去分析复杂的世界，这不仅考虑了事物的内部结构和功能，还考虑了它们与外部环境的相互作用和影响。马克思主义哲学大力提倡这种思维层次，认为事物是不断变化和发展的，人们需要用变化和发展的眼光去看待它们，同时事物之间也存在着相互联系和相互作用的关系，因此人们需要用辩证的观点去分析它们。只有这样，人们才能更全面地了解事物的本质和复杂性，更好地应对现实生活中的各种挑战和问题。

（七）直觉性与逻辑性

1.中国人的直觉性思维

　　中国人传统思维深受儒家、道家和佛家思想的影响，注重直觉在认识事物中的作用。这种思维方式强调体验、灵感和领悟，使中国人在面对复杂问题时常常能够凭借直觉，从总体上感性地把握事物的本质。直觉思维不同于严密的逻辑思维，而是省去了许多中间环节，直接而快速地获得一个总体的印象。

　　但是直觉思维并不是完美无缺的，通过直觉思维所获得的结论往往具有偶然性，准确性差，因为直觉思维虽然能够迅速捕捉事物的整体印象，却难以深入挖掘事物背后的本质和规律。因此，如果能够将直觉思维与逻辑思维相结合，便有可能发挥其创造性，既能够迅速把握事物的整体特征，又能够深入剖析其内在逻辑。

在中国传统文化中，儒、道、佛三家都主张通过直觉把握宇宙的根本规律。孔子曾提出"内省不疚"的观点，认为通过内心的反省可以领悟宇宙的真理。孟子也认为，通过尽心尽性，可以认识天命。道家则主张与自然合一，通过直觉体验来领悟自然的整体性和和谐性。佛教禅宗则强调"顿悟"，认为通过瞬间的领悟可以洞察真理，达到心灵的解脱。这种直觉思维方式也影响了中国人的日常生活和思维方式。中国人往往习惯通过直觉来把握事物的本质，而不是通过严密的逻辑分析，在面对复杂问题时，中国人常常会说"只能意会，难以言传"，意味着他们更擅长于通过直觉来领悟事物的内在逻辑，而难以用语言准确表达，导致中国人在认识事物时往往只满足于描述现象和总结经验，而缺乏深入探究现象背后的本质和规律的精神。

2.西方人的逻辑性思维

15世纪下半叶，西方自然科学领域取得了丰硕的成果，这对形式分析思维模式产生了明显的推动作用。科学家们开始运用形式逻辑的方法来分析和解释自然现象，推动了科学研究的深入发展。这种科学方法的兴起为形式逻辑的应用提供了更广阔的舞台。

进入17世纪，英国哲学家培根创立了归纳逻辑，为形式逻辑增添了新的内容。归纳法强调从个别事实出发，通过归纳推理出一般性结论，与演绎法形成互补关系。这两种方法的结合使形式逻辑更加完善，为人们的思维提供了更全面的工具。

19世纪，英国逻辑学家穆勒进一步发展了培根的归纳逻辑，提出了探求因果联系的五种归纳方法。这些方法使归纳法在实际应用中更具操作性和实用性，进一步丰富了形式逻辑的内涵。至此，归纳法与演绎法珠联璧合，共同构成了形式逻辑的大体轮廓。除了形式逻辑和归纳逻辑，数理逻辑也在这一时期诞生。数理逻辑也称为符号逻辑，是由笛卡尔、莱布尼茨等科学家在处理逻辑问题的过程中对数学方法的大量运用而产生的。

18世纪末至19世纪初，唯心主义的辩证逻辑体系产生。黑格尔的辩证逻辑强调了思维与存在的对立统一，为后来的哲学家提供了全新的思考方式。马克思和恩格斯则以唯物主义为基础，对辩证逻辑进行了进一步的修正和发展，使辩证逻辑成为马克思主义哲学的重要组成部分。

这些逻辑工具的发展和应用使西方逻辑思维逐渐走向公理化、形式化和符号化，其不仅为科学研究提供了强大的支持，也为人们的日常思考和决策提供了有力的工具，帮助人们更加清晰地认识和理解世界，更加理性地分析和解决问题，从而推动人类文明的进步和发展。

二、中西方价值观念差异

价值观念是人们对于世间万物所持有的相对稳定、系统化的评价、看法和价值评估体系。它如同一个人的内心地图，指导着人们在生活中的决策和行动，但是这个内心地图并不是一成不变的，它受到文化、历史、社会等多种因素的影响，因此在不同的文化背景下，人们的价值观念往往存在着显著的差异。下面将主要探讨中西价值观念在教育观和文学观两个层面上的显著差异。

（一）教育观层面的差异

1.中国求善

中国文化被视为一种伦理文化，这不仅仅是因为在古代文献中，诸如《论语》这样的儒家经典，以伦理道德作为其核心内容，进而延伸至政治、社会等多个层面，更是因为在古人的生活观念中，求真与求善往往相互交织，而求真往往附属于求善。孔子在《论语》中多次强调了伦理道德的重要性，并将"中庸"这一理念视为最高的美德，他提倡人们应该通过修身齐家治国平天下，以达到个人与社会的和谐统一。

孟子进一步阐述了伦理道德的重要性。他基于"性善"的观点，构建了"仁政"和"良知、良能"的学说。在孟子看来，人的先天认知能力，如良知、良能都源于性善，他强调"诚"的核心内容是善，而"思诚"的中心则是"明乎善"。这意味着只有真正理解了善，才能去除对良知、良能的遮蔽，从而获取真正的知识和智慧。

宋明理学是儒学的新发展，虽然在一定程度上吸收和融合了道家、佛家等思想，但其基本构架仍然是伦理思想统驭认识论。在宋明理学中，伦理道德被视为人类认识世界、理解世界的基础和前提。然而，这种过于强调伦理道德的文化倾向也在一定程度上影响了中国古代社会的发展。

2.西方求真

"天人二分"观念深深地影响着西方文化的发展方向，认为人类和自然之间存在着一种分离和对立的关系，人类需要通过认识自然来掌握其规律，更好地改变和征服自然，其核心在于对真理的追求，认为只有掌握了真理，人类才能真正地认识自然、改造自然，实现自身的价值。

古希腊时期，赫拉克利特、柏拉图和亚里士多德等哲学家们就已经开始强调真理的重要性。他们认为认识的根本目的在于发现真理、认识真理，真理被赋予了至高无上的地位，人们将认识真理视为最高追求。虽然这些方法在现代看来可能有些荒谬，但当时它们却是人们探索真理的重要手段。同时，人们也意识到要发现真理还需要运用科学的手段。因此，培根等科学家创造了通过实验与理性来发现真理的科学方法。笛卡尔认为，追求真理需要运用正确的方法，而正确的方法需要经过深入的研究和探索，只有掌握了正确的方法，才能更好地发现真理。

（二）文学观层面的差异

中国和西方在文学观上呈现出截然不同的风貌。西方的文学传统源自模仿外物的理念，强调对外在世界的客观再现和描述。在这种思想指导下，西方文学自然而然地展现出了叙事性强的特征，注重通过故事情节的展开来展现人物的性格和命运。中国文学起源于心物感应论，强调作者与客观世界之间的互动和感应，这种感应过程不仅仅是简单的模仿，更是作者主观情感与客观世界相互融合的结果。因此，中国文学更加注重抒情的表达，通过文字传达出作者内心深处的情感体验。

1.中国的空灵意识

自古以来，人类与自然世界的关系便紧密而微妙。一方面，人类渴望探索自然的奥秘，寻求与天地和谐共处；另一方面，人类也试图在文化中寻找与天地平衡，从而创造出独特的文学样式和审美特征。在中国传统文化中，"天人合一"的哲学观念深入人心，人们认为只有顺应天命，与自然相融合，才能达到真正的和谐与平衡。

在中国古代，小农经济体制下的人们生活相对平淡，他们对自然的认识也局限于直观感受，因此他们并没有将自然视为具有独特能力的对手，而是将其视为与自己息息相关的存在。"天道远，人道迩。""未能事人，焉能事鬼？"这些言论都表明了人们对自然的忽视和轻视。

但是在西汉时期，董仲舒提出了"天人合一"的概念，强调天与人的统一。这种文化倾向使中国历代文学家更加关注内在的生命意识，而不是去探求自然、历史等外部世界。在文学作品中，感发意志、吟咏性情成了重要的主题，这种

"诗言情、歌咏志"的观念使中国文学在表达情感方面有着独特的魅力。

值得一提的是，西方文学中的"空灵"原本只是美学中的一个概念，代表着审美中的一种风格。但在中国文学中，"空灵"被赋予了更深的内涵。它不仅仅是对艺术精神、情感意趣的追求，更是对"出世"思想的体现。在中国文学作品中，人们常常能看到作者通过描绘自然景物来抒发内心的情感，如陶渊明的"采菊东篱下，悠然见南山"不仅体现了作者对自然的热爱，更体现了作者对人生的独特感悟。

此外，中国文学还常常借助"自然"来消解悲剧情怀和寄托情怀，如象征高洁的松、竹、梅、菊等自然景物常常被用来表达对高尚品质的追求。山水也常常被用来表现生命情思的呼应和悲剧意识的消解，如王维的"明月松间照，清泉石上流"。

除了自然景物外，酒和梦也是中国文学中常见的意象，常常被用来表现作者对人生的独特感悟和对理想生活的追求。酒因其能让人意识模糊、沉醉的特点而成了文人墨客抒发情感的媒介，梦则因其虚幻性而成了弥补现实不足的一种方式。

2.西方的追寻意识

在西方文化中，主体与客体的二元对立是一个显著的特征。这种对立关系体现在人类与自然之间的互动中，表现为人类对自然的畏惧或征服的欲望。这种关系的形成可以追溯到公元前3000年到公元前2000年左右的欧洲文明萌发期，即所谓的"爱琴文明"时代。

希腊半岛和爱琴海地区多山地，土地贫瘠，却拥有众多优良的港口，这种地理环境使希腊人很早就开始从事海上贸易，从而形成了强烈的海洋文明，为西方社会经济的商业文明的发展奠定了基础。为了谋生存和发家致富，希腊人不得不勇敢地面对海洋的挑战，他们通过航海和商业活动来寻求生存和发展的机会。这种文化氛围经过一代又一代的传承，逐渐形成了西方文化中独特的"追寻意识"。

（三）美学观

中西方美学模仿论的差异可以追溯至中西文化不同的原生点"道"和"逻各斯"，由此生发的思维观和语言观的差异影响了对模仿的不同追求，使中西方美学的模仿论呈现出不同的特色。通过对比，下面从同中之异中深度窥视了中国美学的维度及独有的审美理念与思维方式，从而增进了对中国美学的理解。

1.中国美学再现传统中的模仿

"象"是《易传》中的范畴，其中"观物取象"思想说明了《易》象源于"观"，即源于圣人对客观存在的自然事物与现象直接观察后的再现。又由"圣人有以见天下之赜，而拟诸其形容，象其物宜，是故谓之象"，所"取"的对象不仅包括自然事物和现象，还包括万物内在的特性、规律，类似于"道"。因此《易》象的产生方式"取"并非镜像式再现，而是一种能动性模仿。《易传》中"观物取象"的思想与西方模仿论不乏相通之处。在模仿对象上，由"观物取象"的目的"以通神明之德，以类万物之情"可知，《易传》设想了两种形式的模仿，其中一种是通过用卦象再现超验观念"神明"，这类似"道"，也类似柏拉图超验的"理式"；在模仿原则上，与亚里士多德同样强调创造性。在"观物取象"的影响下，后世很多美学思想都呈现出了"再现"特点。如魏晋绘画领域，有"传神写照""气韵生动"的命题，都追求作品达到宇宙本体的境界；诗文领域以"学""代""拟"为题的仿作盛行；文论领域，刘勰探讨过对超验观念和现实事物的两类模仿："神道难摹，精言不能追其极；形器易写，壮辞可得喻其道。"北宋郭熙提出"身即山川而取之"，强调模仿自然。明清时期，小说家和戏剧家几乎无一不重视创作者"入世""身经目睹"；摹古主义仍是画家创作的主要思想支撑，哪怕是以标榜自我个性为突出特点的八大山人、石涛等人，仍然会为了生计而按照程式和惯例进行创作，"摹""仿""临""拟"仍大量存在于他们的创作笔谈和相关画作的题跋之中。

由此，中国美学的再现传统历史之悠久可见一斑，所呈现的模仿观念与文章所界定的西方模仿论内涵不乏有相通之处，即都包含对超验观念的模仿、生活原型以及古典传统的模仿，同时对生活原型的模仿都注重发挥主体的创造性，因此那些认为中国美学不存在模仿论的观点，实际上是未能对中国美学史进行系统深入的研究而产生的误解。

2.西方美学中的模仿论传统

模仿是西方对艺术最早的定义。据塔塔尔凯维奇的研究，"模仿"一词肇始于荷马时代，最初指早期巫师的表演活动，公元前5世纪时转变成哲学概念，并突出了再现意义，此后赫拉克利特以"对立和谐"为基础提出艺术是对自然的模仿。尽管这里强调的是艺术与自然构成上的相似性，但他认为万物都根据"逻各斯"产生，因此艺术的模仿最终指向超验的"逻各斯"。作为最早对模仿进行系统阐释的美学家，柏拉图在《理想国》中借苏格拉底和格劳孔的对话更详尽地表达了模仿论的艺术观。他在理式论的基础上将世界分为三大范畴：理式世界、现实世界和艺术世界。艺术模仿自然，而自然模仿理念，艺术"都只得到影像，并不曾抓住真理"。故他把艺术视作一种对理式的模仿。在《诗学》中，亚里士多德对柏拉图模仿论进行了批判继承。他为模仿论注入的新内容主要体现在三个方面：在对模仿的态度上，由于理式寓于事物之中，因此对模仿持以肯定态度；在模仿原则上更加强调艺术模仿的创造性；在模仿内容上，艺术模仿按照可然律或必然律发生的事，即模仿结果表现、预知未知之事。模仿论在之后的流变中虽然呈现出一些相异的观点，但柏拉图、亚里士多德的两种模仿原则基本得到了保留。新古典主义者认为模仿自然即效仿古人观察和表现自然的方法，将模仿的对象扩展至古典创作模式。由于模仿论历史悠久，体系庞大，有着多样而复杂的内涵，文章无法全面涵盖与之相关的全部定义。

3.中西方美学模仿论差异

中西方美学拥有相似的模仿传统：在模仿对象上，都有模仿超验观念、生活原型和古典创造的传统，在模仿原则上也都强调创造性。由于中西方美学的文化背景、发展历程等方面的不同，模仿理念同中有异，差异主要体现在对模仿的不同追求上：西方美学的模仿追求一种确定性，即"拟真"；中国美学的模仿则追求一种不确定性，即"摹神"。西方模仿论是传统西方形而上学的产物，建立在"真实"的基础之上。传统西方形而上学认为意识是主体对客观现实的反映，而客观现实是不以人的主观意志为转移的"真实"存在，主体可以通过认知能力并使用语言符号通达客观世界。正是这种"镜式"模仿的观念，使西方模仿论普遍认为，模仿要忠实反映外在世界。尽管模仿论在不同的美学原则中存在差异，人们对"真实"的理解也不尽相同，但西方模仿论者不约而同地有着对"真实"的追求。如赫拉克利特认为艺术模仿自然，自然模仿"逻各斯"。而自然只是圆融各种元素的质料，质料之上还有超验的"逻各斯"，"逻各斯"作为他预设的最高的"真实"，故模仿的终极目的在于模仿"真实"。与赫拉克利特的观点类似，柏拉图将理式规定为唯一真实的存在。尽管他与赫拉克利特都认为逐层模仿会使艺术与"真实"相悖，但在艺术与真实之间的本体论差异的阐释上都体现出了对模仿"真实"的追求。亚里士多德对"真实"的理解与赫拉克利特、柏拉图不同，他的模仿论被置于唯物领域内，故他所理解的"真实"来自客观现实。他在批判继承柏拉图理论的基础上，肯定了模仿现实世界的艺术的真实性，并把"真实"作为美学的主导观念。他认为模仿的对象不是客观现实，而是建立在客观现实基础上的一种符合"应然律"的"真实"。文艺复兴时期"艺术模仿自然"的信条被美学界普遍接受。此时艺术被赞扬能像镜子一般忠实地再现"真实"事物，同时和数学、几何、光学一类的科学尤其与数学接近，可见人们希望对现状进行精确、如实的刻画。新古典主义时期，以布瓦洛为代表的新古典主义文论家在唯理主义的基础上多次提出艺术要模仿自然。

综上所述，西方美学模仿论的最高美学旨趣是呈现"真实"，在美学家的演绎中可见这种对于模仿的确定性追求。在与理性主义以来的科学追求相合流后，这种追求愈发突出。这种对模仿的确定性追求可概括为"拟真"，体现的是"真实"的掌控与征服欲。

中国美学中虽没有"真实"的概念，但对模仿的追求有"形似"和"神似"的二重性。一方面通过"穷形尽相"的方式去"以形写神"，由表及里地达到"神似"的境界。如南朝谢赫的绘画"六法"中居于首位的"气韵生动"，追求让绘画体现出万物本体和意义根源的"道"，并达到有限与无限、"虚"与"实"所统一的境界。另一方面通过"离形得似"的方式去表现难以展现的内在神理，这种美学观念在南宋随着文人画的兴起逐渐达到高峰。这在表面上有悖于"以形写神"的模仿方式，但并非对模仿的否定，而是对"神似"的追求远超"形似"。如沈括云："书画之妙，当以神会，难可以形器求也。"可见书画之妙在于事物的内在神理。对"形似"和"神似"的追求实际上都是对形而上的"道"（常表述为神）的模仿。恰如"道"的二重性：既是形而上的超验概念，又存在于事物之中。正如庄子对"道"所存之处的回答："所谓道无处不在，期而后可，在蝼蚁，在稊稗，在瓦甓，在屎溺。"因此中国美学模仿的终极目标是追求体现"道"的超验性，即"摹神"。对存于事物之中的"道"的模仿相对于超验概念的"道"的模仿是相对容易的，因为客观事物相对确定，而事物的内在神理则难以感知，如"空中之音，相中之色，水中之月，镜中之像"，是难以确定和模仿的，但正是其难以模仿的不确定性，使中国美学家为之着迷。这显然与西方模仿论的"拟真"追求大相径庭。

4.中西方美学模仿论差异探究

中西方美学对模仿追求的差异源于文化的差异，并主要体现在思维观、语言观的不同上。"道"与"逻各斯"作为中西文化滥觞，其差异也让中西方文化分道扬镳。尽管它们都被规定为万物本原，在意义上都有"言说"之意，都与规律和理性相关，但它们在相似中也存有诸多差异，中西方美学对模仿的不同追求也始于此。

"道"和"逻各斯"虽都被规定为万物本源，但"道"更倾向于"无"，"逻各斯"更倾向于"有"。"道"同时具有"有"和"无"两种规定性，但老子曾明确指出"天下万物生于有，有生于无"，可知，"道"作为万物的本源，它的"有"源于"无"，因此可以认为从根本上说"道"更倾向于"无"。"逻各斯"则更倾向于"有"。可见"逻各斯"是人们共有的，只是缺乏智慧和理解力而不能理解它。这让他从"逻各斯"走向了客观的"有"，同时把"有"规定为物质实体"火"，故他开始从"求智慧"中观察万物，探索规律。

"道"与"逻各斯"影响了中西方的思维方式。受"逻各斯"影响，西方形成了注重逻辑的、主客二元的认知模式，发展出了逻辑学、自然科学和理性主义的知识体系。而"道"则让中国古人形成了互动兼容的思维模式："道"的"无"只能通过形象将主体的感知加以呈现，人们往往用心物同一的方式去观道、求真。思维方式的差异导致了中西方语言观念的差异。西方由此形成了形而上的语言观：主客观、主客体之间的关系是直接的，故语言符号可以像镜子般将主观与客观等同起来。故西方模仿论将真实作为最高的目标，其对"真实"的掌控与征服欲也就不难理解了。而古代中国，自《易传》起人们就意识到语言无法充分地反映客体及人的意念，于是产生了"言不尽意"的语言观。人们坦然承认言不逮意，因而对言"真"存有畏惧。加之"道"的"无"的特点，中国美学的模仿从来无法也无真正的必要去追求西方所谓的"真实"，往往以少胜多、由远及近地"摹神"。

三、中西空间观念差异

空间观念是人类在历史长河中逐渐形成的一种文化现象，它涉及人们在交际和日常生活中对空间距离和领地意识的认知和处理。空间观念的形成受到文化背景、社会习惯、个人经验等多种因素的影响。[1]中西方民族在空间观念方面存在显著的差异，这主要体现在空间取向和领地意识两个层面。

（一）空间取向的差异

空间取向即交际过程中交际双方所处的方位、位置等，是文化表达的一个重要方面。这一差异不仅体现在日常生活中的座位安排上，更体现在中西方思维方式和价值观上。

---

① 闫文培.全球化语境下的中西文化及语言对比[M].北京：科学出版社，2007：97.

以座位安排为例，中国人在谈判、开会时，往往选择面对面就座，这种座位安排方式体现了中国人的"对称美学"和"正式庄重"的价值观。在严肃的场合，面对面的座位更能凸显出双方的尊重和正式性。而在上下级关系中，上级坐着、下级隔桌站立的现象更是屡见不鲜，这在一定程度上反映了中国传统的等级观念和权力结构。

与此相反，西方人的座位安排就显得更为随意和灵活。他们在开会、谈判的时候，往往选择呈直角就座的方式，这种座位安排方式体现了西方人的"平等自由"和"灵活多变"的价值观。如果两个人在同一侧就座，那么就意味着这两个人的关系十分密切，这种座位安排体现了西方人重视个人关系和社会网络的特点。

在学校教育方面，中西方的教学风格也呈现出明显的差异。中国的教室中，桌椅安排都是固定有序的，一般不会轻易改变。这种严谨的教学风格体现了中国教育的严谨性和规范性，有利于培养学生的纪律性和秩序感。而西方学校的教室里，桌椅的安排则非固定不变的，他们往往会根据教学需要来安排座位。这种灵活多变的教学方式体现了西方教育的开放性和创新性，有利于激发学生的创造力和想象力。

（二）领地意识的差异

中西方人在领地意识方面的表现呈现出显著的差异，这种差异在隐私和领地被侵犯方面尤为突出。这种差异的形成受到文化、历史、社会等多重因素的影响，也反映了不同民族在心理、价值观和行为习惯上的不同特点。

在隐私范围方面，中国人往往受到聚拢型文化理念的影响，倾向在日常生活中与他人分享信息，因此在心理上所具有的隐私范围相对较小。这使中国人在一些场合下对他人的隐私表现出较高的容忍度。例如，在医院，护士可以随意出入病人房间，这在中国人眼中被视为再平常不过的小事，但是在西方国家，人们的隐私范围通常较大，他们普遍认为个人的私人空间和隐私应得到充分的尊重和保护，因此当护士随意出入病人房间时，西方人会认为这是严重侵犯他人隐私的行为，并对此表示强烈的不满和抗议。

在隐私被侵犯时的反应方面，中西方人也表现出明显的不同。中国人往往比较注重和谐和包容，当自己的领地或隐私受到侵犯时，他们通常会选择相对温和的方式来应对。例如，当朋友来家里做客时，主人可能不会对朋友随意翻看房间中的物品表示介意，甚至会认为这是一种增进友谊的方式，但是在西方国家，人们更强调个人权利和尊严，他们通常会以直接和严厉的方式来维护自己的隐私和领地。

第二节　文学翻译概述

一、文学翻译的界定

文学翻译实际上是指将一种语言中的文学作品转化为另一种语言，同时保持其原有的情感和审美价值。这不仅是一个语言转换的过程，更是一个文化交流和理解的过程。因此，文学翻译不仅仅是文字的翻译，更是情感和文化的翻译。

卡勒（Jonathan Culler）提出了关于文学本质的五种观点。[①]

（1）文学使语言"特异化"，在翻译过程中需要找到一种能够准确传达原文情感和审美价值的目标语言。

（2）文学对文本中的语言起着整合的作用，因此在翻译时需要保持原文的语义和语法结构的完整性。

（3）文学是虚构的，译者需要在理解原文的基础上，运用自己的想象力和创造力来再现原文的情感和意境。

（4）文学中的语言具有美学作用，译者需要注重目标语言的美感和韵律，营造出与原文相似的审美效果。

（5）一部文学作品与其他的文学作品具有多重关联，译者需要考虑原文所处的文学传统和文化背景，以便更好地理解和传达原文的意图。

米勒（J.Hillis Miller）提出"文学是虚构的"[②]，认为文学是一种词语的运用，通过读者的阅读而使故事情形得以发生。这种虚构性为文学翻译带来了很大的挑战，因此在翻译过程中，译者需要在保持原文虚构性的同时，考虑目标读者的接

---

① 尹筠杉.浅谈文学翻译的"再创造"艺术——以英译汉经典诗歌翻译为例[D].黄石：湖北师范学院，2014：3.

② J.Hillis Miller. On Literature[M]. London & New York：Routledge，2002：16-45.

受能力和文化背景。

　　文学翻译的历史最早可以追溯到亚历山大大帝的后期。随着时间的推移，文学翻译逐渐从其他翻译行业中分离出来，形成了自己独特的规范和标准。19世纪，欧洲出现了文学学科，传统的文学重新建构。

二、文学翻译的性质

　　从古至今，无论在东方还是西方，艺术家们他们的创作灵感大多源于大自然或现实世界。模仿说主张文学是对现实世界的反映和再现。古希腊哲学家德谟克利特曾提出，人类甚至是通过模仿天鹅等鸟类的歌唱才学会了唱歌，这一观点展示了艺术与自然的紧密联系。苏格拉底也认为艺术的创作应追求真实和生动，主张画像、雕刻等艺术作品都应使人觉得"像是活的"，这是对模仿说的进一步阐释和深化；亚里士多德更对模仿说进行了系统论述，他将绘画、诗歌、雕刻等艺术形式统称为"摹仿的艺术"，并强调了这些艺术形式在摹仿现实世界时的真实性。

　　在中国古代，西晋的文学家陆机在其著作《文赋》中表达了类似的观点。他开篇即写道："伫中区以玄览，颐情志于典坟。遵四时以叹逝，瞻万物而思纷。"这充分表明陆机认为现实客观世界是文学创作的源泉，文学家应通过观察自然和现实世界来汲取灵感。

　　文学翻译作为一种特殊的艺术形式，本质是对原作进行模仿的艺术。译者在翻译过程中不仅要尽可能准确地传递原作的信息，还要充分考虑原作的语言表现形式、文旨、风格特征、时代氛围以及作者的审美情趣等因素，确保翻译作品既忠实于原作，又具有独特的艺术魅力。

　　此外要注意，模仿并不是简单地复制或照搬。在模仿的过程中，译者需要充分发挥自己的主观能动性，对原作进行深入的解读和理解，根据自己的审美观点和艺术追求，对原作进行创造性的转化和再创作。这种转化和再创作不仅是对原作的尊重，更是对原作的发展和提升。

第三节　中西方文化差异对翻译的影响

文化与翻译之间的关系可谓是紧密相连。翻译不仅是语言的转换，更是文化的传递与沟通。在这个过程中，译者需要深入理解源语言的文化背景，才能准确传达原文的含义，避免因为文化差异而产生的误解。反之，翻译也能够帮助我们更好地理解和欣赏不同文化的美妙之处，促进文化交流与融合。

一、风俗差异的影响

风俗习惯作为文化差异中最直接和具体的表现形式，深刻影响着中西方社会的日常生活和社会交往。以饮食习惯为例，中国的饮食文化强调食物的色、香、味、形以及饮食环境的和谐，注重菜肴的品种多样性和饮食的平衡性。而西方国家的饮食习惯则更倾向于简单、快捷，强调食物的营养价值和个人口味的满足。礼节行为上，中国文化讲究"礼仪之邦"的传统，社会互动中强调谦让和礼数，这些习惯根植于深厚的儒家文化和集体主义价值观中。相反，西方社会更加倡导个人主义，强调直率和个人表达，更重视个人的独立和自由。例如，在中国，与长辈或上级交谈时使用敬语，避免直视对方的眼睛以示尊敬是常见的礼节。而在西方，直接的目光接触和平等的对话被认为是尊重和诚信的表现。

作为文化的显著标志，风俗习惯在文学作品中的呈现往往直接关联到生活的具体场景和日常习俗。这些生活细节的真实描绘，不仅为文学作品增添了色彩，还深深植根于其文化背景之中。当这些充满特色的作品跨越语言和文化的界限，被翻译成全新的语言时，原有的风俗描述很可能因为目标文化的不同而显得生疏甚至难以理解。举例来说，中国的春节、中秋节等传统节日，其深厚的文化底蕴和独特的庆祝方式，在西方社会并无节日与之直接对应。对西方读者而言，这些节日背后的文化意义和情感寄托可能完全不熟悉。

当译者遇到风俗差异时，他们的任务远不止文字的简单转换，更需要在保持原文风味的同时，适当调整和解释，使目标文化的读者能够理解和感受到这些文化元素的独特魅力。例如，我国的春节，不仅是一个节日的名称，还代表着家庭的团聚、岁月的更迭以及对未来的美好祝愿。如果译者不能有效传达这些深层的文化含义和情感，西方读者就可能难以完整体会到作品中人物行为背后的文化动因和情感深度。

二、价值观差异的影响

价值观的差异在中西方文化中尤为显著，深刻影响着两种文化体系下人们的行为、思维和生活方式。西方文化以其历史长河中的启蒙运动为标志，强调理性、个人主义、自由和创新的精神。这种文化背景催生了一种强调个体权利、个人成就和竞争优势的价值观。在这样的文化中，个人的成功通常被定义为通过个人努力实现的职业成就、物质积累和社会地位的提升。与此同时，西方社会也鼓励创新和变革，认为这是推动社会进步和发展的关键。

相较之下，东方文化，尤其是中国文化，更重视集体主义与社会和谐。在这种文化中，个人的价值和成就往往与其对家庭和社会的贡献紧密相关。中国社会传统文化强调顺从和尊重长辈，认为维护家庭和社会的和谐是每个人的责任。在这样的文化背景下，人们被教导要将集体的利益置于个人利益之上，成功的体现往往被看作家庭荣耀和社会地位，而不仅仅是个人的成就。

在文化多元的世界中，西方的个人主义和自我实现的价值观念，在东方特别是传统的集体主义文化背景下，往往被理解为过于强调个体，忽略了对社群和谐的维护。这一价值观上的根本差异，使原本在西方文化背景下塑造的文学人物和情节，在东方读者眼中可能产生截然不同的解读和情感体验。以个人主义为主题的西方文学作品，如描绘个体反叛社会规范、追求自我解放的故事，其背后所蕴含的对自由、独立和个人权利的追求，在翻译成东方语言时，要求译者具有极强的敏感性和理解力，使作品能够被东方文化背景下的读者所理解，同时不失去原作的精神内核。处理价值观差异的过程中，译者面临的不仅是语言文字的转换，还是文化价值观的再现和传递。如何在保持原作价值观的前提下，使其适应和被目标文化的读者接受，是一项复杂而微妙的工作。译者必须深入理解两种文化中价值观的不同表现形式，运用创造性的翻译策略，如文化的适配、注释解释等方法，来桥接文化差异，确保翻译作品既忠于原作，又贴近目标文化的读者阅读习惯和价值认同。

三、思维方式差异的影响

中西方在思维方式上的差异深深根植于各自独特的文化、历史和哲学传统之中，这种差异在处理问题、表达思想乃至文学创作的每一个层面都有显著的体现。西方思维方式受到古希腊逻辑学和哲学的影响，倾向于逻辑性、分析性和直线性。在西方文化中，人们习惯于采用直接和明确的方式来交流思想，强调逻辑推理和证据的支持。这种思维方式在西方文学中体现为对冲突的直接描绘，故事情节往往围绕主人公如何克服外部挑战、实现个人目标展开，突出个体主义和英雄主义的价值观。

与之形成鲜明对比的是，东方尤其是中国的思维方式，更加倾向于综合、直观和环状，这种思维模式深受儒家、道家等哲学思想的影响，强调整体性、和谐与平衡。在中国文化中，人们在表达思想时往往采用间接、隐喻的方式，重视情境的营造和人物之间的和谐关系。这种思维方式在中国文学作品中体现为对人物内心世界和人际关系的深刻探索，故事情节往往通过对日常生活的细腻描绘和人物内心的转变来推进，体现对传统价值观和社会责任感的重视。

思维方式的差异在文学作品的翻译中起着至关重要的作用，尤其是当作品涉及深层的文化意涵和独特的叙事结构时。西方文学的叙事方式往往是直接和线性的，喜欢通过明确的冲突、紧张的情节推进和清晰的结局来吸引读者，这种叙事方式反映了西方文化中对理性思维和逻辑性的重视。而东方文学，特别是中国文学，则倾向于采用循环性和螺旋式的叙事方式，强调故事的情境建构、人物心理的深度挖掘以及事件的象征意义。这不仅体现了东方哲学中对整体性与和谐的追求，还反映了一种更为内省和反思的思维方式。译者在将一部文学作品从一种文化语境转移到另一种文化语境时，必须在保持原作艺术魅力和文化深度的同时，调整叙事的逻辑和结构，使之适应目标语言读者的阅读偏好和文化期待[①]。例如，对于一部环状叙事、重视人物内心活动的东方文学作品，将其翻译成西方语言时，需要在不改变原作精神的前提下，适度调整故事的展开方式和叙述顺序，使其更加符合西方读者的阅读逻辑。

四、地域文化差异

在英汉翻译的过程中，了解文化背景知识是十分关键的，因为地域文化差异会对翻译的准确性产生影响。一般来说，地域文化差异主要是由地理、自然等各种因素所形成的文化。其体现在翻译过程中主要是因为不同的语言表达习惯和方式是不同的，地域文化的差异也会在翻译上造成较大的歧义。例如，在东方的词

---

① 刘丹.《边城》文本解读问题及教学对策研究［D］.鞍山：鞍山师范学院，2018.

汇中"东风"象征着阳光、和煦，是一种比较温暖的含义。但是，在西方国家则表示不愉快、不高兴、寒冷。这个词语在东西方文化中的寓意是相反的。相同的例子还有很多，如在东方会将"牛"看成勤勉、兢兢业业、吃苦耐劳的象征，因此经常会以老黄牛来表示努力勤恳的人。而在西方国家则会将马作为勤劳的象征，因此经常会有work like a horse、as strong as a horse这样一种表达来赞扬吃苦耐劳的精神。

五、历史文化差异

历史文化在英汉翻译中也是十分关键的因素。其中最为主要的就是习语，习语包括格言、谚语、成语等。中国的习语大多出自传世名著，而西方大多出自莎士比亚戏剧名作、著名事件和经典人物形象等。例如，在对"爱屋及乌"这一成语进行汉英互译时经常会以"Love me, love my dog."这样的表达形式呈现。这是因为在西方语言表达时，他们会将狗作为最忠实的伙伴，以褒义的形式表达，还会将其与幸运联系在一起如"a lucky dog"（幸运儿）。而在中国就会将狗与贬义词联系在一起，如走狗、癞皮狗等。

六、风俗文化差异

东西方之间的风俗文化也存在着较大差异，主要体现在日常社会生活和各种活动中。很多中国人在刚刚见面时就会问候寒暄，如"吃饭了吗？""干什么去啊？""最近过得怎么样？"通过这些语言来表达彼此之间的问候。但是，在西方国家却是相反的，如果这样问的话他们会觉得很冒犯，侵犯了隐私权。他们在表达问候的时候，通常只是简单地说"Hello, Good morning"。与此同时，由于中西方之间的风俗习惯影响，很多思想会根深蒂固。若是在中国某个人获得了一项成就，那么其他人在向他表示祝贺的时候他会谦虚作揖，然后说"过奖过奖、哪里哪里"。但是西方国家却是相反的，他们会全盘接受别人的赞美，掩饰不住内心的喜悦，大方说"Thank you"。

中西方的俗语也有较大的不同。例如，在表达"胸有成竹"这个成语时，很多外国译者就会译为"胸中有一根现成的竹子"，这种文化差异会让读者难以明白翻译的意思。很多成语背后存在着典故，因此在实际翻译的过程中不能仅仅翻译其表面，还应解释其深层次含义。在翻译时体会语句的文化并对比两种文化，这样才能够在翻译的过程中抛开字面意思翻译。只有真正将两种语言和文化进行对比，才可以保障原文和译文获得等效，使得英汉翻译变得更为准确。

七、宗教文化差异

对于英汉翻译来说，宗教文化之间的差异也会影响到翻译的准确性。宗教属于一种文化现象，也是人们思想的重要组成部分，能够展现出一个地方的文化底蕴以及传统文化。一般来说，中国人大多信仰的是佛教，而西方国家大多信仰基督教。例如，在遇事祈祷上苍帮助的时候，中国人大都是求菩萨保佑、佛祖保佑，而西方则会求上帝保佑，他们认为是上帝创造的一切。在《红楼梦》这一经典名著中，很多外国译者就将"阿弥陀佛"译成了God bless my soul。他们认为上帝是救世主，这也展现出来文化上的差异，但这会让读者误认为中国也是信仰基督教的，这就违背了中国人的宗教习惯。因此，在英汉翻译过程中，宗教信仰的不同也会导致翻译的差别。例如，《红楼梦》中的贾宝玉是住在"怡红院"，外国译者就会将"怡红院"翻译成the House of Green Delights，将"怡红公子"翻译成Green boy。在西方读者的心中，红色是与暴力冲突，犯罪流血事件联系在一起的，因此译者将红色替换成绿色，这违背了作者的本意，没有真正从文化角度理解《红楼梦》，削弱了传统文化。因此，在开展英汉翻译的过程中应当充分了解文化背景知识，进一步缩小中西方文化之间的差距，真正将历史文化、宗教文化融合起来，完善英汉翻译过程。

八、思维方式差异

由于中西方的文化差异明显，人们对同一件事的探索方式不一样，对于同一件事的认知能力以及思维方式也不尽相同，这些不同点在沟通环节中表现得更为明显。为了更好地实现英汉翻译，译者应当把握中西方人们思维方式的差别，不然容易出现翻译错位的情况。以色彩为例子，在中国，黄色代表着权威，是权力的象征。在古代，黄色是王室贵族的专用颜色，但在西方国家黄色经常含有贬义的意思，代表着不好的东西。比如，"yellow dog"不能直接翻译成黄色的狗，应当翻译成卑鄙的人。蓝色在我国并没有特殊的意义，但在西方国家是高贵、典雅的象征，与我国黄色有相同的意义。如blue laws要翻译成严格的法规，而不能翻译成蓝色的法律。此外，蓝色还有着忧郁和悲观的意思。如feel blue不能翻译成感受蓝色，而应该翻译成不高兴。因此，在翻译的过程中就需要充分把握东西方的思维差异，从思维差异角度分析文本，能够让本文的表述变得更为流畅。

第四节　文学翻译中的文化差异处理

一、文学翻译中文化差异的处理原则

（一）忠实原作原则

译者在忠实传达原作精神和文化内涵的同时，能够促进不同文化之间的对话和融合。翻译的难点不在于语法和句子结构的分析，而在于不同文化背景下语言活动的负迁移。在文学作品的翻译过程中，处理文化差异不仅是一项技术挑战，还是一种艺术创造。译者在追求忠实与透明原则时，承担着重要的责任。忠实于原作不仅限于对文字的精确转换，还在于对原作所蕴含的文化背景、作者意图以及文化信息的深刻理解和准确传达。这要求译者对两种文化都有深入的了解，包括它们各自的风俗习惯、价值观念、思维方式等。这种深入的文化洞察力使译者能为不同文化背景的读者搭建一座桥梁，使原作的精神和情感得以跨越语言和文化的障碍，真正触及目标语言读者的心灵。

（二）尊重目标语文化原则

译者在处理文化差异时，必须细致考量目标语文化读者的感受和接受能力，避免直接翻译可能带来的误解或文化冲突。面对难以直译的文化元素，创造性转换成为处理文化差异的关键。译者不仅是语言的转换器，还是文化的再创造者。运用创造性策略，如寻找与原文文化等效的本地元素、使用注释解释复杂的文化背景，甚至在必要时对句子结构和表达方式进行重塑，使译者能够更加生动和精准地传达原作的精神内涵。这种创造性的努力不仅能使翻译作品在新的文化环境中保持原有的艺术魅力，还能使其成为连接不同文化、促进不同文化理解和交流的重要桥梁。

（三）"内容第一，形式第二"原则

在文学翻译实践中，"和而不同"原则强调在保持原作精髓的同时，灵活调整语言形式以适应目标语读者的理解和接受习惯。为了实现这一目标，我们必须坚持"内容第一，形式第二"的原则。

内容是源语语言本身所蕴含的语义、文化、情感等深层含义，是文学翻译的核心所在，是传递原作精神和文化内涵的关键。在翻译过程中，译者首先需要关注源语语言的语义内容，确保准确理解和传达其深层含义。

形式是指源语语言内容所依赖的语言外壳，包括文本体裁、修辞手段以及语句篇章结构等。形式在一定程度上影响着内容的表达效果，在文学翻译时需要兼顾。形式并非翻译的唯一标准，不能为了追求形式而忽略内容的准确性。

为了实现这一目标，需要对原作的结构进行调整，增删一些字词，转换语义或对句型进行改换等。这些调整都是为了让目标语读者能够更好地理解和接受原作。以"裁衣不用剪子——胡扯"的翻译为例，这一歇后语蕴含了丰富的文化内涵和独特的语言形式。在文学翻译时，译者可以采用"Cutting out garments without the use of the scissors—only by tearing the cloth recklessly talking nonsense"的表达方式，既保留了原作的基本含义，又适当调整了语言形式，使之更符合目标语读者的阅读习惯。这样的翻译既体现了"和而不同"的原则，又很好地展示了源语的文化特色。

（四）既定惯例原则

在跨文化文学翻译实践中应遵循既定惯例原则，这意味着文学翻译过程中需依据语言发展的自然规律及语用习惯，采用普遍认可的既定表达方式。对于人名、地名及习惯用语等已有译文的情形，应优先选用通用译名，避免新增译名，以免给读者带来困扰。

文学翻译是一项复杂的任务，要求译者对源语言和目标语言有深入的了解。遵循既定惯例原则在翻译工作中具有重要的意义。既定惯例原则有助于译者快速地理解源语言含义，准确传达给目标语言读者。既定惯例原则为译者深入理解源语言的语言结构和语用习惯提供了指导，有助于实现文学翻译的准确性。

在实际应用中既定惯例原则也面临一些挑战：既定惯例可能与源语语言含义不符，特别是在文学翻译特定术语或者与目标语言的语言结构和语用习惯相悖时，如文学翻译某些特定习惯用语。为解决这一问题，译者可采取以下措施：

第一，深入研究既定惯例原则，在适用时作出合理调整；

第二，加强对源语语言和目标语言的理解与掌握，确保文学翻译的准确性；

第三，深入了解源语语言和目标语言的语言结构和语用习惯，确保文学翻译既符合既定惯例，又能准确传达原意。

（五）空位补偿原则

在跨文化文学翻译的过程中译者常面临一个难题：如何准确传达源语语言中的文化词汇，避免在目标语言中产生词汇空缺或文化缺省的现象。这一难题在翻译那些充满深厚文化底蕴的词汇时尤为突出。为了应对这一挑战，文学翻译界一直在寻找有效的翻译策略。美国著名的《圣经》翻译研究学者尤金·奈达（Eugene A. Nida）提出的"零位信息"概念为译者提供了一个全新的视角。

"零位信息"指在文学翻译中受文化差异的影响，某些在源语语言中具有特定文化内涵的词汇在目标语言中可能无法找到完全对应的表达。这些词汇所携带的文化信息在目标语言中处于"零位"状态，译者在文学翻译时需要遵循空位补偿原则，以弥补或避免文学翻译时的信息亏损。

例如，"兵马俑"译为"terracotta warriors and horses"，不仅传达了兵马俑的材质和形态，通过添加解释性信息让读者更好地理解了这一文化现象的背景和意义。"元宵节"译为"Lantern festival"，"蚕宝宝"译为"silkworm"，这些文学翻译都采用了空位补偿原则，通过添加解释性信息或上下文背景来弥补翻译中的信息亏损。

二、文学翻译中文化差异的处理策略

（一）归化策略

归化策略旨在将原作内容调整至更接近目标文化的表达习惯和阅读偏好，从而使作品更易被目标语言读者理解和接受。这种方法对于那些充满原文化特定元素的作品尤为有效，如对特定节日、习俗或地域性言语的描写等。通过对这些元素进行适度的调整或解释，归化不仅能帮助读者跨越文化障碍，更能引发读者对作品情节和人物的共鸣，从而提升阅读体验。然而，过度归化也有可能导致原作文化特质的流失，使作品失去其独特的文化色彩和深度。例如：

原文：三春争及初春景，虎兕相逢大梦归。

译文：How can the late spring equal the spring's start?

When hare and tiger meet, from this great dream of life she must depart.

这首诗中出现的"虎兕相逢"和"大梦归"，暗示了贾元春的不幸结局，预示了她的命运悲剧。在英语中，词组depart the life是表示死亡的委婉语。杨宪益译本采取归化翻译策略，将"归"译为depart，而非return。因此在本例中，杨宪益译本采用的归化策略便于破除文化壁垒，拉近英语读者与原文作者之间的距离。

（二）异化策略

异化策略更注重保持原作的文化特性和风格，哪怕这可能增加目标语言读者的理解难度。异化策略通过保留原作中的文化元素和特定表达，能使翻译作品保持原有的异国风情，让读者感受到不同文化的魅力和深度。这种方法尤其适用于那些文化含义深远或作者有意强调的文化特点，它强调的是对原作文化的尊重和传达，因此在处理一些文学性较强的作品时，可采取异化策略[①]。异化的挑战在于如何在保持原作文化特质的同时，使作品对目标语言读者依然具有可读性和吸引力。例如：

原文：子系中山狼，得志便猖狂。

译文：Paired with a brute like the wolf in the old fable, who on his saviour turned when he was able.

在该例中，"中山狼"是一个典故，旨在讽刺那些不知感恩甚至伤害帮助过他们的人。霍克斯的译本中，并未将"中山狼"译为"不懂知恩图报的人"，而是采取了异化策略，译为the wolf。但由于这无法体现出典故所指的含义，所以又补充了信息in the old fable，希望读者能够探索中国文化的独特之处[②]。异化策略保留了源文本的特征，增加了目标语言读者的阅读难度，但同时可以促进文化传播。在实践中，译者往往需要在归化和异化之间找到一个平衡点，根据作品的具体内容、目标读者的预期和作品想要传达的文化信息来灵活运用这两种策略。

在全球化大背景下，英语文学作品的翻译不仅是语言转换的技术活动，还是跨文化交流和理解的桥梁[③]。这不仅要求译者具备高超的语言技能和深厚的文化

① 刘晶晶.基于中西方文化差异的英语文学作品处理研究［J］.海外英语，2021（6）：212-213.

② 康艳.基于语料库的《红楼梦》诗词英译研究［D］.上海：上海外国语大学，2019.

③ 郭天骥.溯源·反思·借鉴：论翻译研究的学科界限：以叙事学的"后经典转向"为参照［J］.外语研究，2021，38（6）：72-77+90.

理解力，还要求他们具备极强的文化敏感性和创造性的翻译实践能力。通过精心选择和运用合适的翻译方法，译者能在不同文化之间架设起沟通的桥梁，使原作的文化价值和美学魅力得以跨越语言和文化的阻隔，被更多读者所理解、欣赏和喜爱。在文学作品翻译中，译者要着重关注不同文化间风俗、价值观和思维方式的差异。译者对归化与异化策略的灵活运用，以及对文化差异处理原则的坚持，不仅能够提升翻译质量，还能够丰富目标语言文化的多样性。这一过程能够加深人们对不同文化价值和思维方式的理解，促进全球文化相互尊重和了解，展现文学翻译在全球化时代的独特价值和重要意义。

（三）音译策略

音译，又被称为"转写"，是一种独特的翻译策略，其核心在于使用一种文字符号来精准地表示另一种文字系统的符号。这一过程不仅涉及语言之间的转换，更涉及文化的交流与融合。在文学翻译实践中，音译策略运用得当，能够巧妙地将具有特殊文化特色的词语"移植"到译入语文化中，使其在译入语读者的视野中逐渐崭露头角，并被欣然接受。这种策略不仅丰富了译入语的语言表达，更促进了跨文化语言交际活动的有效进行。例如，在医学领域，"针灸"一词被音译为Acupuncture，这一翻译既保留了词语的原始发音，又准确地传达了针灸这一治疗方法的核心概念。

再看下面一些音译的例子。

原文	音译
Muse	缪斯
Lymph	淋巴
Mousse	摩丝
Lansing	兰辛
Simmens	席梦思
Pandora	潘多拉
Travis	特拉维斯
瑜伽	yoga
八卦	ba gua
刮痧	gua sha

续表

原文	音译
蹦极	bungee
磕头	kowtow
武夷茶	bohea

（四）深度翻译策略

深度翻译策略，亦被称为"厚重翻译策略"，是一种独特的翻译方法，其核心理念源自阿皮尔（Appiah）的观点，主张通过添加各种注释、评注等方式，将待翻译的文本置于一个更为丰富和多元的语言文化环境中。这种方法不仅仅局限于某一特定文本或领域，而是可以广泛应用于任何含有丰富解释材料的作品，包括文学作品、历史文献、科学论文等。

以文学作品为例，深度翻译要求译者深入挖掘作品的文化内涵，将原文中的隐喻、象征、典故等元素详尽注解，以便读者更好地理解作者的创作意图。译者还需关注作品所处的历史背景和社会环境，将这些因素融入翻译中，使译文贴近原文的语境和情感色彩。例如：

原文：Jewish women are derided as "Jewish American princesses".

译文：犹太学生被讥为"美籍犹太公主"。（注：Jewish American princesses是美国俚语，意思是：娇生惯养的阔小姐；自认为应受特殊待遇的小姐。）

（五）改写翻译策略

改写翻译策略通常指的是在翻译过程中，译者针对目标语言的特点和习惯，将现成的、富有表现力的语言结构或表达方式加以改造，以更好地传达原文的含义和风格。这种策略要求译者在保持原文信息完整的基础上，注重目标语言的文化背景和语言习惯，从而使译文更具可读性和吸引力。

以一句脍炙人口的英文谚语为例："Anger is only one letter short of danger."原译是："生气离危险只有一步之遥。"这个译文虽然准确传达了原文的意思，但缺乏一定的表现力和感染力。相比之下，改译的版本"忍字头上一把刀"则更加巧妙和生动。这个改译不仅保留了原文的文字意思，而且通过运用中文的成语和象征手法，使译文更具韵味和深度。

例如霍克斯译版的《红楼梦》：

原文："（贾雨村）虽才干优长，未免有些贪酷之弊；且有恃才侮上，那些官员皆侧目而视。"

《红楼梦》

译文："But although his intelligence and ability were outstanding, these qualities were unfortunately offset by a certain cupidity and harshness and a tendency to use his intelligence in order to outwit his superiors; all of which caused his fellow officers to cast envious glances in his direction."

（霍克斯译）

在这个例子中，霍克斯在翻译"恃才侮上"时，霍克斯将其改写为use his intelligence in order to outwit his superiors，这种表达方式更符合西方读者的阅读习惯，同时也保留了原文的意思。同样，在翻译"侧目而视"时，霍克斯将其改写为cast envious glances，这种表达方式也更能体现西方文化中对于嫉妒和羡慕的表达方式。

第二章　文学作品中的中西方词汇文化差异与翻译

由于历史、地理、社会制度、宗教信仰等因素的不同，中西方形成了各自独特的词汇体系和表达方式。在翻译文学作品时，这些文化差异往往成为挑战。译者需要深入理解原文的文化内涵，同时考虑到目标语言读者的文化背景和接受度。有时候，如果仅仅采用直译策略会导致误解或歧义，因此译者需要采取适当的翻译策略，如意译、直译加解释等，保留原文的文化特色，同时保证目标语言的准确性和流畅性。

第一节　英汉词汇文化差异

在文学作品中，由于英汉语言的文化背景和历史传承存在巨大的差异，因此英汉词汇在表达同一概念时往往会产生截然不同的效果和内涵。

在文化内涵方面，一些在英语中看似普通的词汇在汉语中却具有非常特殊的意义。例如，dragon这个词在英语中常被用来象征力量、智慧和财富，是一种神秘但是强大的生物，但是在汉语中，"龙"则代表着吉祥、尊严和权力，是一种神圣的生物。在表达情感方面，由于英汉两种语言的文化背景和情感表达方式不同，因此同一种情感在两种语言中会有不同的表达方式。例如，happy这个词在英语中主要用来表达高兴、愉悦情感，但是在汉语中表达同样情感的词汇包括"快乐""愉快""欣喜"等多种。另外，英汉词汇的文化差异还体现在一些具有特定文化背景的词汇上。例如，Christmas在英语中是一个具有浓厚宗教和文化背景的节日词汇，但是在汉语中并没有与之完全对应的词汇；汉语中的"春节""中秋节"等节日词汇本身也具有浓厚的文化背景和象征意义，却在英语中很难找到完全对应的词汇。

显然，英汉词汇文化差异对文学作品的翻译和理解具有深远的影响。因此，译者在进行文学作品的翻译时需要特别注意词汇的文化内涵和象征意义，以便更好地理解和欣赏不同文化背景下的文学作品。

对于英汉词汇文化的差异，下面从一些具体的特殊词汇入手来做重点分析和论述。

一、中西方地名文化差异

（一）中国地名的来源及内涵

中国地名不仅是一个简单的符号或标识，更是一个蕴含着丰富历史文化内涵和人们美好愿望的重要载体，往往承载着深厚的历史文化内涵和人们对美好生活的向往。

1.方位与位置

在中国，许多地名直接源于方位和位置，如河南、河北，分别指代黄河的南部和北部；湖南、湖北则是以洞庭湖的南北来命名。另外，地名中还常常见到阴阳的概念，如山南为阳、山北为阴，但是水则恰好相反。这些地名反映了我国古人对方位和位置的深刻认识，也为今天的人们提供了研究历史地理的重要线索。

2.动植物

动植物作为自然界的重要组成部分，也为中国地名提供了丰富的灵感。凤凰山、鸡公山、奔牛镇等地名都是以动物命名；桂林、樟树湾、桃花庄等地名则是以植物为灵感。这些地名不仅富有诗意，也反映了中国古人对自然环境的敬畏和热爱。

3.姓氏与名字

中国许多地名是以姓氏或名字来命名的，如李家湾、石家庄等地名是以姓氏来命名的，中山市、左权县等地名是以人名来命名的，旨在纪念一些重要的历史人物。

4.美好愿望

中国地名中还有一些字眼直接表达了人们对美好生活的期盼和祝愿，如万寿山、万福河等地名都寄托了人们对长寿和幸福的渴望，富裕县、永昌县等地名则表达了人们对财富和繁荣的追求。

5.形状特征与矿藏物产

中国一些地名还因其形状特征或矿藏物产而得名，如黄河因其水中含有大量泥沙而得名，五指山因其形状如五指而得名，而铁山、盐城等地名则直接反映了当地的矿藏和物产资源。

6.移民故乡

在中国历史上，由于各种原因，人们不得不背井离乡，迁移到新的地方生活，这些人在新的居住地常常用原故乡的地名来命名新的居住地，以表达对故乡的怀念和眷恋，如北京大兴凤河两岸的长子营、霍州营等地名原本都是山西的县名，这些地名的迁移不仅是对故乡的怀念和眷恋，也是对我国古代人口迁移历史的重要见证。

7.社会用语

中国还有一些地名直接源于社会用语，如怀仁山、秀才村等地名都是直接采用了社会上的用语来命名，这些地名不仅富有时代特色，也反映了当时社会的风貌和人们的价值观念。

（二）英语地名的来源及内涵

西方地名的命名方式多种多样，这些命名方式往往源于多个方面，包括方位和位置、动物、姓氏和名字、美好愿望、形状和特征、矿藏和物产、河流和湖泊以及移民故乡等。

1.方位和位置

西方许多国家的名字都源于其地理位置或相对于其他国家的方位。例如，南斯拉夫这个名字中的"南"指方位，"斯拉夫"则是东欧的一个语系，表达了这是一个位于南方的、讲斯拉夫语的国家。

2.动物

许多地名都是以某种动物命名的，这些动物是该地区的特有物种，也是人们对该地区的某种动物印象深刻。例如，澳大利亚的袋鼠岛因为岛上袋鼠众多而得名，葡萄牙的亚速尔群岛则因海鹰众多而得名。

3.姓氏和名字

西方许多地名源于某个人的名字或姓氏，这些人是该地区的早期定居者，也是历史上的重要人物。例如，美国的威斯康星州首府麦迪逊就是以美国第四任总统詹姆斯·麦迪逊的名字命名的；麦哲伦海峡则是以葡萄牙探险家费尔南多·麦哲伦的名字命名的。

除了以上几种命名方式，美好愿望、形状和特征、矿藏和物产、河流和湖泊以及移民故乡等也是地名命名的重要来源。例如，太平洋的名字就寓意着人们对和平的向往；荷兰的名字则源于其低洼的地理特征；盐湖城则是因为附近的大盐湖而得名；美国的许多地名，如纽约、新英格兰、新奥尔良等，则源于移民对故乡的怀念和回忆。

二、中西称谓语文化差异

（一）中西职务称谓文化差异

中国文化中的职务称谓丰富多样，几乎每一个职务都有独特的称呼，体现了中文的精确性和细致性。无论是学校的校长、教导主任，还是机关单位的科长、部长，每一个职务都有与之对应的明确称谓。这种称呼方式不仅避免了混淆，也反映了中国社会对职务和地位的尊重。例如，学校校长通常被称为"姓+校长"，如"张校长"，教导主任被称为"姓+主任"，如"李主任"。这种称呼方式既体现了职务的层级关系，也体现了对职务担任者的尊重。

相比之下，西方文化中用于职务称呼的词语相对较少，且相对较为模糊。在西方国家，只有高级官员如部长、总理、总统等才会被用职务称呼。例如，美国的总统被称为Mr. President，而英国的首相则被称为Mr. Prime Minister。另外，宗教领域内的宗教首领如主教、神父等也会被用职务称呼。在其他职业领域，如教师、律师、会计师等，通常不会直接用职务来称呼。在美国，一位教师通常被称为"Mr./Ms./Dr.+姓氏"，而不是"Teacher+姓氏"。

值得注意的是，尽管西方文化中用于职务称呼的词语相对较少，但在某些情况下一些职业头衔仍然可以用于称呼。例如，医生或拥有博士学位的人通常会被称为"Doctor+姓氏"，如Doctor Smith。在军衔称谓、职称、学位等方面，中西方两种语言还是存在很多共同之处。例如，无论是中国还是西方国家，都会将博士学位称为doctor，而将高级军衔如将军、上校等称为General，Colonel等。

（二）中西称谓认知理念差异

从称谓认知理念的角度来看，中国文化与西方文化在对待职务称呼方面展现出截然不同的特点。

在中国文化中，以职务相称非常普遍且流行，这种现象得到了广大民众的接受和认可，反映出一种官本位观念，即通过称呼职务来体现对他人的尊敬。在中国，职务称呼往往与"官职"紧密相关，如在称呼他人时，人们常使用"张局长""李经理"等称呼方式，这既体现了对对方的尊重，也体现了对对方职务的认同。汉民族的称谓文化在很大程度上受到儒家文化的影响。儒家文化强调"名不正则言不顺"，认为名分和地位对于社会秩序的维护至关重要，因此在汉民族的称谓体系中，职务称呼成了一种重要的社会交际工具，以称呼职务来确认和体现人们在社会中的位置。

相比之下，西方国家的文化也受到基督文化的影响，这种文化强调人人平等、博爱和宽容。西方文化中的人们对待职务称呼的态度则显得更为平等和自由。在西方许多国家，人们普遍认为官职只是一个职业，与社会地位没有太多关系，这在一定程度上是因为英美民族经历封建等级社会的时间相对较短，因此受到等级制度的影响较小。在西方文化中，民主与自由的思想观念深入人心，人们更加强调个性和平等。这种思想在称谓文化中也有所体现，如人们往往使用名字或姓氏来称呼他人，而不是用带有职务的称呼方式，这种称呼方式体现了对个体平等和自由的尊重，也体现了对人与人之间关系的平等认知。

三、英汉山水词文化差异

（一）英汉"山"文化差异

在汉语中，山自古以来就承载着深厚的情感和丰富的意蕴，无数文人墨客通过文学，以山为媒介来传达内心的喜怒哀乐和对于生活的独特见解。山文化在汉语中不仅是一种自然现象的描绘，更是一种情感的寄托和意象的传承。

1.传达情感

在汉语中，山常常被用来传达各种情感，对于文人墨客而言，山不仅仅是眼前的景色，更是他们内心情感的投射。有些人用山来表达内心的喜悦，如沈约的《游钟山诗应西阳王教　其三》中所述："山中咸可悦，赏逐四时移。"描绘了诗人登高望远，看到美丽景色的愉悦心情。有些人则用山来表达思念之情，如王之涣的《登鹳雀楼》中的"白日依山尽，黄河入海流。欲穷千里目，更上一层楼"。这里山成了诗人思念远方的象征。还有一些人用山来表达一种宁静的心态，如王维的《山居秋暝》中的"空山不见人，但闻人语响"，诗人通过山的静谧传达出内心的宁静与超脱。

2.意蕴多样

山文化的多样性不仅体现在组合形式的多样，更体现在山文化意蕴的多样性。山与不同的元素结合可以呈现出不同的意蕴。例如，山与松结合既可以呈现神仙世界的浪漫，如李白的《望庐山瀑布》中的"日照香炉生紫烟，遥看瀑布挂前川。飞流直下三千尺，疑是银河落九天。"形成了一种超凡脱俗的意境；也可以表达坚贞不屈的性格，如郑燮的《竹石》中的"咬定青山不放松，立根原在破岩中。千磨万击还坚劲，任尔东西南北风。"象征着坚韧不拔的精神。另外，同一座山，不同的诗人会选择与不同的意象结合，形成不同的意蕴，如王之涣的《登鹳雀楼》中的山与黄河的结合呈现出一种壮阔的意境；但是王维的《鹿柴》中的山与夕阳的结合形成了一种静谧的氛围。

3.意象传承

汉语中山的意象具有很强的传承性，这是因为人们对于山的情感认同和对于山的象征意义的共同认知。无论是喜怒哀乐还是对于人应当保持正直的观点，人们都会通过山这一意象来表达。

相较于中国山文化的丰富多样，西方的山文化则显得相对简单。在西方文化中，山被认为是一种自然现象，缺乏象征意义和情感寄托，这是因为西方文化中人与自然的关系与中国文化中人与自然的关系存在很大差异。在中国文化中，人与自然和谐共生，人们善于从自然中寻找情感寄托和象征意义；而在西方文化中，人与自然则是对立的，人们更强调人的主观能动性和对自然的征服。

（二）英汉"水"文化差异

汉语中的水具有丰富的象征意义。

1.流水与离别

在中国古代，临水送别是常见的场景。水尤其是流动的水常常被用来形容离别的愁绪，如"梳洗罢，独倚望江楼。过尽千帆皆不是，斜晖脉脉水悠悠，肠断白蘋洲。"这句诗中，悠悠的流水与余晖相互辉映，生动地展现了妇人期待丈夫归来的寂寞情感。

2.流水与愁绪

流水不仅象征离别，还常被用来形容剪不断的愁绪。诗人们往往将人生的坎坷与流水的潺潺相提并论，如李煜的"问君能有几多愁，恰似一江春水向东流"恰到好处地表达了南后主李煜的亡国之愁。

3.流水与时光

流水一去不复返，因此水常用来比喻人生的短暂和易逝，如"君不见，黄河之水天上来，奔流到海不复回。君不见，高堂明镜悲白发，朝如青丝暮成雪。"这句诗中，黄河之水从天而降，奔向大海，不再回头，与人生的短暂和青春的易逝形成了鲜明的对比。

4.流水与爱情

尽管水在生活中扮演着重要的角色，但由于古代人们的思想保守，水边往往是男女相会的场所，也因此成了爱情的阻隔，如"所谓伊人，在水一方。"这句诗既描绘了男女之间谈恋爱的艰难，也展现了水的阻隔给人一种可望但是不可及的感觉。

与汉语文化相似，英语中的水文化也蕴含着丰富的象征意义。

第一，水是生命之源。在《圣经·创世纪》中，诺亚方舟的故事讲述了洪水再生的传说。在这个故事中，洪水不仅代表了灾难，也代表了生命的重生。但是，在英国诗人艾略特的《荒原》中，干涸的大地象征着人类理想和信仰的逐渐消失，而突如其来的甘霖则预示着生命的重生。

第二，水与情感与诗化。西方国家多围绕海洋而生，海洋文明在他们的文化中占据重要地位。例如，古希腊荷马史诗中的《奥德赛》描述了奥德修斯在海上的冒险经历，展现了人与自然的斗争过程；在阿拉伯的《一千零一夜》中，主人公辛伯达的航海旅行也体现了人们对新知识和财富的探求。

四、英汉数字词文化差异

（一）数字词的认知观念差异

英汉语对数字的认知观念上存在着显著的差异，这些差异在一定程度上反映了两种文化的深层价值观和世界观。

在中国传统文化中，"天人合一"这一核心思想强调人类与自然界的和谐与统一。在这种思想的指导下，中国人倾向使用偶数，并将其视为好运和和谐的象征。例如，在中国的婚礼中，人们通常选择偶数的日子作为吉日，以期望新婚夫妇能够过上和谐美满的生活。此外，汉语中还有很多与偶数相关的成语和表达方式，如"好事成双""双喜临门"等。

在英语中，数字的认知观念却与汉语大相径庭。西方人普遍认为人与自然的关系是征服与被征服的关系，这种思想也在数字运用中得到了体现。例如，在西方文化中，数字two被认为是不幸的象征，人们将2月2日定为哀悼死者的日子。人们在日常生活中尤其是在送花时，通常会避免选择偶数数量的花朵。值得注意的是，数字13在西方文化中也是一个特殊的存在，被认为是不吉利的数字。

英汉语对数字的认知观念差异不仅体现在对偶数和奇数的看法上，还体现在对数字的整体认知上。在汉语中，数字会被赋予了丰富的象征意义和文化内涵。数字8在中国文化中被认为是吉祥的数字，因为它与"发"字谐音，寓意着发财和好运。但是在英语中，数字的象征意义相对较少，更多的是作为一种计数和测量的工具。

（二）具体数字词的内涵差异

1."二"与two

在汉语中，数字"二"作为偶数之首，拥有独特的文化地位。受道教和佛教的影响，中华民族自古便对偶数怀有深厚的喜爱，认为偶数代表圆满和和谐。尽管偶数在整体上受到青睐，数字"二"本身在汉语中的使用却并不频繁。在日常用语中，人们更倾向于使用"两"或"双"来代替"二"，如"成双成对""两面三刀""两情相悦"和"两小无猜"等。

与汉语数字"二"相比，英语数字two在文化上更加复杂多样。在英语文化中，two并不总是被认为是吉祥的数字，这与冥王Pluto在每年第二个月的第二天的重要角色有关。

英语中的"two"含义有两类：

（1）代表赞赏或积极，如two can play at one game（这一套你会我也会），体现对竞争和能力的重视。

（2）用于表达贬义或警示，如two of a trade never agree（同行是冤家）、two wrongs don't make a right（不能用别人的错误来掩盖自己的错误）等。

此外，"Two"在英语中还有许多有趣的俚语和习惯用法，如"kill two birds with one stone"（一石二鸟；一箭双雕）、"Two's company, three's none"（两人成伴，三人不欢）以及"stick two fingers up at somebody"（指对某人很生气，或不尊重某人、某事）等。这些表达不仅丰富了英语的词汇，还反映了英语文化中对数字"Two"的独特理解和运用。

2."四"与four

在汉语中，"四"的发音与"死"相同，因此数字"四"常常被认为是不吉利，这种观念影响了人们在日常生活中的各种选择。无论是购车、购房还是选择手机号码，人们往往都尽量避免数字"四"，这种对"四"的厌恶源于一种心理暗示。

如果我们查看历史会发现"四"在中国传统文化中原本是带有积极意义的。在道教中，"道、天、帝、王"被认为是四大天王；在佛教中，物质世界的四大元素为"水、土、火、风"；儒家以"孝、悌、忠、信"为四德。

汉语中"四"不仅用于计数，还常用来形容事物的性质和状态。比如，"四面八方"用来形容方位的广阔，"四季如春"用来形容气候的宜人，"四书五经"用来指代古代的经典文献。

"四"在俗语中往往与"三"一起使用，表示贬义。比如，"说三道四"指的是说话不负责任，随意编造；"七个铜钱放两处——不三不四"用来形容做事不伦不类，不成体统。

在英语中，four具有丰富的文化内涵和历史背景，最基本的含义是表示物质世界的四个要素。four常代表稳定性、完整性和全面性，如英语习语the four corners of the earth中"four"被用来形容地球的四个方位，表达空间的广阔和完整性。"four"在英语中还常用来表达季节、方位和时间等概念，如four seasons指的是春夏秋冬四个季节，four directions指东、南、西、北四个方位。

3."五"与five

在汉语中，数字"五"具有深厚的文化内涵和广泛的影响力。在中国古代，五行学说被认为是自然界的基础，包括金、木、水、火、土五种元素，这五种元素相互制约、相互依存，形成了一个动态的平衡。金克木、木克土、土克水、水克火、火克金，同时又存在金生水、水生木、木生火、火生土、土生金的相生关系。这种相生相克的关系体现了汉民族的辩证思维，也为中国哲学思想提供了丰富的素材。与数字"五"相关的说法层出不穷，涵盖了生活的方方面面。五脏指心、肝、脾、肺、肾，是人体内部的重要器官。五谷指黍、稷、麦、菽、稻，是古代中国人的主要食物来源。五味包括酸、甜、苦、辣、咸，是食物的基本味道。五音指宫、商、角、徵、羽，是古代音乐的基本音阶。五度包括分、寸、尺、丈、引，是古代长度单位的表示。五官指耳、眉、眼、鼻、口，是人体的感觉器官。五毒指蛇、蜈蚣、蝎子、壁虎、蟾蜍，是民间传说中的五种有毒动物。

数字"五"也往往与其他数字并用，形成了一些固定的表达，如"五湖四海"表示全国各地，"三皇五帝"指中国古代传说中的几位杰出君主，"五花八门"形容花样繁多、变化多端。

尽管数字"五"在汉语中通常带有褒义，但也有人因为数字"五"与"无""乌"的发音相似，对数字"五"产生厌恶之情，如古汉语中的谚语"善正月，恶五月"就是这个意思。自周代以来，就有"五月五日生子不举"的说法，认为五月五日出生的孩子不吉利，因此五月五日成了禁忌日期。但是，随着时代的进步和人们思想的开放，对于数字"五"的禁忌也在逐渐减少。

与汉语数字"五"相比，英语数字 five 的文化内涵则相对简单。在西方文化中，数字 five 被认为是不吉利的数字。这与英语中关于数字 five 的习语较少有关。但是与数字 five 相关的星期五 Friday 在英语中却具有丰富的用法和意义，这与西方人信仰基督教有关，因为耶稣在星期五被罗马统治者钉死在十字架上，使星期五被认为是耶稣的受难日，如 Black Friday 表示股市暴跌的日子，Man Friday 指称男性助手或仆人。

4."六"与 six

在汉语中，数字"六"因其发音与"流"相近，代表吉祥、和谐。这种观念在日常生活中随处可见，如农村地区常常选择在农历的初六、十六、二十六等日子举行婚礼，寓意着婚姻美满、长长久久。此外，在汉语中还有众多包含"六"的四字习语，如"六六大顺""六合同风"等都表达了对和谐、顺利生活的向往。

相比之下，英语中的数字 six 则常带有负面的文化寓意。在西方文化中，与 six 相关的日期或事件常被认为是不祥之兆。例如，美国前总统肯尼迪被暗杀的日子是 11 月 22 日，这几个数字相加恰好等于 6；耶稣受难的星期五（Friday）的字母数之和也是 6。这些巧合使 six 在西方文化中沾染上了不吉利的色彩。此外，英语中也有一些与 six 相关的习语，如 six of best（一顿毒打）、six and two three（不相上下）等往往带有贬义或消极的含义，进一步加深了 six 在西方文化中的负面形象。

五、英汉动物词文化差异

（一）凤凰与 phoenix

在中国传统文化中，凤凰是一种极具神秘色彩和象征意义的动物。作为百鸟之王，凤凰代表着吉祥、安宁和太平。人们相信，只要凤凰出现，就会给人们带来好运和幸福。例如，"凤毛麟角"这一成语意指像凤凰的羽毛和麒麟的角一样稀少，用来形容那些具有特殊才能、出类拔萃的人。"山窝里飞出了金凤凰"用来形容在偏僻的山村中出现了有特殊才能或成就的人，就像山窝里的普通小鸟变成了金光闪闪的凤凰一样。此外，凤凰还被赋予了幸福和爱情的象征意义。在传统文化中，凤凰往往与龙相提并论，作为阴阳两性的代表。龙代表着阳刚之气，代表着帝王和权力；凤凰则代表着阴柔之美，代表着皇后和母性。

在英语文化中，phoenix有着独特的象征意义，被描绘成一种灵鸟，长满了火红色或金黄色的羽毛。结合传说，凤凰在阿拉伯沙漠中生存了500～600年，当它临死时，会为自己筑一个巢，里面铺满了香料，之后它会唱出一曲婉转的歌，用翅膀将火扇旺，焚烧自己而死。令人惊奇的是，三天之后，凤凰会从灰烬中复活，重新焕发生机。因此，在英语中，凤凰也被赋予了复活、再生的象征意义。例如，在描述一个经历了重重困难后重新崛起的事物或人时可以说："It like a phoenix, has been resurrected from the ashes of the war." 表达了凤凰涅槃重生的意境，也寓意着在经历了挫折和磨难之后，事物或人能够重新焕发出勃勃生机。

（二）猴与monkey

在汉语中，猴与"侯"同音，"侯"是一种官爵，象征着地位与权力，因此猴子在中国文化中被认为是非常吉祥的动物。当人们提到猴时，往往会联想到古典名著《西游记》中的美猴王孙悟空，他的机智、勇敢和善良深受人们的喜爱。在中国人眼中，猴子不仅可爱，而且极具智慧。猴子善于模仿、学习，能够迅速适应环境，解决问题。在自然界中，猴子展现出了惊人的生存能力和适应力，这使人们更加欣赏和喜爱它们。

在英语国家，人们对猴子的看法却有所不同。虽然猴子也被认为是一种聪明的动物，但它们更多地被描绘为爱搞恶作剧的形象。在英语中，有许多成语和短语都体现了这一点。比如，monkey around表示胡闹、闲荡，暗示猴子喜欢嬉戏、玩耍；monkey with表示鼓捣、瞎摆弄，暗示猴子喜欢搞破坏、捣乱；make a monkey of sb.更是直接表达了戏弄、耍弄某人的意思。

（三）猫头鹰与owl

在中国传统文化中，猫头鹰因其夜间活动习性、盘旋于坟地上空的场景以及凄惨的叫声，被赋予了不吉利的象征意义。民间传说中，猫头鹰若在某家树上降落或发出叫声，往往预示着家中将有人面临死亡。因此，猫头鹰在中国文化中被认为是不祥之鸟，与厄运、倒霉等负面概念紧密相连，如成语"夜猫子进宅，无事不来"和"夜猫子进屋，全家都哭"等。

但是在古希腊和古罗马的神话故事中，猫头鹰却是智慧与裁决的象征。这些故事中的猫头鹰常常在雅典娜女神等智慧女神的身旁栖息，代表着智慧与知识。在这些文化中，猫头鹰被赋予了裁决冲突和救助危难的能力，成为智慧和力量的化身，如英语中的短语as wise as an owl表达了猫头鹰的智慧。

（四）狗与dog

在中西方文化中，dog和"狗"也有不同的含义。中国人和西方人都有养狗的传统，但他们对狗的态度完全相反。在中文里，"狗"通常是和厌恶、轻蔑等联系在一起的，有着负面的形象，如"狗仗人势""狗改不了吃屎""狗急跳墙""狗拿耗子多管闲事""狗眼看人低"等。但是在西方文化中，狗是人类最忠诚的朋友，它们勇敢、忠诚，有正面的形象，如a lucky dog指"一个幸运的人"，love me love my dog的意思是"爱屋及乌"，help a lame dog over a stile表示"帮助某人渡过难关"。

（五）猫与cat

"猫"是中西方文化中另一种有着不同含义的动物形象。与狗相比，中国人认为猫是一种温顺的动物。但在西方文化中，猫总是伴随着女巫出现的。一般来说，猫拥有一个邪恶的形象，如let the cat out of the bag翻译成中文为"露马脚"，put the cat among pigeons的意思是"鸡犬不宁"。

（六）虎与tiger

在中国文化中，"虎"被认为是动物之王，表示勇敢和无敌，与"龙"的象征意义相似，如"生龙活虎""虎踞龙盘"。但在西方文化中，狮子是动物之王，因此大多数与狮子有关的英语成语可以相应地翻译成"虎"。例如，a lion in the way的意思是"拦路虎"；place oneself in the lion's mouth可以翻译为"置身虎穴"；a donkey in a lion's hide表示"狐假虎威"。

六、英汉植物词文化差异

（一）同一种植物，文化内涵相异

由于中西方在文化背景方面存在差异，因此相同的植物会有不同的文化内涵。例如，柳和willow。在中国，"柳"有着丰富的文化内涵。"柳"字产生之初的意义为"木"（树类植物的通称），即"柳树"。随着历史的发展，柳树不仅仅是作为一种植物而存在，人们赋予了其各种各样的文化内涵。第一，柳树代表着春天的到来。初春时节，尽管天气依然寒冷，但柳树的生命就已经开始复苏，柳树的嫩芽向人们预示着春天的到来。因此，柳树与春天之间形成了一种天然的依附关系。第二，无论是在古代还是现代，"柳"都被看作是离别的象征。古代的交通和通信远不如现在这么发达，人们一旦分别便不知何时才能相见，于是人们便习惯于借用其他事物来传递这种感情。在我国古代，人们有"折柳赠别"的习俗，这最能表达出"柳"作为"不舍离别"的象征。

（二）汉语植物词汇独有的文化内涵

一些植物词汇在汉语中有着丰富的文化内涵，但在英语中却没有任何的联想意义。最值得一提的就是"岁寒三友"，即"梅""松"和"竹"，这三种植物在汉语中都被用来描写人的高洁品德。梅花是中国的传统花卉之一，盛开在寒冬季节，色淡清香。梅花盛开之时，由于其枝干无叶，形状色泽如铁一般，因此被人们用来象征高雅纯洁、铮铮铁骨等品性。松树四季常青，常用来比喻高风亮节、坚韧不拔等品质。另外，由于松树千年不凋，人们又用它象征长寿。竹子在中国文化中深受文人喜爱，有不少文人墨客借其来描写高洁与坚贞的品质。虽然这三种植物在汉语中有着丰富的文化内涵，但在英语中并不能引起任何联想，只是普通的植物而已。

（三）英语植物词汇独有的文化内涵

同样地，也有一些植物词汇仅在英语当中有一定的文化内涵。苹果在英语国家深受人们的喜爱。人们常用苹果来比喻最心爱的人或事物。成语"the apple of one's eye"源自《圣经》，常被用来比喻像爱护眼睛一样爱护最心爱的人或珍贵的东西。"apple"在这里就有"珍贵的、心爱的"文化联想意义。但苹果也有"争端"的意思，这一联想意义源于希腊神话。除此之外，由于棒球在美国是一项十分流行的体育项目，因此苹果也被赋予了棒球的含义。在英语国家的人们看来，棕榈树有着"胜利、荣誉、优越"的文化联想意义。据说，耶稣受难前胜利进入耶路撒冷时，人们撒满了棕榈枝来欢迎他，因此，用棕榈枝象征高兴、胜利的喜悦等情感。英语国家的人习惯用柠檬来指代讨厌的人。原因是，柠檬味酸，易使人反胃，但是讨厌的人也常让人反感，于是柠檬便有了这样的文化内涵。

第二节 文学作品中英汉文化词汇的翻译原则

在翻译英汉文学作品中的词汇时，需要保持文化的真实性、遵循语言的准确性、考虑读者的接受度和遵循语言的流畅性，这些原则对于译者是非常重要的，只有遵循这些原则，才能将文学作品中的文化内涵和情感韵味完整地传达给读者。

一、文学作品中地名文化的翻译原则

（一）"名从主人"的原则

"名从主人"的原则指译者在翻译地名时应尊重原语言的文化和习惯，尽量保留原名的形式和含义。例如，中国的"长江"被翻译为Yangtze River，但是不是简单地按照音译法翻译为Changjiang River，这既保留了地名的文化内涵，又便于英语读者理解和接受。

（二）充分考虑文化因素

如前文所论述，地名具有丰富的文化内涵和历史背景，因此译者在翻译过程中应注重保持原名的文化特色和历史韵味，如在翻译中国的历史名城时译者常常会选择带有历史感的译名，这样能够将城市的文化底蕴体现出来。

二、文学作品中称谓语文化翻译原则

（一）保持语义准确

称谓语具有丰富的文化内涵和语义信息，因此译者在翻译中要尽可能保留其原始含义，以便能够准确理解源语言中的称谓语，并找到在目标语言中能够准确传达相同含义的对应词汇。

（二）适应语境变化

语境不同，称谓语的使用也会有所不同。例如，在正式场合中通常采用庄重和正式的称谓语，在非正式场合中会选择随意和亲切的称谓语，因此译者需要结合具体的语境来选择合适的称谓语，以保证翻译结果的准确性和得体性。

三、文学作品中山水文化的翻译原则

（一）保持原作的审美意境

在英汉语言中，山水文化有着独特的审美传统，因此译者在翻译时应尽量保持原作的审美意境，让读者在不同文化背景下仍能感受到原作的艺术魅力。

（二）注重文化信息的传递

山水文化蕴含着丰富的历史、哲学和文学信息，因此译者在翻译过程中应注重传达这些文化信息，让读者在欣赏自然美景的同时也能了解不同的山水文化内涵。

四、文学作品中数字词文化的翻译原则

（一）保持原意

英汉数字词在表达上存在差异，因此译者在翻译数字词汇时应尽量保持其原意。例如，"四"在汉语中常被认为是不吉利的数字，与"死"谐音，但是在英语中，four并无此意，因此译者在翻译时应避免直接译为four，应寻找其他表达方式保留原意。

（二）适应性

由于英汉数字词的文化内涵存在差异，因此译者翻译时应考虑目标语言的文化习惯进行适当的调整。例如，"七上八下"在汉语中形容心神不定，但是在英语中并无直接对应的表达，因此译者在翻译时可以采用意译法译为nervous and anxious，这样才能适应英语读者的文化习惯。

五、文学作品中动物词文化的翻译原则

（一）文化差异性

不同的文化对动物有不同的认知和象征意义，这些意义源于历史、神话、传说、习俗等多个方面，因此译者在翻译过程中应充分了解并尊重源语言文化中对动物的特定认知和象征意义，避免将自身的文化价值观强加在译文身上，这样有助于避免引起读者的误解或文化冲突。

（二）文化传递性

在翻译过程中，译者应注重文化传递的效果，保留源语言词汇的文化信息，使译文读者能够感受到源语言文化的独特魅力，因此译者在翻译过程中应灵活运用直译、意译、音译等各种翻译技巧和策略，才能保证文化信息的有效传递。

六、文学作品中植物词文化的翻译原则

（一）语义准确性

语义准确性要求译者应准确理解源语言词汇的语义内涵，并将其准确地翻译成目标语言。由于英汉两种语言在植物分类和命名方面存在差异，译者需要结合自身的专业知识或相关资源，保证翻译的准确性和科学性。

（二）语境适应性

语境是语言使用的背景和环境。在英汉植物词翻译中，译者需要结合具体的语境选择合适的翻译策略。例如，在描述一种植物的形态特征时，译者需要使用专业术语来加以描述；在描述植物的文化象征意义时，译者应该选择更加生动形象的词汇传达。

第三节　文学作品中英汉文化词汇的翻译技巧

一、文学作品中地名文化的翻译策略

（一）音译

音译是一种重要的翻译方式，译者在翻译文学作品中的地名时常运用音译法。例如，中国许多省市县地名都用音译法翻译，目的是方便国内外游客的识别，助力中国文化的传播。例如，福建省为Fujian，天津市为Tianjin。

但是，在音译过程中，我们也需要注意一些问题。有些地名在写成拼音形式时容易混淆，这时就需要使用隔音符号进行分割。比如，西安市被音译为Xi'an，建瓯市被音译为Jian'ou，兴安盟被音译为Xing'an，东阿县被音译为Dong'e。隔音符号的使用不仅提高了音译的准确性，也避免了误解和混淆。

在英语地名的翻译中，音译法也被广泛应用。为了保证中西地名翻译的准确性，同时保留源语文化的底蕴，西方很多地名也采用了音译方法。例如：

意大利的比萨城 Pisa

德国的柏林市 Berlin

（二）意译

有的地名寓意着美好愿景，有的展示了富饶物产，还有的凸显了浓郁的地域特征。为了更好地传达这些地名所蕴含的深刻内涵，翻译时常常需要借助意译法，让目标语言读者也能领略到原名的魅力。

以汉语地名为例，许多地名都蕴含着美好的愿景。如"长城"被翻译为Great Wall，其中的Great一词强调了长城的雄伟壮观，突显了其在人类历史上的重要地位。同样，"牛尾海"被翻译为Port Shelter，其中的Shelter一词传达了牛尾海作为天然良港的安全避风之意。另外，"象鼻山"被译为the Elephant Hill，这种翻译方式不仅保留了地名的形象特征，还使英语读者能够直观地感受到其独特的地理形态。

在英语地名中，同样存在着音译难以传达内涵的情况。此时，意译法则成为一种有效的翻译手段。例如，Mount Alabama被翻译为"阿拉巴山"，这种翻译方式不仅保留了地名的音译，还通过添加Mount一词，明确了其作为山脉的地理特征。同样，Great Island的翻译，突出了该岛屿的伟大与独特，但是North York Shire则清晰地表达了其位于约克郡北部的地理位置。

另外，地名中还常常包含数字、人名等元素，这些元素在翻译时也需要考虑其文化内涵。例如，Three Lakes（Wash）被翻译为"三湖村（华盛顿）"，这种翻译方式既保留了地名的数字特征，又明确了其所在的州份。但是Prince of Wales Island（Alaska）的翻译则体现了该岛屿与威尔士王子的历史渊源。

下面以《冰与火之歌》的地名翻译为例来分析。异化法作为译者在《冰与火之歌》中对地名翻译采取的一种主要态度，在实践中具现为两种翻译策略。

1.音译

译者在涉及家族领地中的地名翻译时，常采用音译的方式来显示此处堡垒或城镇的归属，方便读者厘清不同家族之间因地缘关系造成的亲疏和从属关系。比如，七国重要的海港城市之一Lannisport，译者在这里前半部分音译，后半部分直译，合为兰尼斯港，显示了此城和兰尼斯特家族关系之亲密。

2.直译

在音译之外，文中很多地点是以直译的方式翻译出来的，比如艾林家族首府The Eyrie。eyrie对应的中文含义是猛禽巢，小说中艾林家族的族徽便是一只展翅的鹰，译者在增译了地名通名——"城"后，将其直译为鹰巢城，不仅包含了地理信息，但且展现了家族特色。凭借着译者的异化态度，小说中的虚拟大陆的文化魅力才得以呈现。这里再以两个地名为例进一步阐释译者的异化的处理策略。

卡霍城Karhold，hold作为名词，有影响、权威和控制之意，Kar则是北境贵族卡史塔克Karstark家族名的简称，Karhold在小说中是卡史塔克家族掌控的城堡。所以在这里译者增译一个地名通名，用音译的方式保留卡史塔克家族的名称，译为卡霍城，显示了此地的家族特色。

而译者在另一个家族城堡的译名中则不仅考虑了家族特色，还考虑了其所处的地理特点，即位于河间地的贵族佛雷家族所拥有的城堡The Twins。Twins在小说中指的是佛雷家族在绿汊河处拥有两座相连的城堡，其族徽就是一座双城，译者选择书面语"孪"字，增强了译文的可读性，同时考虑到佛雷家族所在地位于两河交汇处，增译一个"河"，兼顾家族特色和地理特色，译法可谓两全其美。

从以上几个例子可以看出译者在表现自己异化的态度时，对这些地名的地理位置，家族特色等方面都作出了合理的考量，在实践上也不拘泥于简单的直译或音译，而是结合自己的理解适当进行意译和增减译，最大程度展现了小说的奇幻色彩。

二、文学作品中称谓语文化的翻译策略

（一）零译策略

零译策略是在翻译时译者选择性地省略某些词汇或表达方式，以更好地适应目标语言的表达习惯和文化背景。译者在翻译汉语敬称和谦称时常常会选择零译策略，以更加贴近英语的表达方式，便于英语读者理解。以"雨村起身也让道，'老先生请便。晚生乃唱造之客，稍候何妨。'"这一句子为例，原文中的"老先生"和"晚生"分别是敬称和谦称。在翻译时，如果直接保留这些称谓，会让英语读者感到困惑。因此，译者选择用sir和I来替换这些敬称和谦称，这样的翻译既遵循了英语的表达习惯，又保留了原文中的尊重和谦逊之意。

（二）直译策略

对于两种文化背景下相同或对等的称谓语，直译策略往往是一个有效且常用的方法，因为这些称谓在各自的语言中都已经形成了约定俗成的表达方式，直接对应翻译不仅保持了原意，也尊重了各自文化的特色。

以家庭成员的称谓为例，无论是在东方还是西方文化中，父母、子女等核心家庭成员的称呼都非常相似。在汉语中，我们称呼女儿为"女儿"，儿子为"儿子"，父亲为"父亲"，母亲为"母亲"。而在英语中，这些称谓也几乎是一一对应的，女儿是daughter，儿子是son，父亲是father，母亲是mother。这种直译的方式不仅易于理解，也便于记忆。

除了家庭成员的称谓，一些日常生活中的称谓也可以通过直译来进行翻译。比如，"My nephew is a naughty boy."这句话中的nephew在汉语中直接翻译为"侄子"，但是naughty boy则翻译为"淘气的孩子"。这种直译方式既保留了原句的意义，又符合汉语的表达习惯。

（三）直译加注策略

不同文化背景的人们对亲属关系的称呼存在明显的差异，如果仅仅采用直译法，有时候很难传达出原意，甚至导致误解，这就需要在直译的基础上添加注释，即在保持原意的基础上通过添加注释来明确称谓语的具体含义。

以汉语的亲属称谓为例，我们可以看到许多称谓在直接翻译成英语时会显得含糊不清。比如，"内兄"和"内弟"这两个词，在汉语中分别指的是妻子的哥哥和弟弟。翻译成英语时，虽然都可以被译为brother-in-law，但为了避免混淆，通常会在后面加上括号注解，明确指的是wife's elder brother或wife's younger brother。同样，"妹夫"和"姐夫"这两个词在汉语中分别表示妹妹的丈夫和姐姐的丈夫，翻译成英语时也需要在brother-in-law后加上具体的注解。

另外，对于汉语中的"岳父""公公"和"婆婆"等称谓，直接翻译成英语时也需要进行注解。例如，"岳父"在汉语中指的是妻子的父亲，翻译成英语应为father-in-law（wife's father）；"公公"则指的是丈夫的父亲，翻译时应注明为father-in-law（husband's father）；但是"婆婆"则是指丈夫的母亲，翻译成英语时应为mother-in-law（husband's mother）。

同样的逻辑也适用于汉语中的"孙女婿"和"岳母"这两个称谓。在汉语中，"孙女婿"指的是外孙的丈夫，翻译成英语时需要在grandson-in-law后加上注解granddaughter's husband；但是"岳母"则是指妻子的母亲，翻译成英语时应为mother-in-law（wife's mother）。

译者可以通过添加解释性词语或调整句子结构等方式，进一步帮助英语读者理解原文的称谓文化。例如，在翻译"小栓的爹，你就去吗？"时，译者可以在句子中添加解释性词语，如"Are you going now, dad of Xiaoshuan？"，以明确"小栓的爹"的身份。同时，调整句子结构也是一种有效的翻译策略，可以避免英语读者对原文的误解。例如，将"里面的小屋里，也发出一阵咳嗽"翻译为"From the small inner room, a fit of coughing was heard"，更符合英语读者的阅读习惯。

三、文学作品中山水文化的翻译策略

（一）山文化的翻译

在英语中，山这一自然元素的文化内涵相对较为简单，通常被用来描绘其客观存在，如高度、形状、颜色等。因此，在翻译涉及山的英文文本时，可以采用直译法，直接传达原文的含义。但是，汉语中的山不仅是一种自然景观，更承载着丰富的文化内涵，因为山与人们的情感、信仰、哲学思考等有关，因此译者在翻译汉语中有关山的文化表达时，需要运用更多的翻译策略，这样才能使文化得以传递和接受。

在翻译汉语中的山文化时，直译法仍然是一种常用的策略。虽然汉语中山有着丰富的文化内涵，但这些内涵往往与其物理特征紧密相关，这些物理特征也被西方读者认可，因此通过直译法可以保留原文的文化内涵，有助于西方读者的理解。例如，在翻译唐代无名氏的《菩萨蛮》中的"枕前发尽千般愿，要休且待青山烂。水面上秤锤浮，直待黄河彻底枯"时，译者许渊冲采用直译法，将"青山"译为green hills，既传达了原文中的自然形象，也便于西方读者理解。

除了直译法外，着色法也是翻译汉语中山文化时常用的一种策略。由于季节、光照等因素的变化，山常常会呈现出不同的颜色，但是这些颜色在汉语中往往被用来创造不同的意境和情感。在翻译时，译者可以从山的颜色入手，通过着色法来准确传达原文的含义与情感。例如，在翻译白居易的《白云泉》中的"天平山上白云泉，云自无心水自闲。何必奔冲山下去，更添波浪向人间"时，许渊冲将"天平山"译为"Sky-blue Mountain"，不仅与"白云泉"的颜色相搭配，而且将原文中和谐、宁静的氛围充分地表达了出来。

（二）水文化的翻译

在英语文学作品中，水常被用作一种充满象征性和描绘性的表达手法，它既是物质的实体，又是作者情感色彩的载体。英语中的水文化非常重要，其形象与内涵赋予作品丰富的情感色彩，对于译者而言，深入理解和精准把握英语中水文化的概念并进行巧妙翻译，显得非常重要，译者在翻译中应结合具体语境灵活采用不同的翻译策略。直译法能够尽地保留原文的意象和表达含义，如英语中Water is the soul of the landscape这句话如果直译为"水是风景的灵魂"，不仅保留了原文中水与风景之间紧密相连的关系，又凸显了水在风景中的核心地位，使读者能够直接感受到原文中的情感色彩。但是，在翻译一些具有深厚文化内涵或象征意义的水文化表达时，直译无法完全传达原文的深意，这时候译者可采用意译法进行翻译，即结合目标语言的表达习惯和读者的接受度，将原文中的意象转化为相应的表达，不仅能保留原文的意象和内涵，而且能使目标语言的读者更好地理解和接受。

但是，相比之下，"水"的文化内涵在汉语文学中占据着举足轻重的地位，其流淌的意象被赋予了丰富的情感和象征意义。在汉诗英译的过程中，如何精准地传达这种深厚的文化内涵，成为译者们需要深入思考和探索的课题。

首先，对于"水"的直接翻译，需要在保留原文文化内涵的同时，保证译文的流畅性和准确性。例如，李白的《望庐山瀑布》中，瀑布被形容为"飞流直下三千尺，疑是银河落九天"。许渊冲在翻译时，直接保留了"水"的意象，将其译为"Its torrent dashes down three thousand feet from high; As if the Silver River fell from azure sky."这样的翻译不仅保留了原文的生动形象，还通过Silver River这一比喻，将瀑布的壮丽景象展现得淋漓尽致。

但是，有时候直译并不能完全表达出原文的韵味和内涵，这就需要我们运用一些翻译技巧，如转移、化隐为显或替代等。例如，在严维的《丹阳送韦参军》中，诗人通过"水"的意象来烘托离别的凄凉之情。陈君朴在翻译时，采用了转移法，将"寒"的语义转移到了江水之上，译为cold waterflow，成功地传达出了诗人的凄凉与失落之感。

中国文人在抒发情感时往往含蓄委婉，这就需要译者在翻译时采用化隐为显的方法，将原文中的隐性信息传达出来。例如，晏几道的《满庭芳·南苑吹花》中，"可怜便、汉水西东"这一隐性信息，许渊冲在翻译时将其显化为"We are east and west like running stream."既保留了原文的审美特质，又传达出了诗人的伤感情绪。

当汉语中的"水"文化内涵难以直接用英语表达时，可以尝试采用替代法。例如，在王维的《山居秋暝》中，"清泉石上流"被许渊冲翻译为"Over the glistening rocks the spring water glides."这里，译者并没有直接翻译为flow，而是选择了glide这一词汇，既传达了水的流动感，又凸显了其轻盈灵动的特质。

四、文学作品中数字的翻译策略

（一）精确数字的翻译

精确数字往往包含着信息，因此译者在翻译时需要保证高度的准确性和精确性。例如，英语中的"1000"应翻译为汉语的"一千"，这种直接对应的翻译方式有助于保持数字的精确性和准确性。但是由于英汉两种语言在数字表达方式和习惯用法上存在差异，译者需要考虑目标语言的表达习惯进行灵活调整。例如，英语中的大数字通常使用thousand，million和billion等单位进行表达，但是在汉语中则往往使用"千""万""亿"等单位。因此，译者需要结合目标语言的习惯用法进行适当的转换。

（二）概数数字的翻译

概数数字有着独特的灵活性和多样性，因为概数数字本身所蕴含的模糊性和不确定性，译者在翻译时需要考虑具体的语境和表达需求来选择最为合适的翻译策略。例如，译者可以采用目标语言中的概数表达方式，即译者需要深入了解目标语言的表达习惯，以便使译文更加地道和自然。例如，英语常使用several（几个），a few（少数几个）或hundreds of（数百）等词语来表示概数；但是汉语中则使用"若干""几个""数百"等词汇来传达相似的概念，这样可以保证译文的准确性和流畅性。

（三）数字缩略语的翻译

数字缩略语具有丰富的内容或多层意义。这类词汇虽然简洁、生动、活泼、独特，但承载着大量需要传达的信息。

（1）直译。例如：

原文：推进"双随机一公开"跨部门联合监管。

译文：We will continue interdepartmental oversight conducted through the random selection of both inspectors and inspection targets and the prompt release of results.

"双随机一公开"翻译为random selection of both inspectors and inspection targets and the prompt release of results，"双随机一公开"是指在监督过程中，随机选择检查对象，随机选择执法检查人员，及时向社会公布抽查情况和调查结果。这里也采用直译法。

（2）直译加注释。数字缩略语在政府工作报告中可以传达丰富的信息，有时直译和意译的方法并不能准确有效传达信息，还造成译文过于烦琐，在这种情况下，可以采用直译加注释的方法。一方面保持译文简洁，另一方面，注释有助于读者理解原文和译文，达到更好的表达效果。例如：

原文：三大攻坚战开局良好。

译文：The three critical battles got off to a good start.（This refers to the battles against potential risks，poverty and pollution ）

在译文中"三大攻坚战"直接译为three critical battles。译者在后面加上This refers to the battles against potential risks，poverty and pollution这一注释，三大攻坚战是指防范化解重大风险、精准脱贫、污染防治，直译加注释使译文不至于过分烦琐，同时也能让目的语读者更好地理解和接受。

综上所述，翻译概数数字需要译者具备深厚的语言功底和敏锐的洞察力。通过灵活运用各种翻译策略，可以保证译文既准确又地道，从而实现跨文化交流的有效进行。

五、文学作品中动物词文化的翻译策略

（一）直译：保留源语意象

在翻译的过程中，直译是一种常见且实用的方法。所谓直译，即将源语中的文化意象直接转换为目的语中的对等意象。这种翻译方式在处理动物文化意象时尤其有效。由于不同文化背景下的人们对某些动物的情感存在共通性，直译可以在很大程度上实现文化重合，保证意象的等值传递。

例如，在英文中有这样一个表达："A lion at home, a mouse abroad."这个表达包含了两个动物意象：lion和mouse。在翻译这个表达时，可以直接将其转换为汉语中的对应意象，即"在家如狮，在外如鼠"，这样的翻译既保留了原文的意义，又使目的语读者能够准确地理解原文所传达的信息。

（二）转译：寻求功能对等

转译指在目的语中寻找与源语动物意象相契合的对等意象，以达到便于理解与把握的效果，其常见于处理涉及动物意象的词汇和表达。在翻译过程中，译者常面临源语意象难以被目的语读者理解或把握的困境，如果目的语中恰好存在与源语意象契合的对等意象，译者就会采用转译法，用目的语中的对等意象替代源语意象，使目的语读者能够更好地理解和把握原文的意图。例如，在英语中，as strong as a horse这一表达转译了汉语中的"力大如牛"，这里源语中的"牛"在汉语文化中被认为是力量的象征，但是在目的语英语中，horse同样承载着强大的力量和耐力的寓意。因此，通过转译，英语读者能够轻松地理解这一表达所传达的强大力量的概念。再如，"落汤鸡"在汉语中用来形容一个人被雨水淋湿的样子。在转译为英语时，我们使用了like a drowned rat这一表达，因为在英语中，rat被用来形容某物湿透或狼狈不堪的状态，与汉语中的"落汤鸡"形象相吻合。这样的转译不仅保留了原文的形象性，还使英语读者能够直观地理解汉语中的这一比喻。

（三）省译：意象减值传递

所谓省译，即在翻译过程中，针对动物文化意象的减值传递现象。在跨文化交流中，不同语言对动物词汇的文化内涵往往存在显著差异。英语中一些动物词汇蕴含丰富的文化意义，但是在汉语中却找不到相应的对应表达；反之亦然。面对这种情况，译者需要灵活运用意象减值传递的手法，即直接翻译出动物意象的内涵，以帮助读者更好地理解原文的含义。这种方法也可称为"释义法"。例如，英语习语rain cats and dogs在汉语中并没有与之对应的动物文化意象，因此译者可以选择省略意象，直接翻译为"倾盆大雨"，保证读者能够准确理解。

六、文学作品中植物词的翻译策略

（一）直译

当英汉两种语言中的植物词汇承载着相同或相近的文化内涵时，保留形象直译的翻译方法不仅保证了源语的文化特色得以完整保留，同时也为译文的语言注入了更为生动、形象的元素。具体但言，保留形象直译在翻译实践中体现了翻译的"信、达、雅"原则。其中，"信"意味着翻译应忠实于原文，不歪曲、不遗漏原文的意思；"达"则要求译文表达准确，使目标语读者能够清晰理解；"雅"则指译文语言优美，给读者带来审美上的享受。通过保留形象直译，即能够在保持原文文化特色的基础上，使译文既准确又生动。

例如，Peachy cheeks，在英语中，peachy一词通常用来形容某物具有如桃子般鲜嫩、光滑的质感。但是在汉语中，"桃腮"一词则用来形容女子脸颊红润、娇艳欲滴。由此可见，英汉两种语言中的"桃"均被赋予了美丽、娇嫩的象征意义。因此，在翻译时，可以直接保留这一形象，将Peachy cheeks翻译为"桃腮"，从而传达出源语中的文化内涵。

再如，谚语"Oak may bend but will not break."中，oak指的是橡树，一种坚韧、耐久的树种。该谚语的意思是，尽管橡树会弯曲，但它绝不会折断，象征着坚韧不拔、不屈不挠的精神。在汉语中，橡树同样被赋予了坚韧、耐久的象征意义。因此，在翻译时，我们可以保留这一形象，将这句谚语翻译为"橡树会弯不会断"，充分传达源语的文化内涵。

（二）直译加注释

对于那些对西方文化不甚了解的读者来说，直译确实带来一些困惑。这是因为很多西方习语和表达方式背后的文化内涵和历史背景，并非通过简单的字面翻译就能完全传达。但是，如果我们能在保留原文的植物形象的同时，进一步解释其文化意义，那么这些习语和表达方式就会变得更加生动和易于理解。例如，As like as two peas in pot直译意思是"锅里的两粒豆"，但实际上它用来形容两个人或事物之间极其相似。这个习语源自17世纪的英国，当时人们发现同一锅豌豆中的两粒豆子非常相似，于是就用这个形象比喻人与人之间的相似性。因此，译者在翻译时除了直译外，还需要进一步阐述其背后的文化内涵和历史背景，让读者更好地理解和记忆。

（三）舍弃形象意译

当直译某种植物词汇被译语读者费解，且不容易添加注释时，转换形象套译又难以操作时，舍弃源语中的植物形象进行意译是一种可行的翻译策略。通过这种方式，我们可以更好地传达原文的联想意义，使译语读者更好地理解原文所蕴含的文化内涵和情感色彩。同时，在进行意译时，还需要注意保留原文的含义和信息，避免过度解读或误解原文的意思。

例如，"Every bean has its black"如果直译为"每个豆子都有它的黑色"，这会让译语读者感到困惑，不知道这个句子想要表达的意思。但是如果我们舍弃源语中的植物形象，将其意译为"凡人各有短处"，就可以清晰地传达出原文的意思，即每个人都有自己的缺点和不足。这样的翻译方式既保留了原文的含义，又让译语读者更容易理解。

第三章　文学作品中的中西方句式结构文化差异与翻译

在文学作品的翻译过程中，中西方句式结构文化存在明显的差异，这种差异不仅影响了文学作品的语言表达，还深刻地反映了中西方思维方式和文化背景的不同。一般来说，汉语句子是结合语境和语义来构建句子的，其句式结构往往更加灵活，这是因为汉语句式中往往没有严格的语法规则限制，可以通过语序、语气、修辞等手段来表达丰富的情感和意义。相比之下，英语句子是考虑语法规则和词汇的精确选择来构建句子的，其句式有明确的主谓宾结构，更加注重形合以及逻辑的准确性。正是因为中西方句式结构文化的差异性的存在，要求译者在翻译时应该深入理解原作的语义和语境，准确地传达原文的情感和意义，同时还应该考虑目标语言的文化背景和阅读习惯，保证翻译作品在目标语言读者中能够产生相似的效果。

第一节　英汉句式结构差异

一、英汉被动句对比

英汉语法结构和表达方式存在显著的差异。特别是在被动句的表达上，英语和汉语呈现出截然不同的特点。英语是一种曲折语，被动句主要依赖于被动语态来实现。被动语态通过动词的曲折变化形式来表示，通常由"be"或"get"加动词的过去分词构成。这种结构明确表达了句子中谓语动词与其主语之间的动宾关系。在被动句中，主语实际上是谓语动词动作的受事者，而施事者则由"by"引导的短语引出。英语被动句中约有80%的施事者不会出现，这种用法使句子更加客观、简洁。汉语没有明确的被动结构，通过标识词和句意来识别被动句。汉语是主题突出型语言，在表达被动含义时通过上下文和语境来推断。汉语的被动句分为有标识被动句和无标识被动句两种。有标识被动句常用"被""让""挨""受""遭"等标识词表示被动，或者通过特殊句式如"为……所""是……的""……的是……"来表达。无标识被动句没有明确的标识词，但句意为被动。

在英汉语言对比中，英语被动语态的使用范围比汉语广，数量也比汉语多。这主要是因为英语是主语突出型语言，被动句能够将所要说明的人或事物放在主语位置，突出行为对象，减少说话人的主观色彩。而在科技类说明文中，英语被动语态的使用尤为普遍，这有助于避免提及不必要的施事者，使句子更加客观、连贯。相比之下，汉语被动句的使用范围较窄，没有像英语那样固定和统一的构成形式。

二、英汉祈使句对比

祈使句是人们用来表达命令、要求、劝阻、禁止等意愿的句子。祈使句是英汉中共有且得到广泛使用的一种句式，两种语言中祈使句结构不同，语用功能丰富，引起了众多学者的关注与研究。

（一）汉语祈使句

黎锦熙最早在《新著国语文法》中提出了祈使句这一术语，书中明确提出了句子按照语气可以分为五类：决定句、商榷句、疑问句、惊叹句、祈使句。自此，语法学家们都在专著中专门设立章节，展开对祈使句的分析和研究。[①]如吕叔湘在《中国文法要略》中明确指出祈使是一种语气，即祈使是"支配我们的行为为目的"的语气，语气有"刚柔缓急之异"，所以能有"禁止、命令、请求、敦促、劝说"的区别。[②]朱德熙在《语法讲义》中探讨了祈使句谓语的性质

---

① 黎锦熙.新著国语文法[M].北京：商务印书馆，1924：111.
② 吕叔湘.中国文法要略[M].北京：商务印书馆，1982：22.

和语义、主语的性质及缺省、肯定形式和否定形式的祈使句、祈使句中否定的连用。[①]

　　至此，经过语言学家的不断努力，汉语语法界开始重视对祈使句的研究，并逐渐形成了对汉语祈使句研究的不同视角，主要分为传统视角、语用视角和认知视角。

　　1.汉语祈使句传统研究

　　传统视角主要聚焦于祈使句的句法特征，表层结构及语法。吕叔湘明确了祈使句的定义、类型，举例说明语气词在不同委婉程度的祈使句中的作用，首次提出祈使句与其他语句不同的原因在于语气。王力引用红楼梦中的句子，举例讲解了祈使语气用于表达劝告、命令、请求的用法[②]。

　　许多语言学家还开始专门研究祈使句的主语、谓语、标点符号和语气等方面。例如，刘月华从表达功能的角度全面考察了北京话祈使句的基本结构和语法特征[③]。沈阳从省略角度，将祈使句细分为两类。一类是NP1通常都要省略，但必要时可以补出；另一类则相反，是NP1通常都需要出现，但必要时可以省略[④]。齐沪扬、朱敏通过语料统计发现：现代汉语祈使句句末语气词的分布存在选择性，其原因与祈使句的类别及主语人称有关[⑤]。张则顺研究了现代汉语祈使句的主语隐现原则，指出祈使句主语隐现归根到底是经济性原则和明确性原则共同作用的结果[⑥]。传统视角主要研究了祈使句的表层语法结构，对祈使句的性质，特征和结构进行了描述与定义，将祈使句与其他句子类型进行区分。但是传统视角未能解释祈使句与其他句子在语用功能上的区别及其用法规则。

　　2.汉语祈使句的语用研究

　　祈使句具有特殊的语用功能，是区别于其他句式的主要特点之一。张美兰以

① 朱德熙.语法讲义[M].北京：商务印书馆，1982：76.

② 王力.中国现代语法[M].北京：商务印书馆，1985：175.

③ 刘月华.从《雷雨》《日出》《北京人》看汉语的祈使句[A].语法研究和探索（三）[C].北京：北京大学出版社，1985：1.

④ 沈阳.祈使句主语省略的不同类型[J].汉语学，1994（1）：21-22.

⑤ 齐沪扬，朱敏.现代汉语祈使句句末语气词选择性研究[J].上海师范大学学报（哲学社会科学版），2005（2）：62-69.

⑥ 张则顺.现代汉语祈使句主语隐现研究[J].汉语学习，2011（1）：53-61.

古籍《祖唐集》为语料库，考察了基于合作原则和策略准则的祈使句。[①]赵微根据说话者与听话者身份地位不同关系、S强制程度的强弱以及是否考虑到H意愿的差别，"合作原则"与"得体原则"等方面对《祖堂集》中祈使句用法特征作初步的分析[②]。

以上研究将祈使句与其他句型在功能和交际效果方面进行了区分，指出合作原则和策略准则有利于祈使句获得最佳的交际效果和语境功能，但祈使句的工作机制在语用学上未能得到解释，尤其是非典型祈使句。

3.汉语祈使句的认知研究

传统语法认为主要动词决定句子的全部形式与意义，但是有研究发现句子形式与句子语义之间存在一种规则，而构式语法是对这种规则最好的解释，认为句子的意义是由其形式义与词汇义共同组成的，不再仅是句子成分的简单相加。一些典型的祈使句能够从构式语法的角度理解，但是一些由形容词、副词或名词开头的祈使句却难以用构式语法理解。由于句意是构式义与词汇义互动的产物，"压制"这一概念也随之产生，即当构式义与词汇义一致时，两者会相辅相成，反之构式的意思则会优先于其组成部分，即优先按照构式的要求去理解它，即使该组成部分本身可能不具备这个功能，也会被强制赋予相应的意思。有学者认为压制的过程是转喻参与的认知过程，吴淑琼、文旭以语法转喻为视角，对汉语"A+点"祈使结构的生成机制进行了剖析，结果表明构式义对词汇义的压制是语法转喻操作的认知动因。[③]李青提出祈使压制着祈使句谓语动词，在祈使句中，即使有些强动作动词能顺利进入到谓语位置上，但在祈使构式的压制下，意义也会发生变化。[④]

以上研究从认知视角出发理解祈使句，是从传统视角和语用视角发展出来的一个新突破。但是由于观点较新，相关的研究数量较少，还未有学者从认知视角出发对祈使句类型做过全面系统的分析。

上述现今较为主流的祈使句研究的三种视角，传统视角与语用视角为认知视角的发展铺垫了良好的基础，认知视角主要是从构式和转喻来解读祈使句。

---

① 张美兰.《祖堂集》祈使句及其指令行为的语力级差 [J].清华大学学报，2003（5）：61-63.

② 赵微.指令行为与汉语祈使句研究[D].上海：复旦大学，2005：12.

③ 吴淑琼，文旭."A+点"祈使结构的语法转喻阐释 [J].解放军外国语学院学报，2011（5）：21-26+127.

④ 李青.认知视角下汉英语言祈使构式压制研究 [J].大连大学学报，2019（1）：85-89.

（二）英语祈使句

英语祈使句的研究同汉语祈使句研究相同，主要分为传统视角、语用视角与认知视角。国外学者对英语祈使句的研究较开始较早，且取得了丰富的成就。

1.英语祈使句的传统研究

传统语法学家于20世纪30年代起就开始研究英语祈使句。许多学者通过语料研究，从表层结构上对祈使句的主要特点进行了描述[①]，如祈使句主语省略现象，谓语动词缺乏时态仅使用光杆动词形式等特征，并且在对这些特征的解读上达成了一致：祈使句主语省略是因为在语用中，听话人通常就在面前所以主语多为省略。谓语动词缺乏时态特征是因为听话人可能为第一人称、第二人称或第三人称，省略主语的祈使句便不将人称变化体现在动词上。Quirk指出祈使句无时态变化，少有进行体与完成体，并且祈使句所表达的内容以未来为中心。[②]Curme从句法角度分析祈使，认为祈使句是一种在句法上没有屈折变化的古老语言形式。祈使句的词序不同于其他小句结构，助动词do常用于否定祈使句中。随着祈使句研究的发展，许多学者开始对祈使句展开更加具体的研究。[③]Stockwell[④]与Ak majian & Heny[⑤]等语言学家认为祈使句是深层结构中的陈述句。他们引入了一个祈使句公式："You+VP"，当第二人称主语存在时，助动词形式随之省略。而我们最广泛使用的祈使句是在此基础上继续省略了主语，进而得出最终的VP形式。Potsdam对英语祈使句做了全面的考察，认为祈使句与其他英语句型在句法上完全不同。他进一步指出，祈使句的句法特征可以从以下三个方面来解释：（1）祈使名词短语和普通主语之间没有实质性差异；（2）没有无法比较的结果成分；（3）祈使句的情态词在句法层面上无法定义。[⑥]Takahashi通过语料库对应英语祈使句中常用动

① Curme, G. O. Musings upon the English and the German Subjunctive[J].The Journal of English and Germanic Philology, 1931, 30（1）: 1–5.

② Quirk, R. A comprehensive grammar of the English language[M]. London: Longman, 1985: 56.

③ Curme, G. O. Musings up on the English and the German Subjunctive[J].The Journal of English and Germanic Philology, 1931, 30（1）: 1–5.

④ Stockwell, R. P. , Partee, B. H. & Xhacter, P. The major syntactic structures of English[M]. New York: Holt Rinehart & Winston, 1973: 246.

⑤ Akmajian, A. & Heny, E. An Introduction to the Principle of Transformational Syntax [M]. Cambridge, Mass: The MTI Press, 1975: 143.

⑥ Potsdam, E. Syntactic issues in the English imperative [M]. London; New York: Routledge, 2017: 15.

词频率进行统计分析，研究发现英语祈使句中最高频的四个动词分别为："let's，tell，let，look."[1]国内学者对英语祈使句的研究起步晚于对汉语祈使句的研究。董绍露[2]认为祈使句是英语常用的一种表达方式，具有两个鲜明的特征：（1）英语祈使句可分为有主语祈使句与无主语祈使句；（2）英语祈使句的否定形式与否定陈述不同。马宏程、谭明华将祈使句和其他句型对比，发现在语音、谓词、主语及否定范畴表达上有其独特的标记特征。[3]这些特征都是祈使句的功能特征在句法运算系统中触发的相关反应。司罗红等从句法角度研究英语祈使句主语隐现，祈使句中心语的功能要素由于祈使特征实例化变得不完整，不能给主语位置上的名词短语授予主格。[4]并提出句子主语的隐现是句子中心语的性质和格位理论共同作用的副产品，是可以推导出来的。

2.英语祈使句的语用研究

20世纪六七十年代，语言学家逐渐从研究英语祈使句表层结构过渡到研究语用功能。通过对英语祈使句表层句法结构的分析，他们逐渐发现祈使句与其他句型在形式与语用上的区分。例如，张克定从认知—语用视角探讨英语祈使性条件构式的言者意图及其动因[5]，得出结论：构式语境为总体动因，其余为具体动因，如祈使分句与陈述分句的条件关系、祈使分句的指令性言语行为功能等条件。

3.英语祈使句的认知研究

Takahashi从认知视角分析了英语祈使句，根据图式与原型分析英语祈使句的特点。[6]高丽萍通过语法化和主观化的研究分析，Be careful句型中的动词Be已由静态动词Be（am/is/are），转变为动态动词Be，且固化为一个引导小品词，作为一个祈使标记，表现说话人的主观性。[7]楚浪探讨汉英祈使句的转喻研究，发现有三种类型的转喻操作：转喻映射，双重转喻映射，语境或文本对转喻和祈使

① Takahashi, H. The English imperative: A cognitive and functional analysis[D]. Hokkaido University，2004：4.

② 董绍露.英语祈使句类型和用法浅析[J].外语学刊（黑龙江大学学报），1992（4）：39-44.

③ 马宏程，谭明华.祈使句的标记特征及相关解释[J].湖北社会科学，2009（2）：110-112.

④ 司罗红，徐杰，王素改.句子中心语性质跨语言差异与祈使句主语隐现[J].外语教学与研究，2017，49（1）：26-36.

⑤ 张克定.祈使性条件构式的言者意图及其动因[J].外语教学与研究，2016（5）：669-679.

⑥ Takahashi, H. The English imperative: A cognitive and functional analysis[D]. Hokkaido University，2004：32.

⑦ 高丽萍.试论英语祈使句的语法化和主观化[J].中国外语，2010b，7（2）：33-37.

隐喻的影响。[①]

（三）英汉祈使句对比

英汉对比研究历史悠久且应用领域广泛，但是对英汉祈使句的对比研究数量较少。赵永新对英汉祈使句进行对比后得出以下结论：（1）英汉祈使句都倾向于省略主语；（2）句子多简短，语调具有强制性、确定性；（3）当说话人发出乞求、禁止或劝阻的指令，或要求听话人采取具体行动时，英汉语中通常都使用称呼；（4）英语中，please用于句末，而汉语中用于句首。[②]李青对比了英汉祈使句语气的表达，发现汉语祈使句表达含蓄，连带成分，语气词和语境作用重大，较少使用固定句式，而英语中多为固定句式表达。[③]方岩从语法和语用角度对比英汉语祈使句的主语，动词和语气等方面，旨在对二语教学和对外汉语教学研究有所帮助。[④]周凤比较了汉英祈使句的肯定式与否定式表达，对汉英祈使句中用于加强和减弱语气的表达方式进行了归纳。[⑤]综上，祈使句英汉对比研究数量较少，且基本由国内学者研究发表，研究数量呈现严重的不对称性。

第二节　英汉句式结构差异对翻译的影响

句式差异对翻译的影响是一个复杂而重要的话题。在进行跨语言的翻译时，句式差异会对表达效果产生深远的影响。

一、影响表达的准确性和清晰度

语言承载着丰富的文化内涵和表达形式。不同的语言因其历史、地理、文化等因素而形成了各自独特的语法结构和句子组织方式。这不仅体现了语言的多样

---

① 楚浪.汉英祈使句的转喻研究[D].北京：对外经济贸易大学，2013：2.

② 赵永新.汉英祈使句的比较[J].语言教学与研究，1988（3）：94–102.

③ 李青.认知视角下汉英语言祈使构式压制研究[J].大连大学学报，2019（1）：85–89.

④ 方岩.英汉祈使句对比研究[D].吉林：吉林大学，2010：16.

⑤ 周凤.汉英祈使句对比及其对外汉语教学[D].苏州：苏州大学，2017：45.

性，也为跨语言交流带来了挑战。在翻译过程中，句式差异可能导致信息无法准确传达，甚至引发误解。英语是一种主谓宾结构的语言，主语通常位于谓语动词之前，形成"主语—谓语—宾语"的基本句型。这种结构使英语句子更加直接、明确，有利于表达清晰的逻辑关系。汉语属于主谓倒装结构，主语通常位于谓语动词后，形成"谓语—主语"的基本句型。这种结构使中文句子更加灵活、多变，能够表达更加复杂的情感和意境。

在翻译时，如果不考虑这种句式差异直接将英文句子翻译成中文，可能会导致信息的失真或误解。例如，在英语中一些强调主语重要性的句子在翻译成中文后可能会因为主语位置的改变而失去原有的强调意味。中文中一些通过倒装结构表达特定情感的句子在翻译成英文后可能会因为无法准确还原倒装结构而失去原有的韵味。因此，翻译时需要仔细考虑句式差异对表达效果的影响，采取相应的调整措施，如调整句子结构、改变词语顺序、增删词语等，以确保翻译后的句子能够准确传达原文的意思和情感。还需注意不同语言之间的文化差异和表达习惯。例如，在英语中人们习惯于使用直接、客观的表达方式，而在中文中人们更注重委婉、含蓄的表达方式。在翻译时需要根据目标语言的文化背景和表达习惯选择适当的翻译策略，以确保翻译结果的准确性和可接受性。

二、对审美和文化传递产生影响

英美文学以其简洁明了的语言和直接的叙述方式著称，这与其文化背景息息相关。在英美文化中，人们强调效率与直接性，这种文化特性在文学作品中得到了充分体现。这种直白的叙述方式在中国古典文学中并不常见。中国古典文学更注重修辞手法的运用和意境的营造，如"花好月圆""千里共婵娟"等，这些表达不仅富有诗意，还蕴含着深厚的文化内涵。

在进行跨语言翻译时，译者需要根据目标语言的文化特点和审美需求进行适当的调整和转换。例如，在翻译英美文学中的某些比喻或象征时，译者需要寻找与中国文化相契合的表达方式。这样可以保持原文的艺术魅力，让目标语言的读者更好地理解和欣赏原文的文化内涵。此外，译者在翻译过程中还需注意保持原文的修辞手法和意境。译者具备深厚的文学素养和语言能力，以便在保持原文风格的同时让目标语言的读者感受到原文的艺术魅力。

三、对翻译的难度产生影响

在句式结构方面，有些语言可能更偏向于使用长句，通过复杂的从句和修饰语来表达丰富的意义。有些语言则可能更偏向于使用短句，通过并列句和简单句来传达信息。例如，汉语就常常使用短句，通过上下文和语境来理解句子的含义，英语更常使用长句，通过复杂的语法结构来表达复杂的逻辑关系。一些句子可能还存在倒装结构、省略等特殊的语法现象。这些都需要译者具备深厚的语言功底和专业知识才能准确处理。倒装结构是指将句子中的主语和谓语的位置颠倒，以强调某个词语或表达某种情感。省略是在不改变句子意义的前提下省略某些词语或句子成分，使句子更加简洁明了。

句式差异不仅可能导致翻译中的歧义和误解，还会影响翻译的质量和效果。例如，如果译者没有充分理解源语言的句式结构和语法规则，就可能在翻译过程中出现漏译、误译等问题。这不仅会影响译文的准确性，还可能误导读者，导致文化交流的障碍。因此，译者需要充分考虑句式差异对翻译难度的影响，采取有效的策略和技术来应对这些挑战。译者需要对源语言的句式结构和语法规则进行深入地分析和理解，以确保准确传达原文的含义。译者还需要根据目标语言的语法规则和表达习惯，对译文进行适当的调整和优化，使其更加符合目标读者的阅读习惯和审美需求。

第三节　文学作品中英汉句式翻译的技巧

一、文学作品中英汉句式翻译的策略和技巧

（一）考虑读者和接受文化

翻译工作并非简单的语言转换，而是一门涉及文化、心理和语言的综合艺术。在翻译时，对目标读者的文化背景和语言习惯的深入了解是至关重要的。这种了解不仅有助于准确传达原文的含义，更能确保翻译的内容与目标读者的心理需求和期望相契合。

要关注目标读者的语言水平，根据目标读者的母语能力和阅读习惯来确定翻译的语言风格和难度。对于语言水平较低的目标读者，应选择简单易懂的词汇和

句子结构，以便他们更容易理解翻译的内容。对于语言水平较高的目标读者，可以适当增加一些高级词汇和复杂的语法结构，以展示专业素养和翻译能力。这样既能确保翻译的通俗易懂，又能满足目标读者对高质量翻译的需求。

（二）尊重和保持原作风格

翻译是一项要求极高的艺术，它不仅要求译者精通两种语言，更要求他们理解并尊重原作的独特风格和特点。在翻译过程中，保持原作的风格和特点就像守护一颗璀璨的明珠，需要投入大量的时间和精力来呵护。

第一，深入理解原文。仔细阅读原文，逐字逐句地理解作者的意图和表达方式。只有深入理解原文，才能更好地将其翻译成另一种语言，同时保留原作的风格和特点。

第二，选择适当的词汇表达思想。不同的词汇和表达方式可以传达出不同的情感和态度。根据原文的语气和情感色彩选择最恰当的词汇和表达方式，以确保翻译能够准确地传递原作的思想和情感。

第三，考虑目标读者的阅读习惯和审美需求。有时候，原文的表达方式可能对目标读者来说过于复杂或陌生，这时就需要进行适当的修改或调整，使翻译易懂或符合目标读者的习惯。

（三）灵活运用转换技巧和语言资源

熟悉不同领域的专业术语。在翻译过程中，术语的准确运用直接影响到译文的专业性和准确性。无论是法律、医学、科技还是文学等领域，术语都有其独特的内涵和外延。译者需要对所涉及领域进行深入研究，理解并掌握这些专业术语的确切含义。只有这样，才能在翻译过程中保持原作的风格和准确性，同时满足目标读者的需求。

随着科技的发展，翻译软件和在线词典等辅助工具已经成为译者的得力助手。这些工具不仅可以帮助译者快速查找和替换专业术语，还可以提供单词的同义词、反义词等相关信息。通过合理利用这些工具和技术，译者可以在保证译文质量的同时大大提高工作效率。值得注意的是，工具和技术虽然重要，译者的主观能动性和创造性同样不可或缺。翻译不仅仅是语言的转换，更是文化的交流和思维的碰撞。译者需要在理解原作的基础上运用自己的语言能力和创造力，将原作的精神和风格准确传达给目标读者。

二、汉英被动句翻译——以《骆驼祥子》为例

"被动"是英、汉语存在的共通现象，但其在语法概念、结构表现形式、语义表达和语用意义方面存在明显差异。尤其是汉语被动句的使用，受多方条件限制。由于英汉语言和文化差异，英汉被动常常难以以固定的表达形式得到一一对等的翻译，造成翻译困难。因此，"被动"的翻译一直以来都是翻译实践的难点和研究的热点。关于英汉语被动句使用情况，英语被动句的使用频率比汉语被动句的使用频率要高得多，尤其体现在英汉文学作品的对比中，中国文学作品之中老舍的《骆驼祥子》中被动句的运用情况相对比较多，全篇共211页，被动结构句共105个（其中"被"字句88个），平均每2～3页有1句。《骆驼祥子》这一文学作品被动句描写特征明显，加之葛浩文助莫言登顶诺贝尔文学奖的优秀翻译表现及翻译水平的世界级认同，因而这里选择了《骆驼祥子》的葛浩文经典译本进行分析。

（一）《骆驼祥子》中的被动句类型总结

欲研究《骆驼祥子》中的被动结构，首先要区分辨识其中的被动结构。根据汉语被动结构分类，笔者通读老舍先生的《骆驼祥子》[①]，共找出105个被动句，对所发现的被动句进行分类后，总结为以下几种类型。

（1）受事+被动标识词+施事+动词

"还没拉到便道上，祥子和光头的矮子连车带人都被十来个兵捉了去！"

"祥子！你让狼叼了去，还是上非洲挖金矿去了？"

（2）被动标识词+施事+动词

"自从一被大兵拉去，他似乎没看见过太阳，心中老在咒骂，头老低着，忘了还有日月，忘了老天。"

（3）受事+被动标识词+动词

"他们自己可是不会跑，因为腿脚被钱赘得太沉重。"

（4）被动标识词+动词

"想起乍由山上逃回来的时候，大家对他是怎样的敬重，现在会这样被看轻。"

（5）被动标识词+施事+动词

"还是绕西山回来的，怕走大道教人追上，万一村子里的人想过味儿来，还

---

① 老舍.骆驼祥子[M].北京：外文出版社，2006：1.

拿我当逃兵呢！"

（6）把+受事+被+施事+动词

"及至到了后山，他只顾得爬山了，而时时想到不定那时他会一跤跌到山涧里，把骨肉被野鹰们啄尽，不顾得别的。"

（7）被+施事+给+动词

"他的心像一个绿叶，被个虫儿用丝给缠起来，预备作茧。"

（8）被+施事+把+动词

"他得睁着眼，清清楚楚地看着，到底怎样被别人把他推下去。"

（二）《骆驼祥子》中的被动句英译

1.汉语被动句译为英语被动句

汉语原文中带有明显标记词的被动句大都被翻译为被动句，如带有"被""教""让""挨"等标志词的被动句，葛浩文都遵循了"忠实"原则，将这类被动句译为了英语被动句。例如：

原文：大太太的意思本来也是不乐意祥子替二太太抱孩子，听见二太太骂他，她也扯开一条油光水滑的嗓子骂，骂的也是他；祥子成了挨骂的藤牌。

译文：The wife hadn't liked the idea of Xiangzi's holding the concubine's baby in the first place，and when she heard Xiangzi being bombarded by curses，she joined the fray in her oily voice. Attacking whom？Xiangzi，of course. Everyone's target of choice.

这句话是写祥子在拉包月车时，雇主家的太太们为难他，都把他当作出气筒。文中"挨骂的藤牌"是一个被动含义的偏正短语，"挨"是被动标志词，祥子是受事主语，省略了施事主语，即骂他的太太们。葛浩文将其处理成了being bombarded by，充当一个宾语补足语成分，补充说明祥子处在怎样一种被动的环境中，此时，受事主语还是祥子，施事主语变成了curses。这样的翻译处理既简练表达了原文意义，又避免了歧义。

原文：被撤差的巡警或校役，把本钱吃光的小贩，或是失业的工匠，到了卖无可卖，当无可当的时候，咬着牙，含着泪，上了这条死亡之路。

译文：Laid-off policemen and school janitors，peddlers who have squandered their capital，and out-of-work laborers who have nothing more to sell and no prospects for work grit their teeth，swallow their tears，and set out on this road to oblivion.

"被撤差的巡警或校役"是带有明显被动标志词的偏正结构，且省略了施事主语，被动成分充作定语修饰后面的名词，葛浩文采用的直译的翻译策略，译为了Laid-off，既表现出了原文的被动意义，充当的也是定语成分，与原文一一对应。

2.汉语被动句译为英语主动句

受文化和汉语思维的影响，汉语多从人本身出发，注重人的思想，因而主体多为人称主语，句式多为主动句；英语思维注重客观存在，主体多为物主主语，以被动句为主。相较汉语，英语中被动句的使用频率较高，适用范围较广，虽有上述语言文化上的习惯和倾向，但不能一概而论，汉语中也有主动句，英语中也不只有被动。为了体现施事者，强调动作的发出者，汉语被动句也会被译为英语主动句，施事者和受事者在句中位置的不同，导致语态的变化。所以在文学作品的翻译过程中，译者需揣摩作者心意及创作思维，准确地传译汉语被动句。例如：

原文：不像，绝不像个拉骆驼的！倒很像个逃兵！逃兵，被官中拿去还倒是小事；叫村中的人们捉住，至少是活埋！

译文：What he looked like was a deserter. A deserter! It wouldn't be so bad if soldiers caught him, but if villagers spotted him, he could look forward to being buried alive!

此句中共出现两个被动结构标识词："被""教"，体现了明显的被动含义，另外还有一处被动意义，即被"活埋"。葛浩文在翻译时，将前两个带有明显被动标识词的被动结构译为英语中主动形式的条件句，将事件的施暴者士兵和村民摆在句子的实事者位置，强调施暴者的残忍，体现出当前祥子处境的艰难；用being buried alive被动结构突出了结果的严重性，更清晰地表达了原文意义。

原文：他越想着过去便越恨那些兵们。他的衣服鞋帽，洋车，甚至于系腰的布带，都被他们抢了去，只留给他青一块紫一块的一身伤和满脚的疱。

译文：The more he thought about his past, the deeper his hatred for the soldiers. They had taken his clothes, his shoes, his rickshaw, even the sash he used as a belt, in return for bruises and welts all over his body and blisters on his feet.

此句是典型的带有明显标志词的汉语被动句，在翻译时，葛浩文采用了意译的翻译策略，把汉语被动句译成了英语主动句，将施暴者士兵对应放在施事者位置，发出一系列残暴的动作"抢去""留伤""留疱"，体现出士兵的暴行、人性的冷漠和"人吃人"的社会现实，士兵唯利是图、无恶不作的形象一览无遗。

3.被动与文学作品创作及传译

值得注意的一点是，"被"字句表示遭受义，有不愉快、不如意的感情色彩，这是选择"被"字句还是选择意义上被动句的一个重要因素。尽管诸多论著依据不同的语料统计的结果，结论都是"被"字句仍以表示不愉快、不如意等贬义色彩为多。Benney从社会学角度解读了"被"文化，他认为，"被+X"结构中，动作者（actors）并没有主动实施"X"的行为，而是被强加的。"被+X"结构共同的语用意义主要是突显"非自愿性""被迫性"等。①老舍先生的《骆驼祥子》这部文学作品中大量的被动结构描写运用也体现了这一点，有意使用被动结构来渲染作品情感基调，该小说描写了祥子经历了三起三落，被社会环境所迫由一个好强、有梦想追求的有志青年逐渐沦为"城市垃圾"的故事，反映了当时在旧中国黑暗统治下，军阀混战，底层贫苦市民生活于痛苦深渊的凄惨经历。再如英文原创作品《简·爱》中，大量章节中出现被动结构，突显了她在舅妈家寄人篱下、被动的痛苦生活。正是由于作品中充斥着生存的被迫无奈与辛酸艰辛，处处体现着人生的各种"不幸"，被动结构的运用也显得相得益彰。因而文学作品，尤其是体现人生艰辛苦楚的文学作品，在其创作过程中应注意被动结构的运用。

　　文学作品传译过程中，由于语言间的差异，有很多被动结构在翻译时无法保留原来的语态，尤其是在英语原著的汉译本中，往往需要变通才能获得语言通顺、相对对应的译文。在文学创作中，语态作为一种语法表现形式，常被用来营造特定的诗学效果，若在传译过程中为追求语句表达通顺而一味改变语态来迎合译入语读者的阅读喜好，不仅会造成原文诗学功能的损失，甚至会误导读者。这也对文学作品的翻译创作有所启发，启示译者不要以照顾译入语读者的阅读习惯为名义而过度采用主被动转化翻译技巧，对所蕴含的诗学功能尽量予以保留，更为准确生动地传译出原作品的形与神。

　　上面通过对《骆驼祥子》葛浩文译本的被动句分析，总结了原文本中出现的所有被动句结构类型，细致地举例分析了汉语被动句英译所采取的翻译策略，汉语被动句或汉语无主语句可译成英语被动句、英语主动句。经过分析得出一个结论，即不能为了迎合译入语读者的阅读喜好而一味采取主被动互换的翻译策略。同时，通过对被动句英译的分析，在文学创作和传译方面，我们也得到了一些启

① Benney, J. The Corpses Were Emotionally Stable：Agency and Passivity on the Chinese Internet[A]. China Online-Locating Society in Online Spaces[C]. Marolt, P. and Herold, D., Eds. New York：Routledge, 2015：122-125.

发：文学作品中诗学功能占据着不可或缺的重要地位，一些被动句的应用或许是作者故意为之，用来展现某种情感或风格。因而就汉语文学作品传译来说，译者也应注意加深对原文的理解和对作者写作意图的揣摩，体会作者的独具匠心，并将这些独具匠心的语言尽可能原汁原味地体现出来。

第四章　文学作品中的中西方语篇文化差异与翻译

　　中西方文学语篇在篇章结构、叙事方式和修辞手法等方面存在明显的差异。在中国的文学作品中，作者往往采用非线性叙事结构，注重运用含蓄、隐喻和象征等手法来表达情感和思想，注重情节的发展与转折，这样能够使文学作品的表达更加富有诗意和想象力。相比之下，西方的文学作品则倾向于逻辑和条理，注重对事物进行直接、明确的描述。因此，译者在翻译文学作品语篇时，应该充分了解中西方文学语篇文化的差异，更好地传达原文语篇的意义与风格。

第一节　英汉语篇结构差异

一、衔接手段差异

（一）英语语篇的衔接手段

　　英语语篇是语言表达的重要形式，注重结构的完整性和逻辑性。在英语中，句子常常通过形态变化来展示其内部结构的复杂性和多样性，使句子成分之间、句与句之间，甚至是段落与段落之间的时空逻辑框架更加严密。这种建构逻辑框架不仅增强了语义的表达，还能够使整个语篇更具连贯性和吸引力。

　　在英语语篇中，句子的主干或主谓结构通常被视为描述的焦点，从而突出句子中的核心信息，使读者能够理解句子的主要意图。主句中的核心谓语动词是信息焦点，包含了句子的主要动作和意义，其他动词则依次降级，用于补充和修饰，这种结构使英语句子呈现出一种"葡萄型"的特点，即主干结构较短、外围或扩展成分可构成叠床架屋式的繁杂句式。

英语中常用的两种衔接手段是形态变化和形式词。形态变化指词语本身发生的构形变化（词语在构句时发生的性、数、格、时态、语态等的形态变化）和构词变化（与词语的派生有关，添加前缀、后缀等方式创造出新的词语）等词形变化。

形式词用于表示词、句、段落、语篇间的逻辑关系的词语，主要包括各种连接词、冠词、介词、副词和某些代词等。连接词在英语中起到了至关重要的作用，可以引导从句，使句子之间的关系更加紧密；也可以用来表示并列关系，使句子之间呈现出一种并列或选择的关系。还有一些具有连接功能的词，如as well as、as much、more than、rather than、for、so that等，这些词语在句子中起到了桥梁的作用，使句子之间的联系更加紧密和流畅。

（二）汉语语篇的衔接手段

汉语语篇的表达流畅且节奏均匀，语言结构以意合为主，运用词汇、语法和语境有机结合，形成一种独特的语言表达艺术。与许多其他语言相比，汉语在衔接手段的使用上显得相对谨慎。过多的连词、介词等衔接手段会使句子显得冗余，影响整个语篇意义的连贯性。汉语中巧妙地运用词汇和深入理解语境来构建逻辑关系，使句子之间能够自然地过渡和衔接。

汉语的行文规则为灵活且富有节奏感的"竹节型"结构。这种结构使汉语句子能够按照自然的时间关系进行平面展开，断句频繁且句式较短，也使汉语句子更简洁明了，赋予了汉语一种独特的节奏感和韵律美。此外，汉语中也存在并列连词省略现象，如"东西南北"和"中美关系"等是将多个词语或概念并列在一起，这样的表达并不需要连接词来连接，不仅简化了句子结构，也使语言表达更加紧凑和有力。

值得一提的是，在汉语句子的从属关系中往往存在一种隐性的特点。与英语等语言中的显性从属关系不同，汉语句子之间的关系需要依靠语境和语义理解。因此，汉语中很难看到英语中的关系代词、关系副词、连接副词、连接代词等那种明显的从属关系标记，这种隐性的从属关系使汉语句子结构更灵活多变，也为汉语的表达方式增添了一种独特的韵味。

二、段落模式差异

(一) 英语语篇的段落组织模式

英语语篇的段落组织模式主要有主张—反主张模式、叙事模式、匹配比较模式、概括—具体模式与问题—解决模式，这些模式具有独特的多样性和灵活性，不仅为英语写作者提供了构建文章结构的框架，还使读者能够更轻松地理解和吸收信息。在众多的段落组织模式中，概括—具体模式与问题—解决模式尤为显著，因为这两种模式与汉语语篇组织模式存在显著差异。

概括—具体模式也被称为"一般—特殊模式"，在英语中极为常见，尤其在文学、社会科学、自然科学等领域语篇中有广泛应用。著名学者麦卡锡（McCarthy）将概括—具体模式的宏观结构划分为两种类型：

第一种类型：概括与陈述→具体陈述1→具体陈述2→具体陈述3→具体陈述4→……。这种类型遵循从一般到特殊的规律，先给出一个总的概括或主题，然后逐步深入到具体的细节。

第二种类型：概括与陈述→具体陈述→更具体陈述→更具体陈述→……→概括与陈述。这种类型呈现出层层递进的规律，先给出一个总体概括，然后逐步深入到更具体的细节，最后再回到总体概括。

问题—解决模式在新闻语篇、试验报告、科学论文等领域尤为常见，其基本程序包括说明情景、出现问题、针对问题给出相应的反应、提出解决问题的具体办法以及对问题进行详细剖析。这五个步骤并不是固定不变的，往往会考虑文章题材而变化。

(二) 汉语语篇的段落组织模式

与英语语篇的段落组织模式相比，汉语语篇的段落组织具有独特的特色。

（1）与英语语篇的重心位置和焦点通常位于句尾不同，汉语语篇段落的重心位置和焦点往往位于句首，因为作者习惯在句首明确提出主题或核心观点，然后再逐步展开论述。这种写作方式使读者在阅读时能够迅速把握文章的主旨和要点，提高阅读效率。但是汉语语篇的重心位置和焦点并不是固定不变的。在实际写作中，作者会考虑具体的语境和表达需要来灵活地调整句子的结构和重心位置，使汉语语篇在表达上更加丰富多彩。

（2）与英语语篇的含蓄和隐晦不同，汉语语篇的段落组织重心和焦点会相对模糊，不一定在段落中明确体现出来。在汉语中，作者往往运用隐喻、象征等修辞手法时将重心和焦点隐含在字里行间，让读者通过联想和想象去体会和领悟。尤其是在古代诗词中，诗人常常运用意象和隐喻来表达内心的情感和思想，使读者在阅读时能够感受到一种超越字面意义的意境和韵味。

　　还需要指明的是，有时汉语语篇甚至不存在明显的重心句和焦点句，这时段落的组织和展开需要依赖读者的理解和感知。作者通过一系列相关的句子和表述逐步引导读者进入一个特定的语境和情境中，让读者在阅读过程中自行构建和理解文章的意义。

第二节　英汉语篇翻译的基本理论

一、功能对等理论

　　对等论作为西方翻译理论中的核心部分一直被学者所研究，从英国翻译理论家泰特勒的同等效果论到德国翻译理论家考尔的效果相等理论，再从里厄的对等原则到奈达的功能对等理论，其理论本质属性就是追求语言之间的对等。

　　1964年，美国翻译学家尤金·奈达首次提出"形式对等"和"动态对等"两个概念，之后于1969年，经过对其理论的完善，奈达在其著作《翻译理论和实践》中提出功能对等理论。在这一理论中，他指出：翻译是用最恰当、自然和对等的语言从语义到文体再现源语的信息。[①]其理论中的功能对等包含四个方面：词汇对等、句法对等、篇章对等以及文体对等。但由于原文与译文之间存在着不可忽视的语言、文化等差异，在翻译时很难达到完全对等。因此奈达认为，译者在翻译时应优先考虑意义上的对等，其次是形式上的对等，尽量让译入语读者能够基本按照源语读者理解和欣赏原文的方式来理解和欣赏译文。[②]

　　简单来说就是，功能对等理论下，翻译不应过多受制于原文的语言形式，译者应在综合考虑读者感受的前提下，保证译文与原文在形式上的对等，同时完成

---

① Nida，E. A. Language，Culture，and Translating[M]. Shanghai：Shanghai Foreign Language Education Press，1993：116.

② 同上。

信息传递，使译文措辞通顺自然，译文内容达意传神，原文读者与译文读者的反应基本一致。

二、交际翻译理论

交际翻译理论最早由英国著名翻译家彼得·纽马克提出。纽马克最大的贡献就是强调了交际翻译与语义翻译的区别，并对两种翻译理论的本质和适用范围进行了准确的阐释，这在一定程度上弥补了尤金·奈达交际翻译理论的局限，并得出交际翻译产生的效果和影响力，求接近原文文本。[1]语义翻译重在传达原文的语义内容，交际翻译则注重读者的理解和反映。[2]

总的来说，交际翻译法更具有相对意义，并且具有归化、意译和地道翻译的优势。交际翻译以目的语读者和接受者为目标，在处理原文的时候，译者不仅只是复制原文本的语言文字，而是有较大自由度地去解释原文、调整文体，使目标语读者理解原文的意思，真正做到保留原文本的功能，并且努力使译文对目的语读者所产生的效果与原文对源语读者所产生的效果相同。[3]

三、翻译转换理论研究

20世纪60年代，布拉格学派、伦敦学派、美国结构学派和交际理论学派四大语言学派给西方翻译理论带来了巨大的冲击，语言学的研究极大地丰富了翻译学研究的内容。卡特福德在其专著《翻译的语言学理论》中提出的"翻译转换"这一概念，"翻译转换"是指在将原语翻译成译语时脱离形式上的对应。[4]转换主要分为以下几种类型。

（一）层次转换

源语使用的一种语言层次在翻译为译语时，其等值成分使用的是不同的语

---

[1] 谢天振.当代国外翻译理论导读[M].天津：南开大学出版社，2008：62.

[2] 杨士焯.彼得·纽马克翻译新观念概述[J].中国翻译，1998（1）：48-50.

[3] New-Mark, Peter. A. Text of Translation [M].Shanghai：Shanghai Foreign Language Teaching Press，2001：61-64.

[4] 卡特福德.翻译的语言学理论[M].穆雷，译.北京：旅游教育出版社，1991：85-88.

言层次就可以称为层次转换。语言层次主要有四个：语法、音位、词汇、字形。而在翻译过程中，语法到词汇和词汇到语法之间的转换是唯一可能发生的层次转换。

（二）范畴转换

范畴转换主要是在翻译过程中存在的等级变更，但这不是唯一的变更，除此之外，还有结构、类别、词语等的变更，是对原文形式对应的脱离。范畴转换主要可以分为结构转换、类别转换、单位转换和内部体系转换四种转换类型。

（三）结构转换

结构转换是在翻译过程中最常见的范畴转换。结构转换的表现主要是：一个句子中所含有成分的变化，如增加或者减少主语、状语等；另一个句子中语序的变化，如定语由原句中的前置变成译文中的后置等情况。

（四）类别转换

类别转换是指在原语与译语中，其中的两个等值成分在进行翻译的过程中，两者的类别发生了转换。在大多数情况下，类别翻译具体表现为译语和原语中词汇的词形变化，比如说原语中的一个介宾短语在译语中转换成了一个动宾短语等。

（五）单位转换

单位转换往往也可以称为级阶转换。级阶可以分为词素、词、群、子句和句子。译语和原语在使用同一级阶的内容无法实现两者等值的情况下，译语可以选择更高一级或者几级的级阶来实现原本不能实现的等值。单位转换使得原语和译语不需要实现两者级阶的严格对应，原语和译语的词与词、子句与子句或者句子与句子之间不用严格的对应。

（六）内部体系转换

内部体系转换是指，原语和译语存在形式相对应的结构，而在翻译为译语时，要在译语中选择一个不同的术语来与之对应，这就是内部体系转换。

第三节　文学作品中英汉语篇翻译的技巧

一、文学作品中英汉语篇翻译的常见技巧

在翻译文学作品的过程中，译者应该以增强文本可读性为原则，充分利用语篇翻译理论知识，以语篇为准进行翻译操作，把翻译视野从字句翻译扩展到句群和篇章，将源语语篇放在源语文化背景下进行分析。具体来说，需要注重以下几点。

（一）语境与翻译

胡壮麟认为语境指语篇内部的环境，即上下文，指语篇产生时周围的情况、事件的性质、参与者的关系、时间、地点、方式等，可称之为"情景语境"。它也可以指说话人所在的语言社团的历史文化和风俗人情，属该语言社团的一般能理解其在语篇中的意义，可称之为"文化语境"。[①]

在本次翻译实践中，译者根据相关的语境概念，充分考虑文本的上下文语境，不一味追求译文与译文的一致，使译文不受到原文的束缚和影响，从而把原作的意思更加清楚流畅地表达出来，下面用几个译例来体现语境对翻译的指导意义。例如：

原文：I was often surrounded by young children attempting to help in our construction efforts. Their warmth and friendliness always charmed me, but it was their language facility that totally disarmed me.

初译：我经常被试图帮助我们建设的小孩包围，他们的温暖和友好总是吸引着我，但正是他们的语言能力彻底消除了我的戒备。

改译：我经常被年幼的孩子包围着，他们尝试帮助我们盖房子。他们的热情和友好总是使我着迷，但也正是他们的语言天赋完全俘获了我的心。

原文中construction efforts直译为"建设的努力"，根据上文可知，作者是在建房子的时候遇到的这群小孩，此处的effort指的是作者帮忙盖房子这件事，所以将其译为"盖房子"；disarm本义为take weapons away from sb., to make some people

---

① 李成凤.英语偏正结构的汉译探析[J].科技英语学习，2006（10）：60-61.

feelless angry，但是这两个词义在句中都不达意。下文作者提到这些小孩儿可以在多种语言之间自由切换，前文提到他们的热情和友好令作者着迷，but转折后使用强调句表明了作者对他们语言能力的佩服和感叹，所以将disarm意译为"俘获了我的心"，由此可见，上下文语境对词意的解析和选择发挥着重要作用。

（二）连贯与翻译

连贯是语篇的基本特征之一，也是区别语篇与非语篇的标志。翻译的直接对象和最终产品都是语篇，而语篇翻译的过程可以说就是连贯的识别和重构的过程。在翻译过程中，译者需要对源文的连贯性进行识别，从而在译文中体现出来。要想准确识别原文的连贯性，需要对中英文的结构和行文习惯有清楚地把握。汉语强调主题思维模式，常以叙述者为中心，或者以描述者本身的行为或状态为中心，而西方人思维较为开放，重在自然客体。所以这也决定了汉语多用人称代词或有生命的名词作主语；英语常用物称主谓或无生命的名词作主语。

1.主位调整与连贯

英语重形合，强调句法外在形式的严谨，而中文重意合，习惯按照时间先后顺序描述，外在衔接标志不明显。所以，译者选择调整句子的主位来实现形合和意合之间的转换，以此确保话语连贯。例如：

原文：My college students often would argue with me about my contention that the language of those students was as valid as theirs.

初译：我在大学的学生经常与我争辩我的观点，我的观点是那些住在周围住房项目的孩子和莫尔豪斯学生的语言一样正确。

改译：我认为那些住在周围住房项目的孩子和莫尔豪斯学生的语言一样正确，而我的大学生经常会与我争论我的论点。

原文主语是"我的大学生们"，但是由于原句强调的是我的观点，所以按照中文表达习惯，将主位调整为"我"，将其他信息放在述位描述。

2.述位调整与连贯

述位是话语建构者对信息进行整合编排的主要手段，遵循汉英行文习惯，在英译汉时，可以发挥汉语特色将述位偏正结构转化为下一层次的主述位结构，即把英语的从属结构转换为英语的独立小句。例如：

原文：The lasting impact of that lie became clear again only last week at a town meeting of parents in a small Southern school district where approximately three to four hundred middle-and upper-middle-class mainstream parents and working-class African

American parents met to discuss possible changes in their elementary schools.

初译：这一谎言的持久影响直到上周在南部一个小学区举行的一次家长会议上才再次显现出来，当时大约有三四百名中产阶级和中上层阶级的主流家长和工薪阶层的非裔美国人家长开会讨论他们小学可能发生的变化。

改译：上周，在一个南部较小的校区里举行了一场城镇范围的家长会，大约三四百个中上层和中产阶级的主流父母以及非裔美国的工人阶级父母聚在一起，讨论小学可能推行的变化，而这个谎言的持久影响再次显现出来。

英语作为形合的语言，定语从句使用频率颇高，如果按照正常语序进行汉译，句子拗口且难懂，所以按照中文的习惯，从时间、地点、人物、事件的顺序娓娓道来，清晰明了。

（三）衔接与翻译

词汇衔接所包含的重要方法则有重复、同义、反义和上下义以及搭配等。例如：

原文：It was over twenty years ago, but it could have happened yesterday. I had taken a group of African American high school newspaper staff to a university journalism workshop and awards ceremony.

初译：它在二十多年前，但是又犹如在昨天。那时我带着一群在高中校报工作的非裔美国学生，前往一所大学的新闻工作坊和颁奖典礼。

改译：这件事发生在二十多年前，但是又犹如发生在昨天。当时我带着一群在高中校报工作的非裔美国学生，前去一所大学的新闻工作坊和颁奖典礼。

原文的代词it照应的为下文中所描述的事情，所以在翻译时不能直译为"它"，表达含糊不清，通过分析照应关系，将其翻译为"这件事"，使语句更加衔接通顺。

二、文学作品中英汉语篇翻译的实践案例

（一）《心是孤独的猎手》两译本的功能对等翻译比较

《心是孤独的猎手》是美国作家卡森·麦卡勒斯的第一部长篇小说，也是让其一举成名的作品。该小说极具源语文化特点，在源语环境下对其进行阅读更能明白故事内容和作者心境，所以许多读者在阅读译本之后都有"不如原文"的想法。下面则以奈达的功能对等理论为基础，对秦传安与陈笑黎的译作进行对比分

析，探讨专有名词、习语、复杂句翻译的差异，为日后的文学翻译学习与实践提供启示。

1.专有名词翻译

专有名词是相对于普通名词而言的，它包括人名、地名、组织机构、书名、电影片名等。专有名词作为文化的一种特殊载体，在翻译过程中，要尽可能地为译文读者考虑一番，要尽可能地将专有名词背后的文化信息呈现给译文读者，达到功能效果上的对等。[①]例如：

原文：One day at noon he walked calmly out of the fruit store of his cousin and urinated in public against the wall of the First National Bank Building across the street.

秦译本：一天中午，他平静地走出表哥的水果店，走到街对面，大庭广众之下对着恒丰银行大楼的墙壁撒尿。

陈译本：一天中午，他从表兄的果品店平静地走出来，走到街对面第一国家银行大楼的墙根下撒尿。

First National Bank在美国通常指"恒丰银行"，所以秦传安根据大家所熟知的这一信息来进行通俗的翻译，让译入语读者读起来更加具有亲近感。但是现实中的First National Bank成立于1998年5月18日，这就与该小说设定的背景不相符合，这样的翻译给源语读者的感受和译入语读者带来的感受并不一致。根据功能对等理论，翻译需要达到意义上的对等，同时也要尽量让原文读者和译入语读者的反应基本一致，不能给读者在理解上造成偏差。陈笑黎的翻译"第一国民银行"简单直接，属于直译，因为原文中的"First National Bank"是第一次出现，没有其他特殊背景介绍，所以这样的译法既没有脱离意义，也没有脱离情境，符合形式上的一致，带来的阅读感受也会更加一致。

原文：The gift was a moving-picture machine for private use, with a half-dozen of the *Mickey Mouse* and *Popeye* comedies that Antonapoulos enjoyed.

秦译本：那是一台私人用的电影放映机，连同半打安东尼帕罗喜欢的《米老鼠》和《大力水手》动画片。

陈译本：那是一个私人用的电影放映机，里面有半打安托帕纳罗喜欢的《米老鼠》和《大鼓眼》喜剧片。

在这个例子中，*Popeye*斜体书写，且首字母大写，属于专有名词，根据语境

① 戴骏.霍译版《红楼梦》专有名词翻译策略探究[J].海外英语，2014（15）：109-110.

得知，这里谈到的是一部动画片。秦传安将其译为《大力水手》，这是约定俗成的翻译；陈笑黎将其译为《大鼓眼》，做到了在语义上的符合，但是不符合源语文化。这里的Popeye是一部动画片，同时也是主人公的名字"波派"，其绰号为"大力水手"，所以在中国这样已经约定俗成的翻译《大力水手》，让动画中主人公的形象特点更加鲜明，也能更加吸引读者。这遵循了功能对等理论的原则，译文不求文字表面的死板对应，而要传神达意。

原文：I suppose you done read in the paper about this Government Pincher business for old folks?

秦译本：我猜，你从报纸上读到了关于政府为老年人度身定制的"夹钳"养老计划吧？

陈译本：我想你在报纸上读到过政府养老计划的消息？

原文中Government Pincher是政府制定的一项养老计划，属于专有名词。秦传安将其译为"夹钳"养老计划，他对Pincher一词的意义进行了具体化翻译，没有丢失任何部分的翻译；陈笑黎将其译为"政府养老计划"，她采取了省略译法，省略掉Pincher的翻译，简单明了，直击主题。功能对等理论告诉我们，翻译要达到功能上的对等，译文要让读者和原文读者有着基本相同的感受。这里的Pincher有"蝎钳"的含义，它并不是随意命名的，在文中，该计划后面被证实为是一个"圈钱的计划"。所以秦传安对该专有名词的翻译十分巧妙，"夹钳"谐音为"夹钱"，指明了该计划的根本，也为后文该计划的真实情况做了铺垫。因此，秦译更合适。

2.习语翻译

英语习语在英语语言中享有非常重要的地位，蕴含着丰富的文化信息且来源复杂多样，它主要包括成语、谚语、俗语、典故和一些俚语。英语习语是英语学习的重要组成部分，但文化差异是英语习语翻译的一大障碍，只有全面理解文化差异，才能进行正确的翻译。[①]例如：

原文："Holy Jesus!" Portia said. "Twelve dollars!"

秦译本："天啊！"波西娅说，"十二元！"

陈译本："神圣的耶稣！"波西娅说，"十二块！"

Holy Jesus作为英语国家的习语非常常见，这类习语属于人名习语，Jesus是

---

① 吕艺.基于文化差异的英语习语翻译原则[J].海外英语，2021（4）：87-88.

上帝的儿子，中文翻译为"耶稣"，但是在日常生活中，这个词通常是失去人名代码的作用，只是表达一种惊叹的语气。功能对等理论告诉我们，译文要使原文读者与译文读者的反应基本一致。所以在翻译这类词时，一般不译为人名，这里采取归化翻译更加合适，秦传安的译文符合这一策略，而且也符合译入语读者的文化习惯。陈笑黎的译文在形式上符合源语，但是带有翻译腔的生硬之感。因此，秦译更合适。

原文：a drop in the bucket

秦译本：九牛一毛而已

陈译本：微不足道

"a drop in the bucket"在中文里面有多种形式传达意义，如"九牛一毛""沧海一粟""微不足道""杯水车薪"等。功能对等理论指出，翻译是用最恰当、自然和对等的语言从语义到文体再现源语的信息，所以如何选择也是值得考虑的问题。这里的a drop in the bucket属于一种习语表达，秦传安将其译为"九牛一毛"；陈笑黎将其译为"微不足道"，基本意义正确，也都体现了文体上的对等。但仔细比较这两个成语，不难发现还是存在着些许差异。秦传安的译文更注重数量而不是意义；而陈的译文中的"微不足道"，更偏重于意义方面的微小。而原文内容表达的是一个人只看到了事物的一部分，所以这里的a drop in the bucket强调的是数量上的少，所以秦译更合适。

原文：Biff Brannon noticed it immediately and raised his eyebrows.

秦译本：比夫·布兰农马上注意到了，吃惊地扬了扬眉毛。

陈译本：比夫·布瑞农一眼就看到了他，疑惑地扬扬眉头。

这个例子中，raise one's eyebrow属于表达人物情绪的一个习语，字面意义为将眉毛上扬，抬高眉毛，形容人吃惊、惊奇。秦传安将其译为"吃惊地扬了扬眉毛"，既表达了内在含义，又符合了形式上的一致；陈笑黎将其译为"疑惑地扬扬眉头"，意义稍有偏差，两位译者都没有直接字对字地进行直译。他们都遵循了功能对等原则，与形式对等相比较，意义对等更重要，所以秦译更好地传达了原意。

《心是孤独的猎手》作为一部小说，其精练的表达、讲述故事的方式、特有的文化色彩等都对读者是具有吸引力的，但也是翻译时应该慎重考虑的地方。笔者以奈达的功能对等理论为指导，对两个英译本进行了对比分析，发现秦传安的译文更注重意义的表达且具有联想性；陈笑黎的译文更注重于原文的形式。无论哪种译文，都不可能做到源语和译入语之间的绝对对等，但我们要努力达到译入语读者在阅读译作时，和原文读者阅读原作时有相同的感受和反应，这就是功能对等在文学作品翻译上的指导作用，即译文与原文达到功能上的对等，这也是一名译者在翻译实践中努力追求的目标。

（二）交际翻译与《听爸爸的话》的翻译

随着现代通信技术的发展，书信作为交流工具在慢慢淡出人们的视野，但在当今世界，全球化的浪潮越来越势不可挡，而书信作为一种较正式的通信方式也在不同文化的交流之中重新展现出它独特的魅力。很多国外的文章传入中国，极大地丰富了国际的文学文化。但笔者在知网、万方等文献检索平台查阅"书信翻译"研究现状、翻译原则、翻译方法等相关论文后，了解到国内外研究现状，发现当代国内外书信体英汉翻译的译本比较少，汉英翻译则比较常见，但体裁多为小说、散文等。对于家书这一类型文体文本的翻译研究更是少之又少。为了进一步加深英汉翻译中书信体文本的研究，也为了向当代英汉书信体翻译提供一些策略和经验，下面在交际翻译理论视角下，以《听爸爸的话》（Take it from Dad）作为研究材料，从中选取典例作为研究对象，探究英语书信体的翻译原则、翻译方法、翻译策略，使书信体文本的翻译向汉语读者靠拢，能最大程度地实现文本的交际功能。

源文本由美国新英格兰作家乔治·格里斯沃尔德·利弗莫尔（George Grisworld Livemore）所著。该书确切地说属于说教性的家书体裁，文本的主题是关于父与子之间的家庭教育。该书于2015年3月28日在美国出版，总字数为48596字。书中提到20世纪新英格兰地区对教学的重视，在原文中作者也十分注重孩子的教育。该书的出版在当时引发了人们对子女教育重视的讨论，其影响至今犹在。不管在哪个年代父母都特别注重对孩子的教育，而这一点在享有美国乃至全世界最优越教育资源的新英格兰更是如此。原文提到刚刚转学进入一个新学校的儿子时常感到迷茫并且困惑，作者就通过家书的方式与孩子交流并且帮他疏解心中的疑虑。文中作者对儿子的谆谆教诲和热切期盼，不仅体现出父子之间浓浓的情谊，也刻画出为人父母语重心长教育孩子的伟大形象。书信文体是父母与孩子之间沟通的桥梁，承载着传统教育思想的精华，结合书信的内容，学会语言交际的技巧，掌握与父母、朋友沟通的方法。①

---

① 杨薇.《傅雷家书》书信文体的"实用价值"[J].中学语文教学参考，2019（27）：59-60.

以原作者为中心还是以读者为中心？我们并不否认有时以原作者为中心是译者所应采用的方法。但这种译法所占的比例相当小。翻译的总原则是以读者为中心，这一点在英汉翻译中尤为突出。在翻译书信体文本时，译者应该考虑目标读者，使自己的译本符合源语语境的表达习惯和写作规范，让目标语读者对原文的信息一目了然，理解和读懂原文，继而达到文化交流和文化传播的目的。

为了通顺流畅，可以将很多文字以外的因素考虑进去。书信体文本多为对话形式，信息简洁，如果直接翻译会让目标语读者不能准确地理解原文，可以适当地增添一些内容，使原文符合逻辑思维和表达习惯，以便目标语读者理解，更好地实现交际目的。对于有些英文中存在的但是汉语没有的词汇，译者可以选取一两个出来进行说明，这也体现不同文化的差异性和多样性。而对于中英文表达习惯相差太大的部分，作者可以做一些转换和取舍，从而最大程度保留原文信息和保证译文的通顺。翻译是跨语言跨文化的对话。译者所起的作用，是帮助原文作者和译语受众相互沟通，达到预期目的。①

交际翻译忠于目标读者，翻译内容需较流畅、清楚，符合译入语的语言习惯和表达习惯。译者应采用一些翻译策略，使得译文可以跨越文化差异带来的理解障碍，更好地被读者接受。

1.信息的增减

原文：When he awoke he said I'd been a good boy not to disturb his nap, and he gave me a nickel, which surprised me so I almost refused it.

译文：等奈特叔叔醒来的时候，奈特叔叔说我是个好孩子，因为我没有打扰他睡觉，他给了我一个五分的镍币，这让我觉得意外，但我也不太敢要这枚镍币。

上例中句子末尾，it指代前面的nickel，英文不喜欢大量重复，会用代词"it"替换之前已出现的名词；但因为中文喜欢重复、大量重复、对偶。因为交际翻译忠于的是译文的读者，所以译者将it没有处理成"它"，而是重复翻译出来，符合中文语言的表达习惯和读者。并且原文的he翻译成"他"，目标读者不明所以，因此需要将他补充出来，他指奈特叔叔。

原文：At the door he shot another venomous arrow by hurrying off in an opposite

---

① 陈小慰.翻译：构建译语受众与原语"他者"对话环境的过程——以《以赛亚·伯林书信集》翻译为例[J].外语研究，2015（5）：66-112.

direction, exclaiming,"Well, you can't go with me anyhow"！

译文：到了门口，他（奈特）的嘴又控制不住地向他新室友（奈特的室友）发射出另一支毒箭，他（奈特）喊道："你不能跟我一起走"！

上例中，上下文语境是奈特的室友问奈特，今晚的晚会能不能带他一起去，但是奈特发自内心看不上室友，就不想带他，原文删减内容，但为了通顺流畅，可以将很多文字以外的因素考虑进去。书信体文本多为对话形式，信息简洁，如果直接翻译会让目标语读者不能准确地理解原文，可以适当地增添一些内容，使原文符合逻辑思维和表达习惯。因此需要增加（奈特）和（奈特的室友）。

2.直译与意译的运用

直译在符合译文语言的表达规范情况下，保留原文文本的表达方式来保持其内容和风格。可以先直译，真实传达作者思想，后调整，符合汉语表达习惯。而意译采用译文语言中与原文相同或相似的表达形式，来代替原文文本中因两种语言不同而无法保留的内容与形式之间的相互关系，从而进行一些转换来增强译文的可读性。例如：

Uncle Nate lived over at Epping Four Corners, six miles from our farm，and owing to his judgment of horse flesh he was about as popular there as General Pershing would be at a Red meeting.

译文：奈特叔叔住在埃平四角，离我们的农场只有六英里远。由于他能准确识别出哪块马肉新不新鲜，他在当地就像潘兴将军参加红色会议时一样受人欢迎。

从上例可以看出，原文存在像like以及as等这些具有明喻色彩的词汇，译者在翻译时直接翻译成"像……一样"。中文中比喻词有"如""像"，在处理这一类表达时，译者运用直译法，目标读者能理解。

原文：Then，too，I guess you're beginning to realize that the leader of the Lynn High School Glee Club and left end of the football team isn't so big a frog.

译文：而且，我想你已经意识到，林恩高中欢乐合唱团的团长同时也是足球队里的左边锋也算不上什么大人物。

上例中的frog这个词在英文词典中有法国人的意思，但是多贬义，是对法国人的蔑称，所以不能直接翻译成算不上一只大青蛙或者法国佬，需要意译转换一下，算不上什么大人物。

3.句式结构的转换

英语重形合（Hypotaxis），而中文重意合（Parataxis）。考虑到中英文两者的表达差异，译者在翻译时，要厘清原文内部语法结构，才能使译作易于被目的语读者接受。①例如：

原文：I pointed my nose toward home and skedaddled and，believe me，I went some until I hit the woods just below the intervale，where the wind was soughing through those tall pines like invisible fingers plucking on Old Nick's harp.

译文：我朝着家的方向指了指鼻子然后就跑开了。相信我，我跑了很久终于到了山谷下面的树林里，风在高大的松树间呼啸着，就像是一双无形的手在拨弄着老尼克的竖琴。

原文：Along about seven it began to grow dark and I began to miss my mother. Uncle Nate sat in a rocking chair in the dining room with his feet on the stove，chewing fine cut and reading a farm journal，and I sat in a small chair with my feet on the floor，reading the "Pruno Almanac" and chewing my fingers.

译文：大约七点钟的时候，天色开始变暗，我开始想念我的妈妈。奈特叔叔坐在餐厅的摇椅上，脚搁在炉子旁，嘴里嚼着上等的烟草丝，手上不停翻着一本农场杂志。我坐着一张小椅子，脚搁在地板上，吸吮着手指看一本关于监狱酒的年鉴。

英语重形合（Hypotaxis），句子由词组、短语等成分按照一定的规则串联起来，形式结构较严谨。而中文重意合（Parataxis），句子由零散的表达意义部分组成，句式松散，没有连接词，英文句法则更像枝繁叶茂的大树，大枝生小枝，在从属结构中逐层推进。从第一个例子来看，译者在skedaddled这个地方划分一句话，后面又是一句话，交际翻译理论强调译入语，所以应该符合汉语的表达习惯。汉语多短句，所以译者才会将英文中的长句处理成几个短句，属于中文的平行句和流水句。上面两个例子，出现了多次的 I，where和and等逻辑词，这在英文的句子里，每一个都不能省略，否则就会缺乏逻辑。而在中文里面，语句干净利落，无须所谓的"逻辑标记"。

4.归化策略的运用

情书主要"采用模拟代言的形式，描写悲欢离合的情境和虚构情侣之间的

---

① 李颜伟，陈艳芳，范成功.论书信体散文汉英翻译中的"关系"处理——以《亲爱的安德烈》的汉英翻译为例[J].新余学院学报，2017（6）：44-73.

关系，并以华美的骈偶句型和文学典故来吸引读者"①，翻译上则普遍采用归化手法，语言以典雅、艳丽为主要特征，例如：

原文：But when I moseyed through Welt and saw them make fifty thousand pairs without batting an eye, I realized I had been looking at myself through the wrong end of the telescope.

译文：当散步时，我们看到威尔特工厂的工人能一口气磨五万双鞋子，而眼睛都不眨一下，我才发现真是妄自尊大。

上例中的look through the wrong end of the telescope原指在战争中军队从望远镜的底端来观测敌情，意为不能清晰地认识自己，从错误的角度观察事物。在这里指自认为了不起，不能认清与他人的差距，译者考虑中文译入语的特点，将其翻译为妄自尊大。

原文：Time was when ham was looked down upon as the poor man's meat, but now, when there are no poor except professional men and shoe manufacturers, his pig shop has come into his own.

译文：曾经一段时间，人们看不起火腿，认为是穷人的肉，但是现在，除了专业人士和鞋匠以外，没有穷人，火腿也变得盛极一时。

上例中，英文多用被动，但是中文多用主动，在此转化，将人们作主语，come into his own在英文中意为显示自身的特点，得到尊重，盛行起来。考虑中文的目标读者，译者将其处理为盛极一时，运用四字成语这一汉语中独特的表达方式，可以使文章句子读起来言简意赅，节奏明快。

就书信体的翻译原则而言，翻译的总原则是以读者为中心，这一点在英汉翻译中尤为突出。因为靠近源语的译法总是会生成很多不符合译入语习惯的句子，因此英汉翻译的基本原则应该主要是向译入语靠拢，尽量地发挥译入语优势，同时交际翻译则较流畅、清楚，符合译入语的习惯。这就需要译本符合中文读者的语言习惯和中文的文本格栅。在书信文本中会出现一些谚语，目标读者是汉语读者，归化翻译要求汉语译者向目的语的读者靠拢，用归化翻译策略将谚语处理成中文的四字成语，这样符合中文表达习惯。

直译在符合译文语言的表达规范情况下，译文刻真求真，通过保留原文文本的表达方式来保持其内容和风格。与其他文体相比，书信体倾向于采用一些口语

① 潘少瑜.抒情的技艺：清末民初的情书翻译与写作[J].东亚观念史集刊，2017（12）：239-286.

化的表达方式和较短的句式，直译则符合书信体这一要求，选词尽量通俗、易懂的语言。书信体文本多为对话形式，信息简洁，且英文不喜欢大量重复，会用代词替换之前已出现的名词。为了通顺流畅，可以将很多文字以外的因素考虑进去。但因为中文喜欢重复、大量重复、对偶，这需要增译之前重复之前出现的内容，而不是省略。

（三）衔接连贯理论与《经济学人》中插入语翻译

英语插入语是常见的英语成分，汉译时若处理不妥当，则易影响语义表达，导致译文语篇结构松散、逻辑混乱，进而给读者造成理解困难。衔接与连贯理论强调语篇里句子之间的衔接与连贯，这可给英语插入语汉译提供一定的指导意义。以下将基于衔接与连贯理论，进行英语插入语汉译案例分析，总结提出了五种英语插入语的汉译策略，包括保持法、包孕法（前置法）、增词法、切断法和重组法。

下面研究是基于《经济学人》的一篇文章"The rise of the influencer economy"的翻译实践，文章里插入语的表现形式及个数粗略统计如下。

表现形式	个数（共45个）
Adjective Phrase形容词短语	2
Adverb 副词	2
Nouns Phrase名词短语	13
Participle Phrase分词短语	5
Prepositional Phrase介词短语	15
Independent Sentence独立句子	2
Clauses 从句（限制性/非限制性定语从句等）	6

1.保持法

所谓保持法，是指保持插入语位置不变，即说翻译时直接按照英语插入语在句中的顺序来译，不用改变位置，其主要适用于一些介词短语作插入语的情况。例如：

原文：In the age of social media, the buyers are talking back.

译文：如今，社交媒体当道，买家也会对卖家做出回应。

原文：For consumers, influencers are at once a walking advert and a trusted friend.

译文：对消费者而言，网红既是行走的广告商，又是靠谱的朋友。

原文：Regulators around the world, as well as some social-media platforms, are beginning to clamp down on influencers who do not tag their content as advertorials.

译文：世界各地的监管机构，以及一些社交媒体平台，都开始打击那些没有给自己的内容贴上广告标签的网红们。

以上例子里，in the age of social media，for consumers 和 as well as some social-media platforms分别作为句子的插入语，起到语篇衔接，补充说明的作用。从衔接与连贯理论来看，译者发现在这里不改变原文插入语的位置进行翻译，也一样符合汉语学习者的阅读习惯。因此，直接采用保持法，这也是处理英语插入语汉译最直接的翻译策略。

2.包孕法（前置法）

包孕就是汉译时将原文中的插入成分放在中心词之前，使之成为与中心词紧密相连的限定性前置修饰语而包孕在译句中。英汉修饰语的位置不同，在汉语中修饰语往往位于被修饰语之前，而在英语中起到修饰或补充说明作用的插入语往往位于被修饰词语之后。英语中起修饰作用或说明作用的插入语，在翻译成汉语时可颠倒语序，将说明或解释的内容放在被修饰成分之前，使译文安排符合现代汉语叙事的一般逻辑顺序。例如：

原文：Such "social commerce" is huge in China, where it was invented.

译文：这种"社交商务"在其发源地中国有着巨大的影响力。

这句话里where it was invented是非限制定语从句作插入语，位于句末，对它前面的名词China起到补充说明作用。若按照原文顺序，译为"这种'社交商务'在中国有着巨大的影响力，中国是发源地"，显然将插入语与它所补充说明的名词"中国"分隔开，使译文读起来结构松散、逻辑性差。因而，译者在处理时将"在其发源地"前置，直接放在修饰语"中国"前面，即将插入语处理成前置定语，置于它所修饰的名词之前，这样句子表意清楚，表达简洁，译文读起来自然、流畅，增加了句子之间的衔接与连贯，符合汉语表达习惯。

原文：Gauging how much value, precisely, is an inexact science.

译文：确切地说，衡量价值是一门不精确的科学。

3.增词法

增词法大多用于由破折号引导、数字比较等的插入语翻译中，这种插入语主要发挥补充说明作用，但它通常是对前一句中的某一个词进行补充说明，从句子结构的角度来看插入语与被补充说明的中心词之间相隔较远。例如：

原文：Emarketer, a firm of analysts, estimates that 75% of American markets will spend money on influencers in 2022, up from 65% in 2020.

译文：分析公司Emarketer估计，到2022年，75%的美国营销人员将把钱花在网红身上，这一比例高于2020年的65%。

上例中的插入语up from 65% in 2020，是对前一句主语的补充，用数据具体解释和比较了2022年与2020年比例的变化。在翻译时，译者采用了增词法，在插入语前面增加了"这一比例"，使句子之间更为连贯，表意更为清晰；如果不增加"这一比例"，在句子语义表达上则容易产生一定的理解困难，缺乏连贯性。

原文：Brand's global spending on influencers may reach \$16bn this year, more than one in ten ad dollars spent in social media.

译文：今年，全球各大品牌在网红上的花费可能达到160亿美元，其中超过十分之一的广告花费在社交媒体上。

在上例中，more than one in ten ad dollars spent in social media是对前面句子数据\$16bn的补充说明，说明用于社交媒体的广告费用的比例。翻译时，译者采用了增词法，在插入语前面增加了"其中"，使前后句子之间更为连贯。

原文：News about their latest collections flowed one way—from the boardroom, via billboards and editorial spreads in glossy magazines, to the buyer.

译文：以往奢侈品最新系列的信息都是单向传播的，这种传播从会议室出发，通过广告牌与各大时尚杂志的评论，再到达消费者那里。

在上例中，破折号后面的内容from the boardroom, via billboards and editorial spreads in glossy magazines, to the buyer是对前面句子的"单向传播"方式的一种更具体的补充说明。在翻译过程中，译者去掉了破折号，采用了增词法，在插入语前面增加了"这种传播"，既指代了前面句子的"单向传播"的具体形式，又使前后句子之间更为连贯。

4.切断法

包延指出"英译汉时常常要在原句的关系代词、关系副词、主谓连接处、并列或转折连接处、后续成分与主体的连接处，以及意群结束处将长句切断，译成汉语分句"[1]。

汉语强调意合，结构较松散，因此简单句较多；英语强调形合，结构较为严

---

① 包延.英语中的插入语[J].内蒙古财经学院学报（综合版），2010，8（4）：125-129.

密，因此长句较多。切断法主要指将一个长而复杂的句子拆译成若干个较短、较简单的句子，这也是处理英语插入语翻译的常用策略。

例如：

原文：For the brand's cooperate owners，they are becoming a conduit to millennial and Gen-z consumers，who will be responsible for 70% of the $350bn or so in global spending on bling by 2025，according to Bain，a consultancy.

译文：贝恩咨询公司称，对品牌方而言，网红正在成为连接千禧一代和Z世代消费者的渠道。到2025年时，千禧一代和Z世代的消费能力将占据全球约3500亿美元奢侈品消费总额的70%。

在上例中，英语句子较长，其中包含一个由who引导的非限制定语从句（who will be responsible for 70% of the $350bn or so in global spending on bling by 2025）充当插入语来补充说明 millennial and Gen-z consumers（千禧一代和Z世代消费者），使得翻译处理上稍微有点复杂。因此，为了使得译文更衔接连贯，译者在翻译处理上采取了切断法，将原来长而复杂的句子拆译成两个简单句子，尤其将插入语的成分单独成句，翻译为"到2025年时，千禧一代和Z世代的消费能力将占据全球约3500亿美元奢侈品消费总额的70%"。

原文：Jackie Aina，whose beauty tips attract over 7m followers across several platforms，explains the importance of high-quality equipment that can show texture，accurate color grading— "Not to mention the lighting."

译文：Jackie Aina的美容秘诀在几个平台上吸引了700多万粉丝，她解释了能够显示纹理、准确颜色分级的高质量设备的重要性，"更不用说照明设备了。"

在上例中，英语句子较长，其中包含了一个由whose引导的非限制性定语从句（whose beauty tips attract over 7m followers across several platforms），充当插入语成分来补充说明主语Jackie Aina，使句子情节更为紧凑，内容更为丰富。在翻译过程里，译者考虑到原文句子有点长，因此将该句子切断成两个部分，先处理插入语成分，译为"Jackie Aina的美容秘诀在几个平台上吸引了700多万粉丝"，然后在后半句话补充了主语"她"，使前后衔接更为连贯，更加符合汉语学习者的阅读习惯。如果不采取"切断法"，那么整个句子的逻辑则显得有点混乱，给读者在理解上造成一定的难度。

5.重组法

在翻译英语插入语，尤其长句、复杂句中的插入语时，可以在理解原句意思，捋清原句结构的基础上，打破原句的语序和结构形式，按照汉语的逻辑及表达习惯将各意群重组成句。例如：

原文：One in 2020 from the National Bureau of Statistics in China, where influencers gained prominence earlier than in the West, estimated its contribution to the economy at \$210bn, equivalent to 1.4% of GDP.

译文1：根据中国国家统计局2020年的统计数据，估计中国网红产业2020年经济收入为2100亿美元，占GDP总量的1.4%，且相比西方国家，中国网红产业起步更早。

译文2：相比西方国家，中国网红产业起步更早。据国家统计局在2020年发布的一份报告估计，中国网红对经济的贡献约为2100亿美元，相当于国内生产总值的1.4%。

以上例子里，原文里英语句子长而复杂，其中包括一个由where引导的非限制定语从句（where influencers gained prominence earlier than in the West）来修饰China。在翻译过程中，考虑到句子之间的逻辑关系以及衔接连贯，译者采用了"重组法"来处理句子，重新梳理和组合原文句子的结构关系和语序，将上述的非限制定语从句放置在句首或句末处理，译为"相比西方世界，中国网红产业起步更早"，这样便于读者理解原文句子的逻辑关系。

原文：As with many things digital, the pandemic seems to have given it a fillip, as more people were glued to their smartphones more of the time.

译文：在疫情期间，更多人对手机的依赖性大大提高，因此同其他数字产品一样，疫情似乎极大促进了网红产业的发展。

英汉语篇衔接存在着一定的差异，例如英语表达里习惯将结果放在后面，原因放在前面，而汉语表达里则相反，习惯原因在前，结果在后。以上例子里，句子里存在着因果关系。原文英语句子里，先描述事件结果the pandemic seems to have given it a fillip，后说明事件原因as more people were glued to their smartphones more of the time。在翻译过程中，考虑到英汉表达习惯和语篇衔接的差异，译者在译文里先处理原因，后处理结果，而对于插入语部分as with many things digital，受到因果关系的影响，译者在理解原句的基础上，打破原句插入语的语序和结构形式，按照汉语的逻辑及表达习惯重组句子，在译文里将其放置在中间位置。

总而言之，英语中插入语作为句子语用成分，是语言表达的有机部分，具有语篇衔接、修饰、情感等重要作用，是保持句子、段落及语篇衔接与连贯的重要"桥梁"。英语插入语汉译对于读者正确理解插入语至关重要，因此，在翻译过程中，译者应树立语篇意识和翻译的全局观，先理解英汉语篇衔接手段的差异，然后结合实际情况采取不同的处理方式。

（四）翻译转换理论与《木兰辞》翻译

"翻译转换"这一概念是建立在语言学的基础上，由著名语言学家和翻译理论家卡特福德首次在其《翻译的语言学理论》中提出。下面以翻译转换理论为视角，以诗歌《木兰辞》原文及汪榕培译本为语料进行分析，探讨《木兰辞》原文和汪榕培译本中存在的翻译转换，为今后的诗歌翻译提供参考。

《木兰辞》作为我国古典诗歌的名篇，这首诗歌因为其丰富的思想内容，凝练优美的语言形式及传奇的故事情节而深受中国人民喜爱，并被译成多种语言，在世界上广为流传。笔者在对比分析《木兰辞》原文和汪榕培译本时发现，翻译转换理论视角下，汪榕培译本中存在结构转换、类别转换和单位转换，并不存在另外两种转换类型。因此下面主要详细阐述《木兰辞》汪榕培译本中存在的结构转换、类别转换和单位转换。

1.结构转换分析

在分析《木兰辞》汪榕培译本的过程中，笔者发现汪榕培译本中绝大部分句子都存在结构转换，其原因主要是中英句子在结构上存在较大的差异，中文注重意合，而英文注重形合，因此在诗歌翻译的过程中很难做到原文和译文形式的完全对等。此外，中文诗歌中存在较多的无主语句、连动句、兼语句等句式，英语中并不存在此类句式，在翻译中文诗歌时需要对此类句式进行转换。通过分析可以发现《木兰辞》汪榕培译本存在结构转换主要存在以下四个原因。[①]

第一，《木兰辞》原文中主语的缺失。

例（1）：

昨夜见军帖，可汗大点兵。

I saw the new recruiting lists last night; The Khan is summoning the men to fight.

例（2）：

愿为市鞍马，从此替爷征。

I'll go and buy a stalwart horse and pad. So as to go to battle for my dad.

---

① 林茵茵.论卡特福德翻译转换理论的有效性及其局限——以《爱玛》的两个中译本为例[D].兰州：兰州大学，2010.

例（3）：

归来见天子，天子坐明堂。

Mulan receives an audience from the Khan, who makes a huge grant to the valiant "man".

例（4）：

同行十二年，不知木兰是女郎。

We fought for twelve years in the same brigade, but never knew that Mulan was a maid!

例（5）：

策勋十二转，赏赐百千强。

译文：Mulan is praised and offered the highest post, and given piles of treasures she can boast.

以上五个例句皆为无主语句，这种句式在中文中比较普遍，但在翻译为英文时需要根据实际情况补充主语或者将其翻译为被动句省略主语。例（1）译文的主语是根据前一句"女亦无所思，女亦无所忆。"来增添的。前一句译文中将"女"译为"I"，例（1）沿用前一句译文的主语，增添主语"I"。例（2）译文的主语是根据前一句"阿爷无大儿，木兰无长兄，"来增添的，前一句将"木兰"译为"I"，例（2）译文中继续使用"I"作为主语。例（3）译文的主语是根据句意来增添的，前后文并没有提到"木兰"，但是根据其句意推断是木兰"归来见天子"。例（4）译文的主语也是根据句意来添加的，是木兰的战友与木兰同行十二年，译文中译者以战友的身份来述说，即我们"同行十二年"。例（5）译文的主语原本是"天子"，译者将句子处理为被动句，增添主语Mulan。

第二，《木兰辞》原文中存在较多的联动句。

例（6）：

旦辞黄河去

She leaves the Yellow River by daylight

例（7）：

归来见天子

Mulan receives an audience from the Khan

例（8）：

从此替爷征

So as to go to battle for my dad

例（9）：

出郭相扶将

Her parents leave the courtyard arm in arm.

例（10）：

磨刀霍霍向猪羊。

Her younger brother butchers pigs on the farm.

汉语连动句特点是在句中使用多个动词并且这多个动词联系着同一个主语，而在英语中一句话不能同时有两个谓语。所以在《木兰辞》中译英时，会转换汉语连动句中的一个动词，将其省略或者转换成其他结构。例（6）和例（7）都是汉语中的联动句，在翻译时只翻译两个动词中的一个。例（6）省略了"去"，只翻译了"辞"；例（7）省略了"归来"，只翻译了"见"。

例（8）（9）（10）在翻译时都是将连动句中的两个动词的一个处理为其他结构。例（8）译文中将动词短语"替爷"转换为介词短语for my dad；例（9）将动词短语"相扶"转换为状语arm in arm。例（10）将两个动词短语"磨刀"和"向猪羊"转换为一个动词词组butchers pigs on the farm。这种处理相对来说是比较灵活的，可以将连动句中的一个动词处理为介词短语、状语或者动词词组等结构。

第三，《木兰辞》原文中出现了较多兼语句。

例（11）：

唯闻女叹息

You only hear the maiden sigh and moan

例（12）：

问女何所思？问女何所忆？

Good lass, what thought has occupied your mind? Good lass, what thought can you not leave behind?

例（13）：

不知木兰是女郎

But never knew that Mulan was a maid

例（14）：

爷娘闻女来

On hearing that Mulan will soon be home

李临定归纳了兼语句的三个特点：名词是动词1的宾语；动词2是谓语性成

分；从语义关系上来看，名词是动词2的施事。^①一般来说汉语兼语句是由一个动宾短语和主谓短语组合为一个句子，称作兼语句。而且句中主谓短语的主语在结构上是前一个动宾短语中的宾语。在《木兰辞》汪榕培译本中，译者对原文中兼语句的处理方法主要有两种：一种处理方法是将其中的主谓短语转换为宾语补语，另一种是将主谓短语转换为宾语从句。例（11）将兼语句的主谓短语"女叹息"转换为hear the maiden sigh and moan中的sigh and moan。例（13）中主谓短语"木兰是女郎"转换为But never knew that Mulan was a maid中的宾语从句that Mulan was a maid。例（14）译文将兼语句中的主谓短语处理为宾语从句On hearing that Mulan will soon be home。

第四，《木兰辞》原文中也存在倒装句。

例（15）：

万里赴戎机，关山度若飞。

She goes for miles and miles to join the war, And crosses hills and valleys with the crops.

当原文中存在倒装的时候，译文中会改变倒装的部分。例（12）中"何所思"和"何所忆"为倒装，正常语序为"所思何"和"所忆何"。例（15）中"万里"为定语前置，在译文中处理为for miles and miles，"关山"为宾语前置，在译文中将宾语放在谓语"度"之后。

以上四个原因是笔者在分析《木兰辞》原文和译文中发生结构转换的主要原因，并具体对这些转换进行归类分析。由此可见，结构转换在中英互译中是最常见到的，也是普遍会发生的翻译转换的一种。中文中特有的句式在翻译为英文时无法找到对应的句式，因此只能通过转变句式来实现。而转变也存在较多的方式，比如无主语句可以增添主语或者转变为被动句，连动句可以将其中一个动词省略或者处理为其他结构，兼语句可以将其中的主谓短语处理为宾语补语或者宾语从句。

2.类别转换分析

类别转换指的是原文和译文中的两个等值成分在类别上发生了转换。主要是原文和译文的词和词组之间会存在等值的转换，两个等值成分在词性上会发生转换。

①　李临定.句法散议[J].世界汉语教学，1996，（1）：5-10.

例（16）：

女亦无所思，女亦无所忆。

I've nothing that has occupied my mind; I've nothing that I cannot leave behind.

例（17）：

暮宿黄河边

译文 And stays by the Yellow River for the night

例（18）

送儿还故乡

To send me home to start my life anew

例（19）：

木兰无长兄

I have no elder brother to carry the gun

例（20）：

木兰不用尚书郎

High posts at court are not what I pursue

例（16）中原文的副词"无"转换成名词nothing，原文中的名词"女"，转换为代词"I"。例（17）中原文的名词短语"黄河边"在译文中转换为介词短语by the Yellow River。例（18）中原文的名词"儿"在译文中转换为人称代词me。在词的类别转换中，主要是将原文中对人的称呼转换为人称代词。例（19）和例（20）中原文的"木兰"是一个名词，在译文中转换为代词I。主要是因为在英文中为避免重复，常常会使用代词来代替已经出现过的词，而在中文中词语的重复是十分常见的。

例（21）：

东市买骏马，西市买鞍鞯。

She buys a strong steed in the eastern market; She buys a saddle in the western market.

例（22）：

出郭相扶将

Her parents leave the courtyard arm in arm

例（23）：

开我东阁门，坐我西阁床。

She opens doors of chambers east and west And sits upon her bed to take a rest.

　　《木兰辞》原文和汪榕培译本中还存在较多短语词性的转换。例（21）中原文里的"东市"和"西市"为名词词组，在译文中转换成了介词短语in the eastern market和in the western market。例（22）中原文的动词短语"相扶"在译文中转换为名词短语"arm in arm"。例（23）中原文的"东阁"和"西阁"翻译为英语作前置定语时过长，因此在译文中作后置定语，译为of chambers east and west。通过分析以上几类的短语转换，其原因主要是根据该短语在原文中所充当的成分，在翻译时对该成分进行适当的转换，使之更符合译入语的语言习惯。

　　在卡特福德的《翻译的语言学理论》一书中提到类别转换是两个等值成分在翻译的过程中，两者的类别发生了转换。有论者提出类别转换主要是词的词性转换，但是笔者在分析《木兰辞》中类别转换时，考虑到原文和译文的等值成分也可能是短语层面的，因此将短语之间词性的转换也归为类别转换。

　　3.单位转换分析

　　《木兰辞》汪榕培译本中存在较多的单位转换，即存在将原文中的词转换为译文中的短语和从句。

　　例（24）：

　　女亦无所思，女亦无所忆。

　　I've nothing that has occupied my mind；I've nothing that I cannot leave behind.

　　例（25）：

　　朝辞爷娘去，暮宿黄河边。

　　She leaves her dearest parents by daylight，And stays by the Yellow River for the night.

　　例（26）：

　　寒光照铁衣

　　The chilly moon shines on their coats of mail

　　例（27）：

　　伙伴皆惊忙

　　They stare at her in great surprise and say

　　例（24）中将原文的动词"思"和"忆"翻译为宾语从句that has occupied my mind和that I cannot leave behind。例（25）中将原文前半句的名词"朝"转换为介词短语by daylight，将原文后半句的名词"暮"转换为介词短语for the night。例（7）中将原文前半句的动词"见"转换为动词短语receives an audience。

　　此外，还存在将原文中的短语转换为译文中的复合短语或者句子的情况。例

（26）中将原文的偏正短语"铁衣"译为名词和介词短语coats of mail。例（27）中将原文的动词短语"惊忙"转换为译文中的动词词组和介词短语stare at her in great surprise。

通过分析《木兰辞》中存在的一些单位转换的例子可以发现，产生单位转换的原因主要是汉语单个词或者词组所蕴含的意义比较丰富，而在英语中要找到相对应的词或者词组存在一定的难度，所以往往需要更高一级级阶单位来对应。例（12）中将原文的动宾短语结构"何所思"和"何所忆"分别翻译成句子what thought has occupied your mind和what thought can you not leave behind。例（8）中原文的动词"征"，意思是"出征"，在译文中转换为动词短语go to battle。中文中短短的一个词或者词组，在翻译为英语时往往需要一个词组或者句子来与之对应。

通过对《木兰辞》原文和汪榕培译本的详细分析，笔者发现结构转换是最为普遍发生的翻译转换，其次分别是类别转换和单位转换。

第五章　文学作品中的中西方修辞文化差异与翻译

修辞学是研究如何使用语言以达到更有效沟通的学问，它在不同文化中有着不同的表达方式和应用。在跨文化交流尤其是在英汉翻译中了解和掌握两种语言的修辞特点和差异，对于提高翻译质量、减少误解具有重要意义。本章主要深入分析文学作品中的中西方修辞文化差异与翻译。

第一节　英汉修辞方式差异

中外学者对修辞翻译的研究历史悠久，这一领域深刻地体现了语言和文化之间的复杂关系。英语和汉语作为两种迥异的语言体系在修辞手法上的异同揭示了语言特性和文化差异的交织。英汉修辞之间的差异部分源于语言结构本身，更深层次地是中西文化差异的反映。这种文化层面的差异对理解和实践修辞翻译至关重要。

一、什么是修辞

修辞源自希腊文，意为"语言的装饰"。它涉及如何通过各种表现手段和方法来提高语言表达的效果。哈罗德·艾伦（Harold B. Allen）将其简化为"有效地说话或写作的艺术"，这一说法揭示了修辞的核心，即如何更有效地运用语言，使语言精准地传达思想和情感。深入探究修辞的本质会发现它与语音形式、词汇形式和语法形式紧密相连，这些元素共同构成了语用的核心。在中文和英文中，修辞的运用有着各自的特色和魅力。了解这些异同，有助于人们更好地掌握语言，使语言成为沟通思想和情感的桥梁。

随着现代语言学的不断发展，社会语言学、话语语言学、模糊语言学等新的分支学科的出现大大开拓了修辞学的疆界，促进了修辞学的发展。这些新的分支学科为修辞学研究提供了更广阔的视野和更深入的研究角度，使修辞学研究更加全面、深入和细致。

修辞学的研究领域广泛，涵盖了语言、词汇、语法等多个方面，旨在发掘各种语言形式在交际活动中的最佳运用方式。在语音、词汇和语法这些语言基础元素的研究中，修辞学扮演着重要的角色。语音学关注的是语音的正确拼读，词汇学关注的是词汇的选择和运用，而语法学则关注句子的结构和语法的正确性。然而，修辞学并不止步于此，它进一步探索如何将这些基础元素巧妙地组合起来，以产生最大的表达效果。

修辞学的研究范围广泛，包括各种语言形式在不同场合下的运用。它关注如何在不同的语境中，选择最合适的词汇、运用最恰当的语法结构，以达到最佳的表达效果。修辞学还研究各种修辞手法，如比喻、夸张、排比等，以揭示它们如何增强语言的表达力。举例来说，在演讲中，一个优秀的演讲者会运用修辞学原理，选择合适的词汇、调整语法结构、运用各种修辞手法，以吸引听众的注意力、激发听众的情感共鸣。这样的演讲不仅传递了信息，更让听众感受到了演讲者的情感和态度。

语态的选择也是修辞学的一个重要方面。例如，句子"The chance to escape from prison was refused by Socrates"虽然语法正确，但使用被动语态却使得句子显得沉闷、无力。而如果将其改为主动语态"Socrates refused the chance to escape from prison"，则更能凸显出苏格拉底的主体性和行为的意义，表达效果也会更好。当然，在某些场合下，被动语态的使用也是恰当的，比如要强调某个行为的结果或者对比不同主体的行为时。

修辞学作为语言学的一个重要分支，与语义学、语音学、词汇学和语法学等学科紧密相连，共同构成了语言学的庞大体系。在语言学内部，修辞学与语义学的关系尤为密切，因为修辞的核心在于如何选择合适的词汇来精准地表达思想和情感，这就需要深入理解词汇的含义及其背后的文化和社会背景。语义学作为研究语言意义的学科为修辞学提供了坚实的理论基础。在修辞过程中选词是至关重要的环节，选词的基础是对词汇意义的深入理解和把握。只有准确理解词汇的含义，才能根据语境和表达需要，选择最合适的词汇来构建语言艺术。修辞学不仅关注词汇的选择，还涉及语言的韵律、语调等要素。语言的韵律和语调对于增强表达效果具有重要的作用。在诗词中，押韵和格律的运用可以使作品更具音乐性和美感，谐音、半谐音、头韵等修辞手段则能够增强语言的趣味性和感染力。摹声等修辞方式也能使语言更加生动逼真，增强读者的感知体验。

在语言的三个组成部分中，语音、词汇和语法都为修辞提供了丰富的资源。语音的变化和组合可以创造出各种韵律和节奏为修辞提供广阔的发挥空间。词汇的多样性和丰富性则为修辞提供了无尽的素材，使语言表达更加精准和生动。语法规定了语言的组织结构和规则，使修辞在遵循语言规律的基础上创造出更加优美和富有表现力的语言艺术。

修辞学与其他语言学分支的关系也体现了其在语言学中的重要地位。词汇学关注词汇的结构、词层和词义，为修辞提供了丰富的词汇资源；语法学则研究词的变化、句子结构和组成方法，为修辞提供了语言的组织框架。这些学科并不能解决思想感情表达得好的问题，修辞学正是通过综合运用语音、词汇和语法等语言要素来实现更加精准、生动和富有感染力的语言表达。

二、修辞含义的多样性

修辞在日常生活中常常用到，是一个具有深厚学术背景的专业术语。

在日常生活中，修辞通常被理解为一种语言表达的艺术，包括选择适当的词汇、构建有力的句子、运用各种修辞手法来增强语言的表达效果。修辞是中西方文化中都普遍存在的一种现象。无论是东方的汉语还是西方的英语，人们都使用各种修辞手法来使自己的观点更加有说服力。

在学术语境中，修辞的定义更为复杂。修辞学是一门研究语言运用和说服技巧的学问，包括诸如隐喻、象征、反讽等各种修辞手法的研究。在这个层面上，中西修辞的差异就开始显现出来了。以隐喻为例，隐喻在中西方文化中都有着广泛的应用，但二者在理解和使用上却存在明显的差异。在中国文化中，隐喻被看作一种含蓄的表达方式，注重通过暗示和联想来传达作者的真实意图。在西方文化中，隐喻被看作一种直接的表达方式，强调通过形象的比喻来增强语言的说服力。

（一）作为普通词语的修辞

作为普通词语的修辞基本上是以中性词义存在的，但它也具有贬义的用法。

1.作为中性词使用

在常见的语境下，修辞以一种中性的词义存在，是运用语言的技巧和艺术，用以增强表达的感染力和说服力。修辞也有其贬义的用法，被用来指称那些华而不实、夸大其词的言语。修辞可以被理解为一种"艺术语言"，它通过各种语言手段，如比喻、夸张、排比等来增强语言的表达效果。例如，body rhetoric（肢体语言），the rhetoric of fiction（小说的艺术语言）等，此时修辞属于中性词。修辞还可以用来描述"言语"和"辞令"等中性含义，此时修辞并没有带来任何负面的联想，被视为一种有效的沟通工具。例如，glowing rhetoric（热情洋溢的说辞），stirring rhetoric（激动人心的说辞）等表达都是对修辞的正面评价。

2.作为贬义词使用

在传统的诡辩派观点中，修辞被看作使用华而不实的演讲技巧与文体风格，以达到欺骗和误导听众的目的。这种贬义的用法在现代社会依然可见，尤其在报刊等媒体中经常出现。例如，"掩盖邪恶剥削的修辞"和"冗长乏味的修辞"等都是对修辞的负面评价。这种贬义用法在一定程度上反映了修辞的滥用和误用，使修辞在某些情况下失去了原有的艺术性和美感。

（二）作为专业术语的修辞

在专业术语中，rhetoric（修辞学）一词具有多重含义，它不仅涵盖了语言使用的技巧和艺术，也关联到教育、文学、演讲等多个领域。

（1）写作教程：在美国英语中，rhetoric常用来指代与写作技能相关的教育课程或教材，特别是在大学一年级的写作课程中。这些课程通常教授学生如何有效地组织思想、使用恰当的语言和风格进行写作。

（2）文体修辞：随着古罗马时期民主政体的衰退，公共演讲的修辞技巧逐渐被文体风格和技巧所取代。文体修辞关注于如何通过精心构造的语言来增强文本的表现力和说服力。

（3）作文修辞：自中世纪以来，修辞学与书信写作紧密相连，而到了19世纪中期，作文修辞作为修辞学的一个重要分支，专注于研究如何提高书面表达的质量和效果。

（4）演讲：rhetoric的希腊词源rhētorikē和拉丁词源rhetorica均指向"演讲"。在西方国家，修辞学与公共演讲艺术紧密相关，演讲修辞成为现代英语修辞学中的一个重要组成部分，它研究如何通过语言的力量影响听众。

修辞学在现代教育中的应用：修辞学作为一门学科，不仅在文学和语言学领域内占有一席之地，它在现代教育体系中也扮演着重要角色。通过修辞学的教学，学生能够学习到如何更好地表达自己的观点，如何通过语言的力量去说服或影响他人。

修辞学与公共演讲：公共演讲是修辞学传统中最为显著的一部分。优秀的演讲者通常具备出色的修辞技巧，能够通过精心选择的词汇、恰当的语调和有效的结构来传递信息，激发听众的情感，引导听众的思考。

修辞学与文学创作：在文学创作中，修辞手法的运用可以增强文本的艺术效果，使作品更加生动和感人。诗人和作家常常利用比喻、拟人、夸张等修辞手法来丰富语言的表现力。[①]

第二节　文化视角下的英汉修辞格分析

一、英汉比喻文化对比

（一）汉语比喻

1.定义

比喻又被形象地称为"打比方"，是一种富有表现力的文学手法。它巧妙地借助不同事物之间的相似之处，用一事物去描绘另一事物，使抽象的概念或情感变得具体、生动。比喻的魅力在于其简洁而深刻的方式迅速捕捉读者的注意力，引发共鸣。比喻由三个基本成分和两个核心条件构成。

（1）比喻的三个基本成分

本体：比喻中被描绘或说明的对象，是想要表达的核心内容，是一个抽象的概念、情感或事物，需要借助比喻来使之更加具体和生动。

喻体：用来与本体进行比较或比喻的事物。喻体通常是日常生活中熟悉、具体的事物，通过它读者能够更直观地理解本体的含义。

连接词：将本体和喻体连接起来的词语，如"像""如""当作"等。作用是将本体和喻体之间的关系明确地表达出来，使比喻更加清晰易懂。

---

① 蓝纯.修辞学：理论与实践[M].北京：外语教学与研究出版社，2010：2.

（2）比喻的两个核心条件

本体和喻体不同质：本体和喻体必须是两种不同的事物。如果它们是同一种事物，那么就不能构成比喻。

两者之间有相似点：这是比喻成立的关键。本体和喻体之间必须存在某种相似之处，可以是形状、颜色、性质、功能等。通过这种相似点用喻体来描绘本体，使本体变得具体可感。

本体在比喻中扮演着较为抽象的角色，可能是某种情感、概念或状态，难以用语言直接描述。喻体是日常生活中常见、具体的事物，具有直观、生动的特点，能够帮助我们更好地理解和感受本体。例如，"爱情就像一朵盛开的玫瑰"中"爱情"是本体，是一个抽象的概念，难以用语言准确描述。"一朵盛开的玫瑰"是喻体，用具体的形象来描绘爱情的美丽和芬芳。通过"就像"这个连接词将爱情和玫瑰之间的相似点明确地表达出来，使读者能够更直观地感受到爱情的美好。

2.分类

根据喻体和本体之间的关系，汉语比喻可以分为明喻、隐喻和借喻三种形式。

（1）明喻

在明喻中，喻体和本体同时出现，明确表明二者之间相类似的关系。通常用"像""似""若""同""好像"等喻词来连接本体和喻体，使所描述的事物更加具体化、通俗化。例如，形容一个孩子的眼睛明亮清澈可以说："他的眼睛像两颗晶莹剔透的葡萄。""眼睛"是本体，"葡萄"是喻体，"像"是喻词。这样的比喻可以更加生动地描绘出孩子眼睛的特点，使读者产生深刻的印象。除了常见的喻词外，明喻还可以使用"空灵化"的喻体，即喻体并不直接出现在句子中，通过暗示或联想的方式赋予所描绘的事物一种朦胧之美。例如，唐代诗人王之涣的《登鹳雀楼》中就有"白日依山尽，黄河入海流。欲穷千里目，更上一层楼。"这里的"白日依山尽，黄河入海流"并没有直接出现喻体，而是通过暗示和联想让读者感受到一种宽广、壮阔的景象，增强了诗歌的艺术感染力。在明喻中，喻体的选择非常重要。喻体可以是名词、动词、形容词等各种词性，也可以是谓语、定语、状语和补语等成分。喻体的选择应该根据本体的特点和语境的需要来进行，以达到最佳的修辞效果。

（2）隐喻

隐喻又称暗喻，是语言中的一种奇妙现象，通过比喻的方式将两个看似不相关的概念连接起来，创造出新的意义。隐喻的本质在于其本体与喻体在形式上的相合关系，这种关系既可以是带喻词的，也可以是不带喻词的。

在带喻词的隐喻中，本体和喻体通过"是""就是""成为""等于"等词语来连接。例如，杨朔在《茶花赋》中写道："这是梅花，有红梅、白梅、绿梅，还有朱砂梅，一树一树的，每一树梅花都是一树诗。"这里的"每一树梅花都是一树诗"就是一句典型的带喻词的隐喻，将梅花与诗进行了巧妙的比喻，展现了梅花的美丽和诗意的韵味。

不带喻词的隐喻更加隐晦，通常通过并列、同位、注释、修饰等结构来展示本体和喻体之间的关系。

在并列式中，本体和喻体各自成句，并列参照，以显示比喻关系。例如，邢公畹在《语法和语法学》中写道："人生活在空气里，不知道空气的存在；鱼游在水里，不知道水的存在；人们按照自己语言的结构规律说话，但是一般都不知道这些结构规律的存在。"这里的"人生活在空气里"和"鱼游在水里"就是并列式的隐喻，通过对比展现了人们对周围环境的忽视。

同位式使本体和喻体在句中处于同一位置，或者本体在前、喻体在后，或者喻体在前、本体在后。郭沫若的《骆驼》中就有这样的例子："骆驼，你，沙漠的船，你，生命的山！"这里的"沙漠的船"和"生命的山"就是同位式的隐喻，通过比喻骆驼在沙漠中的重要性和生命的坚韧。

注释式把喻体作为对本体的一种注释，喻体和本体之间用破折号联结，或者用逗号隔开。例如，在《艾青诗选》中，有这样的句子："他狠狠地敲打，向着苇塘望了一眼。在那里，鲜嫩的芦花，一片展开的紫色的丝绒，正在迎风飘散。"这里的"一片展开的紫色的丝绒"就是对"鲜嫩的芦花"的注释式隐喻，通过比喻展现了芦花的美丽和轻盈。

修饰式用定语和中心词之间的修饰限制关系来打比方。例如，艾青的《光的赞歌》中有这样的句子："比风更轻的舞蹈""珍珠般圆润的歌声""火的热情、水晶的坚贞"。这些句子都是通过修饰式的隐喻来展现各种事物的特性和魅力。

（3）借喻

借喻是一种独特而富有表现力的修辞手法，通过用喻体直接代替本体，使本体不直接出现，在读者心中引发联想，达到含蓄而富有深意的表达效果。

借喻之所以能够在文学文体和口语中广泛应用，是因为其简洁而富有表现力的特点。在借喻中，本体和喻体的关系十分密切，读者能够从喻体中感受到本体的存在。这种关系可以是直观的，如用"明珠"比喻"美丽的眼睛"；也可以是抽象的，如用"阳光"比喻"希望"。无论是哪种关系，借喻都能够通过喻体的形象唤起读者对本体的联想和想象，使语言更加生动、形象。

在文学作品中，借喻常常被用来表现人、物、事，或者理、情、意。例如，在杨果的《春情》中，"晓妆新，高绾乌云"一句，便用"乌云"来比喻女子乌黑亮丽的头发，既形象生动，又富有诗意。这样的借喻不仅使语言更加简洁，还赋予作品更深的内涵和韵味。除了文学作品外，借喻在口语中也广泛应用。在日常生活中，常常用"热锅上的蚂蚁"来形容一个人焦急不安的状态，用"铁公鸡"来形容一个吝啬的人。这些生动的借喻不仅能够准确传达我们的意思，还能够增加语言的趣味性和表现力。

（二）英语比喻

1.定义

比喻作为英语中极为常见且广泛运用的一种修辞格，是一种富有诗意和创造力的语言形式。通过将所要描述的事物与其具有相似特点的其他事物进行类比，比喻赋予了语言更为丰富和生动的内涵。这种修辞方式不仅是语言艺术的升华，更是信息功能和美学功能的完美结合。在文学作品中，比喻的运用极为普遍。无论是诗歌、散文、小说还是戏剧，都能见到比喻的身影。它们如同点缀在文本中的璀璨明珠，使作品更具魅力。通过比喻，作者能够将抽象的概念或情感具象化，使读者能够更好地理解和感受。在诗歌中，比喻的运用更是如鱼得水，使诗句更加优美动人，引人深思。

2.分类

英语中常见的比喻手法主要分为明喻和暗喻两种，为语言赋予了丰富的色彩和生动的形象。

（1）明喻

明喻是一种直接而明了的比喻方式，其基本结构由本体、喻体和喻词三部分组成。本体是所要描述的对象，喻体则是与本体有相似之处的事物，而喻词则用来连接本体和喻体，如"as""as if""as though""as…as""like""seem"等。例如，在句子"He is as strong as an ox."中，"he"是本体，"an ox"是喻体，"as strong as"是喻词，通过这种结构，我们可以生动形象地描绘出这个人的强壮。

明喻在英语表达中起着重要的作用。明喻能够扩宽读者的联想，使他们对所描述的事物有更深刻的理解。当读者在阅读过程中遇到明喻时他们会自然地将本体与喻体进行关联，更好地把握文章的中心思想。新奇的比喻还能加深读者的印象，使他们对所描述的事物产生更强烈的兴趣。例如，当我们用"as blind as a bat"来形容某人视力不佳时，这种生动的比喻不仅能够吸引读者的注意力，还能使他们对这个词产生更深刻的印象。此外，明喻在文学作品和非文学作品中都有广泛的应用。在文学作品中，明喻被广泛用于描绘人物、场景和情感，从而增强作品的艺术感染力。例如，在莎士比亚的戏剧《哈姆雷特》中，哈姆雷特用"as water is to fish"来形容他与父亲之间的亲密关系，这种明喻的运用使读者对这段关系有了更直观的感受。而在非文学作品中，明喻则常用于说明、论证和解释等目的，使读者更容易理解和接受作者的观点。

（2）暗喻

在英语修辞手法中，暗喻是一种非常独特且富有表现力的方式，通常不用明确的比喻词，直接将喻体当作本体来描述，使比喻关系隐含在全句中。英语暗喻的范围更为广泛，涵盖了汉语中的隐喻、借喻和拟物等多种修辞格的特点。这种修辞手法的表达方式灵活多变，分为喻体全隐式、喻体半隐式和喻体直陈式三种类型。

在喻体全隐式中表面上喻体并未出现，以适用于喻体的词语来充当喻体。这种表达方式需要读者根据语境进行分析，寻找真正的喻体。例如，弗朗西斯·培根在《论学习》中写道："Some books are to be tasted, others to be swallowed, and some few to be chewed and digested."这句话中，"tasted""swallowed""chewed and digested"等动词虽然是描述吃东西的动作，但在这里隐含着喻体，用来形容不同类型的书籍需要不同程度的阅读和理解。

喻体半隐式是指喻体通常是动词的名词形式，通过这个动词来发现这个名词所具有的喻体的特征。例如，在英语句子"He doesn't have an idea of his own. He just parrots what other people say."中，"parrots"这个动词的名词形式"parrot"就是喻体，用来形容这个人只会模仿别人的观点，没有自己的思考。

喻体直陈式则是将本体等同于喻体，强化了语言表达的逻辑力量。例如，在英语句子"A book that is shut is but a block."中，本体"shut book"和喻体"block"直接等同强调了一本书如果不被打开阅读，就只是一块无用的砖头。

英语暗喻的这三种类型各有特色，都能够通过比喻的方式增强语言表达的效果，使语言更加生动、形象。

（三）英汉比喻文化的异同总结

在对英汉比喻文化进行了深入分析后，可以看到两种语言在比喻使用上的相似之处和差异。

1.英汉比喻文化的相同点

以事理比事理：这种比喻通过将一种事理与另一种事理相比较，来阐释更深层的道理或逻辑。例如：

原文：She moved her cheek away from his，looked up at him with dark eyes. and he kissed her，and she kissed back，longtime soft kissing，a river of it.

译文：她挪开了脸颊，抬起头来用眼睛望着他。于是他吻她，她回吻他，长长的，无限温柔的吻，如一江流水。

（R. J. Waller：*The Bridges of Madison County*，梅嘉译）

上例将长吻比喻成"一江流水"。

以事物比事物：这种比喻通过具体事物的形象来描述另一种事物，增强了语言的形象性和生动性。例如：

原文：Love is life in its fullness like the cup with its wine.

译文：爱就是满盈的生，正如酒满盈着杯。

（Rabindranath Tagore：*Stray Bird*，白飞译）

上例用一种东西来比喻另一种东西。

2.英汉比喻文化的不同点

英语隐喻的广泛性：英语中的隐喻使用范围较广，它不仅包括汉语中的拟物和借喻，还涵盖了更广泛的隐喻形式。

汉语拟物：在汉语中，拟物是通过将人或事物比作物或另一种事物来描述，从而创造出形象生动的效果。例如：

原文：Inside，the crimson room bloomed with light.

译文：里面，那红色的房间里灯火辉煌。

在这个例子中，room被当作"花木"。

Laws（are like cobwebs，they）catch flies but let hornets／wasps go free.

法律像蛛网，只捕苍蝇而放走马蜂。

在上述例子中，flies比喻"小坏人、小罪犯"；hornets／wasps比喻"大坏人、大罪犯"；它们都是喻体，但都包含着一个未言明的本体。

喻体与本体的隐含：在某些英语比喻中，喻体可能包含未明确指出的本体，这要求读者或听众推断出完整的比喻意义。例如：

原文：He has an iron will and gold heart.

译文：他有钢铁般的意志和一颗金子般的心。

在本例中，中心词will和heart均为本体，iron和gold均为喻体。将意志比作"铁"和心比作"金"，其中"铁"和"金"是喻体，而"意志"和"心"则是隐含的本体。

通过这些例子可以看到，尽管英语和汉语在比喻的使用上存在一些差异，但它们都能有效地利用比喻来增强语言的表现力和感染力。无论是通过事理的比喻还是形象的比喻，比喻都是跨文化交流中一种强有力的修辞手段。

二、英汉夸张文化对比

（一）相同点

英汉两种语言中的夸张修辞手法确实存在许多相似之处，这些相似之处不仅体现在夸张的本质和功能上，也体现在它们如何被运用来增强语言表达的效果。

符合事实的本质：尽管夸张往往描述了一些在现实中不可能发生的情况，但它们在本质上并不违背真实性。夸张手法通过夸大的描述来传达说话者或作者对于某一事物强烈的情感或评价。

言过其实的特点：夸张通过故意放大事物的特点来吸引听众或读者的注意，加深他们对事物本质的理解。这种言过其实的描述方式能够增强语言的表现力，使表达更加生动和有趣。

1.夸张在英汉语言中的作用

（1）增强表达效果：夸张可以有效地突出事物的某些特征，使语言更加形象和有力。例如，通过夸张的手法可以更加强烈地表达爱慕、尊敬或讽刺等情感。

（2）渲染气氛：在文学作品或公共演讲中夸张常常用来渲染特定的气氛，使读者或听众更加投入。

（3）加深印象：夸张的描述往往容易让人留下深刻的印象，因为它们打破了常规的表达方式，给人以新鲜感。

2.夸张与质量准则

夸张虽然在表面上看似违反了日常语言中的质量准则，但实际上它是一种创造性的语言使用方式，能够让语言更加生动和有趣。在会话中恰当地使用夸张，可以使交流更加顺畅，增加语言的吸引力。例如：

原文：His eloquence would split rocks.

译文：雄辩的口才能开岩裂石。

上例中的意思在现实中是不可能存在的，但是这位"让顽石裂开"的先生有着绝妙的口才也是不争的事实。

燕山雪花大如席。

（李白《北风行》）

上句如果很平淡地表达"燕山雪大"，则不能真实地传达出作者心中真实的、非极言而不能表达的感受。

从上面两个例子可以看出，夸张在本质上没有违反质量准则，因此可以在会话中使用，并使会话可以顺利进行。

夸张作为一种常见的修辞手法，在英汉两种语言中都有着广泛的应用。通过夸张，说话者或作者能够更加强烈地表达自己的情感和态度，同时也能够吸引听众或读者的注意，增强语言的表现力。例如：

原文：Hamlet: I love Ophelia, forty thousand brothers could not, with all their quantity of love, make up my sum.

译文：我爱奥菲莉亚，纵集四万兄弟之爱，也抵不上我对她的爱情。

他们看见那些受人尊敬的小财东，往往垂着一尺长的涎水。

（毛泽东《中国社会各阶级的分析》）

理解夸张的这些特点和功能，有助于我们更好地欣赏和运用这种修辞手法，无论是在日常交流还是在文学创作中。

（二）不同点

英汉两种语言在使用夸张这一修辞手法时，确实存在一些差异，这些差异体现了两种语言各自独特的文化和表达习惯。

1.构词法与选词用字

英语：倾向于使用构词法中的形容词最高级形式来表达夸张，如"the happiest man in the world"。这种用法在英语中很常见，它通过语法结构来加强表达的强度。

汉语：更倾向于通过精心挑选词汇来实现夸张效果，如在形容词前加上"最"字，或者使用特定的成语和四字短语，如"绝代佳人""尽人皆知""举世无双"等，这些词汇本身就蕴含了夸张的意味。

2.夸张的类型

（1）扩大夸张：在英语和汉语中都存在，通过夸大事物的特性来达到强调的效果。

（2）缩小夸张：在汉语中使用更为频繁，它通过减少事物的特性来产生幽默或讽刺的效果。

（3）超前夸张：这是汉语中特有的夸张形式，它通过提前描述未来可能出现的情况或结果来增强表达。

英语中的夸张往往通过语法结构来实现，如使用最高级形容词或副词，或者通过比喻和夸张的动词形式来表达。汉语中的夸张更加依赖于词汇的选择和成语的使用，这些词汇和成语本身就带有一定的夸张色彩，能够直接传达出夸张的意图。夸张作为一种修辞手法，在英汉两种语言中都发挥着增强语言表现力的作用。尽管在具体的使用方式和表达习惯上存在差异，但这些差异恰恰反映了两种语言各自的文化特色和语言魅力。

第三节　文学作品中英汉修辞的翻译技巧

一、英汉比喻文化翻译策略

在翻译过程中对比喻的处理显得尤为重要。鉴于中西方语言使用的差异性，对于比喻的翻译应秉持灵活、开放的思维，确保译文质量的同时，也尽可能保留原文的韵味。了解明喻的结构特点对掌握其翻译方法至关重要。在实际翻译过程中，针对明喻的翻译，可以采用以下几种策略。

（一）形象增添策略

在翻译过程中为了增强译文的形象性使其更符合译入语的表达习惯，译者可以在适当的情况下增添形象表达，有助于提升读者的接受程度，促进文化之间的交流与传播。例如，在翻译"He is as busy as a bee"时，可以将其译为"他忙得像蜜蜂一样"，通过增添"蜜蜂"这一形象使译文更加生动。

（二）形象省略策略

鉴于英汉语言之间的差异性，有时在翻译明喻时可能无法找到完全对应的表达方式和比喻形象。在这种情况下译者可以采用形象省略的方法，舍弃原文中的形象直接表达其含义。例如，"He is as strong as a horse"可以译为"他力大如牛"，省略了"马"的形象，采用更符合汉语表达习惯的"牛"来传达原意。

（三）形象替换策略

在英汉两种语言使用过程中无法找到完全对应的表达。当遇到这种情况时，译者可以采用形象替换的方式，用一个与原文形象不同的比喻来传达相同的含义。例如，"She has a heart of stone"可以译为"她铁石心肠"，用"铁石"替换了原文中的stone，使译文更加符合汉语的表达习惯。

（四）形象再现策略

当原文中的比喻形象在译文中可以保留下来并能传达原有的喻义时，译者应尽量保留源语的形象。事实上，很多明喻在意义、形象或风格上都与汉语的明喻存在一定的相同或近似之处，因此在翻译时可以再现源语形象。例如，"He is as tall as a giant"译为"他高大如巨人"，保留了"巨人"的形象使译文与原文在表达上保持了高度一致。

二、英汉夸张文化翻译策略

（一）异化策略

在英语中，夸张往往通过夸张词、超常搭配和倒装句等手法来实现。例如，"We must work to live, and they give us such mean wages that we die"作者通过夸张的手法表达了对低工资的强烈不满。在汉语中，夸张同样是一种常见的修辞手法，如"为了让兄弟们的肩头担起整个大地，摇醒千万个太阳"就运用了夸张来强调人的担当和力量。

在表达情感、描绘景象或刻画人物时，英汉两种语言都倾向于采用夸张的手法来增强表现力。例如，在描述一个人的力量时，英语中可能会说"He has the strength of a lion"，汉语可能会说"他力大如牛"。这两种表达方式都采用了夸张的手法，旨在突出人物的力量之大。

夸张不仅能够增强语言的表达力，还可以使文本更具艺术感染力。尽管英汉两种语言在语法、词汇和文化背景等方面存在显著差异，但在夸张手法的使用上展现出了一些相似之处。为了更好地保持原文的艺术特点，异化策略在翻译中显得尤为重要。异化策略强调在翻译过程中尽量保留原文的文化特色和语言风格，以使读者更好地理解和欣赏原文的艺术魅力。

在翻译夸张手法时，异化策略要求译者尽可能地保留原文的夸张成分，而不是将其简单地转化为另一种语言的表达方式。例如，在翻译句子"We must work to live，and they give us such mean wages that we die"时，如果采用异化策略，译文可能会保留原文的夸张成分，如"人们不得不做工来养活自己，可是他们只给人们那么少的工钱，人们简直活不下去"，既保留了原文的夸张手法，又传达了原文所要表达的情感和态度。

在翻译"为了让兄弟们的肩头担起整个大地，摇醒千万个太阳"时，异化策略要求译者尽可能地保留原文的夸张成分，采用类似的修辞手法来表达这种宏大的意象，如"为了托起兄弟们的希望，让亿万颗心灵沐浴阳光"，既传达了原文的意境和情感，又保留了原文的夸张手法。

（二）归化策略

英语倾向于使用具体的数字或比喻来强化表达效果，汉语更注重言简意赅，通过语境和语义的隐含意义来表达夸张。在英汉翻译过程中译者不能简单地逐字逐句翻译，需要运用归化策略对原文进行适当调整，以确保译文既通顺易懂，又符合译入语的表达习惯。例如，"On Sunday I have a thousand and one things to do"，如果直接翻译成"星期天我有一千零一件事情要做"，显然过于生硬，不符合汉语的表达习惯。采用归化策略将其翻译为"星期天我有许多事情要做"，既保留了原文的夸张意味，又符合汉语的表达习惯，使读者能够轻松理解。

在翻译"He ran down the avenue，making a noise like ten horses at a gallop"这句话时，如果直接翻译成"他沿街跑下去，发出像十匹飞奔的马一样的噪声"，不仅冗长烦琐，而且难以准确传达原文的意境。采用归化策略翻译为"他沿街跑下去，喧闹如万马奔腾"，既简洁明了，又准确传达了原文的夸张意味，使读者能够深刻感受到原文所表达的情境。

第六章 文学作品中的中西方习语文化差异与翻译

语言是文化的载体和折射镜，任何语言都必须根植于特定的文化背景中才可以生存和发展。习语是根植在中国文化沃土中的一株奇葩，是语言的精华。使用习词不但能够使文字声调优美、押韵对称，还能够增强语气，提高文字的感染力和说服力，有着不可替代的独特魅力。本章重点研究文学作品中的中西习语文化差异与翻译。

第一节 英汉习语的文化内涵差异

一、习语的概念

一般来说，习语是指带有特殊形式意义的一个词组，它所包含的含义并不能单由词组或一个词的含义推断得出。英语习语（idiom）是指英语民族在语言实践中形成的固定表达形式，广义的惯用语，则包含了名言、俗语、教育理念、歇后语、警句、俚语以及行语等。

习语通常指那些习以为常的、具有特定组合形式的词组，包括生活中的常用短语、歇后语、成语等。这些词组在语言中承载着丰富的文化内涵和深刻的哲理，成为人们交流思想、表达情感的重要工具。每个国家、每种语言都有其独特的习语，这些习语不仅反映了不同国家和地区的文化特色，也是各国、不同区域间文化差异的具体体现。在认知语言学的视角下，许多习语是可以通过分析其组成成分而得到其分型意义的。这种分析方法有助于我们深入理解习语的内涵和用法，从而更好地掌握和运用它们。同时，习语作为某一种语言所特有的短语，也为该语言所认同，成为语言学研究的重要对象。语言学的概念告诉我们，认知语义的特点在于语意与一般的认知有着密切的关系。这一特点在习语中得到了充分体现。习语往往蕴含着丰富的意象和隐喻，需要在理解时调动自己的认知能力和文化背景知识。通过对英汉习语所产生的背景、用法及习得方法的比较分析，我们可以发现它们在语境意义上的异同，从而更好地理解和运用这些习语。

二、英汉习语的差异

通过对英汉习语共性的分析可以了解到不同国家和民族语言的共通性。但是，英汉习语中意义和文化内涵相同或相似的比较少，多数习语都折射出了中西文化不同的内涵。这些文化上的差异主要体现在以下几方面。

（一）自然环境的差异

中国和英语国家各自独特的自然环境和生活条件孕育了丰富多彩的地域文化，影响了人们的思维方式和语言表达。这种影响在习语上的体现尤为明显。

英国是四面环海的岛国，海洋资源丰富，海洋文化深入人心。英国人的日常生活与海洋息息相关，海洋元素在英语习语中随处可见。比如，"a ship in the sea"形象地描绘了萍水相逢的人，如同在茫茫大海中相遇的两艘船，短暂而美好；"all at sea"生动地表达了茫然、不知所措的状态，就像在大海上迷失方向。这些习语都体现了英国海洋文化的独特魅力。

中国的习语更多地与土地、农业生产相关。中国作为一个农耕文明古国，土地对于人民来说有着特殊的意义。在汉语中，可以找到许多与土地有关的习语。"拔苗助长"形象地描绘了急于求成的心态，就像农民想要让庄稼快速长高而拔起秧苗一样；"寸土寸金"强调了土地资源的珍贵，每一分土地都值得珍惜。这些习语都体现了中国农业文化的深厚底蕴。

不同国家的地理位置也影响了人们对同一事物的认知和联想。以"夏天"为例，在英国文化中夏天往往被比作迷人的情人，温暖而美好。莎士比亚在他的十四行诗中写道："Shall I compare thee to a summer's day? /Thou art more lovely and more temperate."（我能不能拿夏天同你相比？/你啊，比夏天来得可爱和煦。）在中国文化中，"夏日炎炎""夏日之可畏"等词语则更多地与酷暑炎热联系在一起。

这种差异正是由于中英两国地理位置不同所导致的。

（二）风俗习惯的差异

中西方截然不同的语言文化背景，形成了各自独特的思考方式和审美价值观。这种文化差异在翻译中表现得尤为明显，因为译者必须具备深厚的跨语言文化知识，才能确保译文的准确性和流畅性。否则，由于文化差异造成的误解和障碍就会不可避免地出现。

以英文中的"owl"和汉语中的"猫头鹰"为例，虽然两者指代的是同一种动物，但在不同的文化背景下，它们所承载的象征意义却大相径庭。

在英文中，"owl"被视为智慧的象征，如词汇"as wise as an owl"就表达了这一点。此外，古希腊雅典的猫头鹰形象更是成为该城市的象征，而"bring owls to Athens"这一表达则意味着"多此一举"，暗示了雅典人对猫头鹰的崇敬和敬畏。

在汉语中，"猫头鹰"的形象却与恶兆或迷信观念紧密相连。这可能与猫头鹰在夜晚活动的习性以及其独特的叫声有关，使得它在一些汉族地区被视为不祥之兆。因此，在翻译与"owl"相关的英文表达时，译者必须充分考虑到这种文化差异，以免产生误解或歧义。

同样，在中西方文化中，狮子和老虎的地位和象征意义也存在显著差异。在英格兰神话故事中，狮子被尊为百兽之王，代表着英雄、权威和气势。因此，英国人将狮子作为国家的象征，而"the British lion"则指代英国人，"a literary lion"则用来形容英语文艺界的名人。

在中国文化中老虎则被视为百兽之王，它大胆、凶猛、威严，与许多成语和传说紧密相连。例如，"虎视眈眈"形容目光锐利、气势逼人，"如虎添翼"则比喻得到有力支持后更加强大，"卧虎藏龙"则形容隐藏着的杰出人才。这些成语都充分展示了老虎在中国文化中的重要地位。

（三）思维方式的差异

西方专家普遍认为，话语与思维之间存在着一种相互依赖的关系。在探讨这一关系时，我们不可避免地要提及英汉两种语言及其背后的思维方式。在西方文化中，研究者们尤其注重理性意识和逻辑性。这种思维方式使得他们在构建话语架构时，善于运用各种具体化的联系方式，以确保话语的整体性和严密性。例如，雪莱在他的名诗《西风颂》中，通过运用条件句"if winter comes, can spring far behind？"（冬天来了，春天还会远吗？）巧妙地展现了两个对立的概念——冬天和春天之间的紧密联系。读者在阅读这样的句子时，能够清晰地感受到其中蕴含的矛盾与联系，这也是西方思维方式中逻辑性和严密性的体现。相较之下，汉民族在语言表达上则更注重悟性和辩证思维。在汉语中，我们往往可以发现语言结构相对松散，缺少明显的连接词或连接方法。这种表达方式可能让人感觉语言结构有些杂乱无章，但实际上，这正是汉语中悟性和辩证思维的体现。例如，在汉语表达中，我们常常能够看到类似于"打得就打，打不赢就走，还怕没办法？"这样的句子。这些句子虽然表面看起来没有明显的逻辑联系，但实际上，通过悟性和辩证思维，我们能够理解其中蕴含的深刻含义和逻辑关系。这种英汉语言之间的差异，实际上反映了英汉民族不同的思维方式。在英语中，重形合（hypotaxis）的特点使得语言结构更加严密，逻辑关系更加明确。而在汉语中，重意合（parataxis）的特点则使得语言更加灵活，富有诗意和哲理。这种差异不仅体现在语言结构上，更深刻地影响了英汉民族的思维方式和文化表达。

（四）历史典故的差异

　　每个民族，都以自己独特的语言形式，在世界历史的画卷上描绘着自己的故事。这些故事，如同涓涓细流，汇聚成各民族丰富多彩的文化海洋。在英汉两种语言中，许多惯用语都源自史学经典，它们承载着厚重的历史沉淀，以形象生动的方式传达着深远的意义，同时也展现了英汉民族独特的文化风貌。在英语的惯用语中，我们可以看到许多源自《圣经》的例子。如"Helen of Troy"，这个短语源于古希腊历史中的海伦，她的美貌引发了特洛伊战争，因此被用来形容倾国倾城之美，或是带来巨大灾难的根源。另一个例子是"the apple of one's eye"，这个短语出自《圣经》中的一句诗："他保护我所爱的如瞳孔中的瞳孔。"它用来形容某人非常珍爱的事物或人，如同瞳孔对于眼睛的重要性一样。此外，古希腊与罗马神话也是英语惯用语的重要来源。例如，"Promethean fire"源于普罗米修斯为人类盗取火种的故事，用来比喻生命的活力或创造力。另一个例子是"a wolf in sheep's clothing"，这个短语源于古希腊寓言中的故事，用来形容表面和善但内心险恶的人。

　　在汉语中，也有许多源自历史故事的惯用语。例如，"朝三暮四"源于《庄子》中的一则寓言，用来形容人反复无常，说话做事不稳定。"杀鸡取卵"则是一则古老的谚语，用来比喻贪图眼前小利而损害长远利益的行为。这些惯用语，如同一扇扇窗户，让我们窥见英汉民族丰富多彩的文化内涵。它们不仅丰富了我们的语言表达，也让我们更深刻地理解了各自民族的历史和文化。

第二节　英汉习语翻译中文化差异的处理

关于英语习语的翻译，首先要考虑的是含义。除了正确翻译英语习语的意思外，如非必要情况，注意不要随意添加或删减原文的意思。

一、习语风格的处理

在翻译英语习语时，文学风格和原作者的风格应该得到同等重视。下面的例子诠释了英语习语在汉语中是如何完美匹配的："talk horse"翻译为"吹牛"；"fat cat"翻译为"大款"；"paper tiger"翻译为"纸老虎"；"swan song"翻译为"绝唱"；"old fox"翻译为"老狐狸"等。

二、习语味道的处理

"味道"是翻译中的一个重要话题。"味道"在我们的生活中无处不在，但不同的人有不同的品位。有些人喜欢听贝多芬的音乐，而有些人喜欢听莫扎特的音乐；有的人喜欢李白的诗，有的人喜欢苏轼的诗；对于社交聚会，有些人说它"乏味"，有些人说它相当"疯狂"。为什么？这都是品位的问题，翻译也不例外。关于翻译的"味道"，不可能就什么是好品位和什么是坏品位达成一致。然而，好的"味道"实际上是促成好翻译的最重要因素。

三、习语文化的处理

在翻译英语习语时，翻译的功能是信息交流和文化交流。例如，"lame duck"翻译为"跛鸭"而不是"没有前途的人"；"flea market"翻译成"跳蚤市场"而不是"卖二手货的露天市场"；"wouldn't hurt a fly"翻译为"伤害一只苍蝇的事也不会干"而不是"心地善良"；"a fly in the ointment"翻译为"香膏里的一只苍蝇"而不是"美中不足之处"。

这些翻译都保留了原文的文化意象，但读者可以很容易地看出它们的比喻意义以及隐藏的文化内涵。然而，如果文化负载词直译容易造成对原文的误解，译者就必须首先考虑其隐藏的含义。例如："to play cat and mouse with somebody"最好翻译成"对……欲擒故纵"，而不是"玩猫捉老鼠游戏"；"It rained cats and dogs"翻译为"下倾盆大雨"而不是"老天下了猫和狗"；"to fight like the cats of Kilkenny"应该翻译为"拼死相搏，两败俱伤"，而不是"像基尔肯尼的猫一样打架"。

第三节　文学作品中英汉习语的翻译技巧

习语是一个民族语言文化的重要组成部分，英语和汉语中都有大量的习语。英语和汉语既有文化上的相似之处，也有文化上的差异，它们之间的相似性使得习语的翻译很容易。然而，由于中西文化的差异，各自习语所承载的文化信息也有所不同，这种差异是习语翻译中的难点。译者如果不正确理解文化因素，就会在翻译中犯错误。成功的翻译是将文化内涵准确地传达到译文中，因此，译者有必要了解英语习语的内涵意义，让语言和文化相结合，才能准确表达和传播文化。

一、直译

由于汉英语言的复杂性，其对应的习语相对较少，但仍有一些英语习语与某些汉语习语完全或基本上具有相同的意象和意义，因此习语翻译可以采用直译。直译是一种忠实地表达原文意思，再现原文语言特点和风格的翻译方法，但不应过分妨碍读者的理解，否则就会成为死译。例如，"A bird in hand is worth two in the bush"翻译为"双鸟在林，不如一鸟在手"；"A rolling stone gathers no moss"翻译为"滚石不生苔"；"To be armed to the teeth"翻译为"武装到牙齿"；"Strike while the iron is hot"翻译为"趁热打铁"。通过直译，许多英文可以直接翻译成中文，而无须添加解释或注释就能很容易被理解。

二、意译

许多英语习语在意义上具有文化特点，这给翻译带来了困难。当无法使用直译的方法来翻译文章，并且没有合适的中文词句时，译者必须使用意译。意译是一种翻译方法，它主要传达原文的意思和风格，目的是忠实于原文的内容，而不是原文的形式。但意译并不意味着随意删除或添加原文内容。所以译者在翻译时必须仔细斟酌原文，努力诠释其中的含义。例如，"to take French leave"是源于17世纪法国流行的一种习俗，在宴会上，客人可以不与主人道别而自由离开。现在人们用它来暗示不说再见就离开是不礼貌的。成语"不辞而别"就表达了这个意思。"a castle in the air"在《简明牛津词典》中，给出了"空想项目，白日梦"的定义。在西方，贵族过去住在城堡里，而在中国，贵族或富人过去住在"楼阁"里，因此，可以翻译为"空中楼阁"。

三、直译与意译结合

直译虽然有时难以理解，但它有利于保持原语言的文化色彩；相比之下，意译很容易被人理解，但会改变原来的形式。因此，许多译者将这两种方法结合起来，以发挥各自的优点，避免各自的缺点。对于一些习语，译者在前一部分逐字逐句地翻译原文，以保持其文化特色，然后在后一部分对其改写，以便读者能够毫不费力地理解。例如，"A little pot is soon hot"翻译为"壶小易热，量小易怒"；"As you make your bed, so you must lie on it"翻译为"自己铺床自己躺，自己造孽自己遭殃"；"Let sleeping dogs lie"翻译为"睡狗莫惹，麻烦莫招"；"Riches have wings"翻译为"金钱有翅，财富易失"。

第七章　文学作品中的中西方典故
文化差异与翻译

在进行文学作品翻译时，译者必须对各种典故的来源有充分的了解，同时掌握各种翻译技巧，以此来实现更加精确的翻译。典故的运用对于文学作品的创作具有重要影响，同时通过一个民族的历史典故也可以了解其文化特色。在进行文学作品的翻译时，对于各种典故的处理技巧会影响到读者对于典故的理解。

第一节　英汉典故的文化内涵差异

一、英语典故

（一）英语典故的来源

英语的发展历程与汉语存在很大的差别，汉语是从古至今形成的一个系统语言体系，英语则兼容并蓄了诸多的文化内容。因此，英语文学中的典故非常多，且来源广泛，具体可以从以下五方面进行分析。

1.古希腊神话

希腊文明是欧洲文明发展的源头，因此古希腊神话也对西方文明的发展带来了深刻影响，当今西方社会中依然流传着很多古希腊神话故事，因此在探究西方人的文化背景时应当重视希腊神话所带来的影响。古希腊神话中有着鲜明的民族色彩，其中的人物形象极为丰富多样，并且情感丰富，同时故事内容波澜壮阔，引人入胜，受到了许多民众的喜爱。而从整体上说，古希腊文明是大部分欧美国家文学艺术的发祥地，所有西方作家在进行文学作品的创作时，都不可避免地受到来自古希腊神话故事的影响，因此文学作品中也存在着大量从中取材的内容。

当前，世界上流传比较广泛的神话故事中，古希腊和古罗马的神话故事仍然占有非常重要的一席之地，对英语作品创作和表达具有重要影响。因此，在文学作品创作中，大量的典故都是从这些神话故事中取材，比如潘多拉的盒子等。

2.寓言故事

寓言故事是一种较为常见且具有典型性的故事形式，大部分寓言故事的内容都较为简短，并且故事中的所有人物都在故事中发挥着特定的作用，其说明的道理也清晰易懂，通过一个故事的讲述来为读者展示作者想要表达的人生哲理，从而起到教育读者的作用。例如，西方最流行的寓言故事集《伊索寓言》中提到北风和太阳的故事，讲的是北风和太阳比赛谁能让一个行人脱掉衣服，北风采用不断吹风的方式来试图刮走行人的衣服，最终行人却因为寒冷而将衣服裹得更紧。而后面出场的太阳则通过散发热量，增加温度的方式来让行人脱下衣服，最后取得了胜利。这一则寓言故事说明，有时候采用更合适的方式比暴力更能达成目的。这些故事运用了生动的寓言以及具体的故事来阐述简明易懂的人生哲理，因此受到了创作者与读者的欢迎。此外，西方还有许多其他的寓言故事，例如《克雷洛夫寓言》等。这些寓言故事被运用至英语文学的创作与翻译过程中，不仅能让文学作品更加富有趣味性，还可以拓展作品的价值内涵。

通常情况下，寓言故事在讲述道理时一般会采用比喻的手段，并且故事的主体往往较为短小精练，例如，农夫与会下金蛋鹅的故事，便讲述了一位农夫渴望发财，在得到一只会下金蛋的鹅后依然没有满足，希望通过杀掉鹅获取金蛋的方式来一次性取得大量的财富，最终却一无所获，还失去了原本会下金蛋的鹅。在上述故事中，人们可以懂得的道理是：一个人不能太过贪婪，否则会得不偿失。此外，还有蛇与铁锉的故事，这个故事源自snakes and iron files这句名言，其故事内容是一条蛇将铁锉误认为是一种食物，却没有想到铁锉说它从来不会被别人咬，只会吃别人，跟人们常说的"骗人的反而又被别人骗了"相同，这个故事告诉了我们人不要自作聪明。

3.世界名著

西方国家文学作品类型多种多样，一部分写作优秀的文学作品广为流传，逐渐成了西方经典名著作品。西方经典名著作品包含中世纪较为典型的歌剧或者是话剧本，也包含了诗歌或者是近代散文。比如莎士比亚的作品流传至今，许多文人学者对莎士比亚著作内容进行深刻解读之后，体悟到了更深层的含义，或者是直接将莎士比亚所写下的各种人物或事件进行有效转化，这些作品中的著名台词或者是典型事件成了西方文学作品中的经典内容。

4.历史文化

历史故事中记载着人类社会发展的具体过程，也蕴含着人民群众的劳动智慧与劳动成果。在历史长河之中，许多人的优秀事迹与历史故事传承下来，这些历史故事不仅仅对于国家文化发展而言具有非常重要的作用，也可以对文学作品的发展起到良好的促进作用。一部分蕴藏人文价值或者是饱含生活哲理的历史故事不仅可以进一步丰富文学作品的内容与形式，也可以巧妙灵活地转移读者的注意力，将更加多样化的历史故事与人民群众的生活经历相互结合，帮助读者博古通今。

在历史故事演变与发展的过程中形成了大量的典故成语，这些典故成语背后藏着一个又一个广为流传的故事，记载着一件又一件伟大的光辉事迹。英语国家在发展中形成了诸多的文化，而这些文化中包含大量的著名历史事件和故事，同样为人们所熟知。这些历史故事也形成诸多词汇、成语等，被文学作品创作广泛应用。比如，在滑铁卢战役中拿破仑失败，失去一切。因此，"滑铁卢"这个词汇被广泛应用，表达失败得惨烈和彻底。

5.日常生活

文学艺术创作取材于生活，但是又往往高于生活，里面的内容大部分都是社会上比较精彩的一部分。生活中的各个方面都可以为英语文学创作提供一定的思路。这些生活与社会制度和社会环境具有直接的关系，是对现实的真实反映。

（二）英语典故的内在逻辑

1.思维逻辑

根据英美社会的发展历程，英美社会文学作品典故的内在逻辑是存在着某种规律性的。从跨文化文学的角度看，许多英美文学作品中的隐喻和比喻都是建立在欧美语言典故的基础上的，因此，在翻译过程中，我们不能完全按照中国的传统语言系统与文化进行解读，而是要用另一种方式来分析。英美文学作品典故的意译，除了要把握其渊源、文化意蕴外，还要把握好思维的逻辑性，充分利用现有的相关理论，从多个文化角度加以适当的诠释，使典故翻译具有艺术性和感染力。

2.价值逻辑

古代希腊文明深刻地影响着整个世界的文学发展，即使在现代英美文学中，也能追溯到古代希腊的哲理。例如，英国简·奥斯汀所写的《傲慢与偏见》和美国约瑟夫·海勒所写的《第二十二条军规》，虽然两人所处的文学体系不尽相同，但是其文学语言却都具有十分浓厚的哲理色彩。要用多文化视角去理解英美的典故，我们必须从文学发展的历程与创造的逻辑入手，发掘出这些语言要素背后的内在联系，并进一步分析英美各个历史时期文学特点，进而对英美的典故有一个全面的认识。

3.宗教文化

英语起源于印欧语系，英美国家的主流文学也是以英语为主体的。英文这门语言在漫长的发展过程中，一直都有一个较为重要的影响因素，那就是宗教文化。尽管《旧约》是用希伯来语写的，但它包含了许多印欧国家的文学观念。在《新约》的翻译中，译者亦在某种意义上参考了英文中的一些文学观念，以方便读者了解。所以，从英美两种文化中使用的各种典故可以看出，大多数的语言观念都与其宗教文化的发展有着密切的关系。特别是在基督教的发展过程中，以《新约》为基础，建立了一种与基督教观念相背离的宗教体系。所以，宗教在英美文坛的发展中起着不可忽略的作用，而《塔纳赫》《妥拉》《先知书》《文集》《摩西五经》等宗教文献的流传和发展，更是英美文坛不可缺少的一部分，应从多个不同的角度来解释这些文献中的隐喻和典故。

4.历史文化

英美文化中使用的许多典故都来自一些特定的历史事件和历史人物。美国和英国的文学，在用典的使用上形成了语言上的差异。英国文学注重对各种典故的描写，以描写人物的心理活动和背景来凸显各种典故的艺术表现力。美国的小说以嘲弄和隐喻为主，通过刻画不同的角色和不同的情节，丰富了小说中的隐含意义。在这些人当中，美国的杰罗米·大卫·萨林格特别善于运用这种方法来表现自己的作品。比如，"They stopped looking before they had even really started" 这句话就被用在了短篇小说《麦田里的守望者》中。在这本书中，作者还对故事中的历史背景和一些人物的行为进行了讽刺，从而让这种文学表达与这部小说的中心思想完全吻合，并以借物喻人的隐喻表达方式为基础，来传达作者所要传达的核心思想。因此，通过隐喻和讽刺的角度来表现英美的典故，从而为英美经典在跨文化角度上的诠释，提供了一个多样化的思维方式。

二、汉语典故

悠久灿烂的中华文化在繁多的典籍之中保存了下来，而这些典籍又为汉语典故的形成提供了肥沃的土壤。

（一）儒家文化中的典故

儒家文化由儒家学派的创始人孔子所创立，是一种博大精深、源远流长的思想体系。孔子是伟大的思想家、教育家，通过研究古代文化特别是礼乐文化提炼出以"仁"为核心思想的理论体系，涵盖了"礼""仁""德""修""中""天命"等内容。儒家文化自创立以来，经过春秋战国时期的繁荣、两汉经学的发展、宋明理学的兴盛，以及明清实学的实践逐渐成为中国文化的主脉。儒家文化思想体系不仅仅是一种学术理论，更是中华民族的精神支柱和道德准则。儒学的成长史是一部中华民族的发展历史，它见证了中华民族的兴衰荣辱，也指引着中华民族不断向前发展。

在儒家文化中典故扮演着重要的角色。这些典故生动形象地展示了儒家文化的内涵，让人们在其中感受到儒学的智慧和魅力。比如：

"举案齐眉"讲述了妻子对丈夫的尊重和平等。在儒家文化中，男女平等、互相尊重是一个重要的价值观。无论在家庭还是社会中，每个人都应该受到平等地对待和尊重。

"退避三舍"讲述了春秋时期晋国的公子重耳为了避免与楚国的冲突三次主动让出住所，以示诚意和尊重。这个故事传达了儒家文化中"仁"的思想，即通过退让和尊重他人来达成和谐共处。

"孟宗哭竹""老牛舐犊"等典故都传达了儒家文化中的孝道、仁爱等思想。这些典故让人们深入了解儒家文化的内涵，激发了人们对道德、伦理的思考和追求。儒家文化还强调个人修养的重要性，一个人的品德和修养是决定其社会价值和地位的关键因素。儒家文化提倡"修身齐家治国平天下"的理念，通过个人的努力和修养实现家庭、社会、国家的和谐与繁荣。

（二）佛教文化中的典故

佛教自汉代从印度传入我国以来经历了漫长而曲折的发展历程。在魏晋南北朝时期，佛教逐渐得到了广泛的传播和深入的发展，到了隋唐时代，佛教迎来了在中国历史上的辉煌时刻。作为一种外来的宗教文化，佛教对中国文学艺术、语言文化等多个方面产生了重要的影响。

在佛教文化的熏陶下，许多文人墨客开始将佛教元素融入自己的文学创作中。诗歌、小说、散文等各种文学形式中都可以看到佛教思想的影子。同时，也涌现出了一大批诗僧，他们的作品具有极高的文学价值，是对中国佛教文化的重要传承和弘扬。在佛教文化的影响下，中国的绘画和雕塑艺术逐渐形成了独特的风格和特点。佛像的塑造、寺庙的建筑、壁画的绘制等方面都体现出了佛教艺术的独特魅力。这些艺术作品具有极高的审美价值，是对中国佛教文化的重要记录和传承。

佛教文化中的许多词语、成语、俗语等都逐渐融入了汉语中，成为人们日常生活中常用的语言表达方式。例如，"三生有幸""五体投地""口蜜腹剑""借花献佛""一尘不染""苦海无边，回头是岸""道高一尺，魔高一丈""救人一命，胜造七级浮屠"等，这些成语和俗语都源于佛教文化，具有深刻的思想内涵。佛教文化是汉语中宗教典故的主要来源。

第二节　英汉典故翻译中文化差异的处理

一、英汉典故翻译的要求

（一）翻译要符合时代特点

不同时代的社会文化背景不同，文学创作是对文化背景的反映。英语文学作品翻译中，译者要为读者提供一个身临其境的场景和氛围，帮助作者更好地体会社会文化内容。英语文化翻译中，译者要先对原英文作品的文化背景进行分析，才能保证翻译的灵动性。比如，在《傲慢与偏见》的翻译中，译者要对原作品的背景深度分析，保证翻译作品的真实性。为了保证国内的读者理解，在翻译中，译者可以通过大量阶层的对比描绘，体现不同社会地位和人物的特点。在符合原文理念的同时，促进中国读者更好地理解。

（二）翻译要具有艺术性

英语文学典故翻译中，译者需要合理把握直译的程度，避免文学艺术翻译与原文间割裂，做好对英语文学翻译思路的整理。同时，文学作品一般会分为不同的部分，译者要针对不同部分分别翻译，并以此为基础判断原作者的风格，尽可能采用原作者风格进行创作，最后对整个翻译内容进行组织、修改，保证翻译内容的准确性和真实性。需要注意的是，译者既要避免过于夸张、保证真实性，也不能过于平淡，导致作品失去原有的艺术魅力。

典故是一种特殊的语言文化内容，在文学作品中引入典故，有利于实现主题的升华，提升文章表达效果，对文学创作的优化具有重要作用。因此，在英语文学的典故内容翻译中译者要明确典故来源，了解典故蕴含的意义，明确中英文间的文化和历史差异，树立正确的翻译观，保证译文符合原文主题，便于读者理解。

二、英汉典故翻译的影响因素

（一）文化背景差异

东西方国家之间的文化背景存在巨大的差异性，这种差异与民族特点有关。各民族需要尊重彼此的文化差异，实现文化的平等交流。此外，不同文化和历史背景下形成的文学内容和文学内涵不同。不同典故的引用中也存在不同的含义，为了更好地了解文学作品典故，译者要先分析英语的发展历程，保证文学作品的历史感。

（二）英汉对译情况

国家间历史文化的差异，导致文学作品中的典故应用情况存在差异。中西文化的差距，导致英语文学作品翻译中，要想保证翻译内容的对应性，译者需要准确表达英文典故。英语文学作品典故表达可以从两个方面进行分析：一方面，文学作品典故的写作内容和方法具有对应性，在典故翻译中一般这种情况可以采用直接翻译的方式；另一方面，文学作品典故的写作内容和方法不具有对应性，需要译者进行更正，并采用不同的翻译方式。

（三）文章整体效果

在文学作品创作中，典故的应用一般要借助历史人物、寓言故事以及神话传说等，表达文章内涵以及情感。如果典故应用合理，则可以达到更好的表达效果，保证文风的典雅性和含蓄性。因此，在英语文学的作品翻译中，译者要充分考虑典故的作用，以及作者引用典故的意图，明确典故在整个文学创作中的地位。同时，在翻译中，译者要注重细节的控制，保证文章整体的协调性以及译文的流畅性。

三、英汉典故翻译时应注意的要点

（一）文化背景的不同

不同国家的发展过程、不同的历史文化、不同的地理位置、不同的习俗文化，这就造成了各国的文化在文学作品中的表现不同。因此，在对英美典故进行翻译时，一定要充分理解其时代背景，并结合我国的风俗习惯与传统，选用最适合我国国情的汉语语境，将英美文化中的习语与典故加以表述，使之与实际生活相结合，达到文艺与现实的结合。

（二）英汉典故的对应

在具体的翻译实践中，要注意英汉两种语言的相似性和差异性，这样才能更好地完成对典故的翻译。即许多英美典故与汉语典故在用法、意义等方面都有相同之处，并能相互转化，比如 "burn one's boat"，我们可以把它译为 "破釜沉舟"，以此来表示士兵们在背水一战中的坚定意志，这两种语言在语义渊源上是一致的。不过我们也要注意，虽然很多英文典故的字面意义可以在中文中得到相应的翻译，但我们也要关注典故在具体上下文中所表现出来的积极意义和消极意义，要有差异性和灵活性。

（三）辩证思维的隐喻诠释

文学作品中的典故要从不同的文化背景出发，在意译过程中要符合本国的思想观念。但英美两国的文化观念与我们的不同，其中一些隐喻所表达的理念，更多的是对政治与文化的批判，而不是对现代社会的一种挑战。例如，对于英美作品，如《教父》《简·爱》等，我们应以辩证的观点来解释典故，并根据社会主流思想的发展及传播的需要，对其内容作适当的修正，使其符合我国社会的主流价值观念，并尽可能保持其某些含义。同时，对英美经典的典故进行辩证解读，以提升我国读者的阅读代入性，为其提供多元的解读角度，进而达到以典故为核心的理念与以其为核心的主流文化思考之间的一种有效的均衡。在对不同民族的文化和风俗习惯予以尊重的前提下，典故的原意就能得到充分体现，沟通也就更加通畅了。

（四）转化视角换位思考

由于东西方各自所处的社会环境的差异，导致了中西方思想观念的巨大差异。因为中国人长期受到儒家思想的影响，所以我们在思维方法上更趋向于认识到事情的完整，所以国人经常采用一种综合性的思考法来解决问题。例如，中国人倾向于从大到小来描写地点，注重以全局为中心。英美国家比较重视自我，从自己的角度来看待问题，这样在看待问题的方式中也会体现差异。此外，译者还应注重与地方的自然景观和地理条件相联系，以深入了解小说中所使用的典故和所指的背景。就拿雪莱的《西风颂》来说，就需要对"west wind"一词进行全面而精确的解释，同时兼顾中国和西方的不同文化背景。"西风"一词常被用在中国诗歌里，表现出一种比较凄凉的情绪，比如"古道西风瘦马""昨夜西风凋碧树"等，反映出一种凄凉的气氛；而在英国，因为受到大洋上的季风影响，西风更加强烈，更加壮观。这表明雪莱将他自己的感情与大自然的壮丽结合在一起，以一种令人心旷神怡的方式向横扫欧洲的风暴致敬，并用"west wind"这一句话来表达他对当下的变革的强烈敬意。所以，在跨文化视野下，对典故进行诠释的过程中，译者需要深入地考虑到具有不同异国文化的人们来选择合适的翻译策略。

综上，翻译不仅是对原文的复制，而且也是一种文学创作。在英美典故的翻译过程中，除了要了解它们的具体出处和所蕴含的文化内涵外，还要把握好正确的翻译方法，从多个文化角度对它们进行适当的意译，才能把原文的美感展现给读者；让观众在阅读的过程中，感受到其中的艺术魅力。对英美典故进行跨文化解读，应立足于中国语言及文化特点，在充分重视英美典故审美内涵的基础上，对典故进行有目的性的艺术优化，为英美文化中的典故翻译奠定一定的理论与实际依据。

第三节　文学作品中英汉典故的翻译技巧

一、文学作品中英汉典故翻译的问题

英美文化中常有一些典故广为流传，为国际的文化发展和文化交流提供了新的契机。对于英美文学作品中的典故翻译，需要在理解英美文献的艺术特征和历史文化发展的基础上，才能更好地理解英美文学作品中典故的含义。典故具有内涵丰富、句子简洁等特点，因此，在对典故进行深入研究时，应对英美文化的内涵有一个清晰的理解，增强英美的典故在跨文化语境下的语言透明度。

（一）翻译表达显得生硬

英美文学作品的典故互译通常存在着语言僵化等问题，难以与读者产生感情上的共鸣，因而被称为"劣等互译"。之所以会出现这种现象，很大程度上是因为译者的英语基础不扎实，词汇储备也不多，所以在面对某些特定的语境时不能很好地将典故进行解释。大多数时候都是将英文直译为中文，这种简单的方式会限制其在文学中的文化内涵，也会让其失去原来的文化背景，让那些栩栩如生的描写成为一种无聊的陈述。此外，在翻译过程中，如果出现比较难理解的句子，译者会使用翻译软件来寻找答案。但是翻译软件也是一种机器翻译，它的作用是以原文词语为基础，而不是以句子的含义或者是以文章语境的方式来进行翻译。除此之外，译者如果在翻译的时候不够细致认真，就很有可能会使用错别字，或者是对词语的选用有问题。其中往往也存在着一些微小的语法错误，这样就有可能导致翻译结果达不到预期的目的，还有可能让翻译变得滑稽可笑，从本质上来说，这是一种将重点放在了语言上，而忽略了文化背景的错误。

（二）文化语境缺位

文化语境及上下文理解在译文中的缺位是显而易见的。语言与文化有着千丝万缕的联系。在翻译过程中，脱离了语言和文化，就会出现"舍本逐末"、脱离了语言之"根"的现象，其结果当然也就达不到预期效果。翻译实质上是两种不同的语言背景下的两种不同文化之间的交流。另外，由于译者在平时的学习中缺乏对英语文化的深入认识，也没有很好地进行跨文化的交流，因而难以掌握一种语言的文化，更别说创造出一种文化情境来进行翻译了，这都会造成了译者对译文的误解。在翻译英美文学作品时，译者也很可能会受到中文思想的影响，没有考虑到具体的文化背景，或者对英美文学作品还没有彻底了解就开始了翻译，这是一种"欲速则不达"的做法。

此类文学作品的翻译往往与其所处的文化情境相脱节，相应的译文表述也往往支离破碎、模棱两可，未能观照文学作品的整体情境，有些译文还存在着偏离原文的趋势。在对英美作品进行英汉互译时，有些人虽然具有很好的英语技能和扎实的英语功底，但是缺乏对不同语言之间的交流和沟通，从而会对译文产生很大的影响。有些译者虽然常常翻阅英美经典著作，但是却没有跨文化的觉悟，在实际的翻译过程中，由于缺少系统的英语语言和文化方面的培训，使得他们很难达到"信、达、雅"的目标，从而影响了他们对译文的理解。

二、文学作品中英汉典故翻译技巧分析

文学作品是了解西方文化的重要途径，但是由于中西方文化存在较大的差异，导致文学作品翻译中容易出现偏差。特别是文学作品典故，包含西方国家的各种文化内容，如果对这些典故不了解，容易导致翻译中出现分歧，影响翻译效果。因此，译者要重视英语文学中典故的文化分析，从而保证翻译效果。

（一）直译法

直接翻译文学作品中的各种典故，可以有效保留典故中的独特含义与精神价值，也可以将典故中的特殊内涵淋漓尽致地展现出来，将历史情境或者文化价值观念重新显现在读者面前。例如"an eye for an eye and a tooth for a tooth"这一英文句子对应的中文典故可以翻译为"以眼还眼，以牙还牙"，这种典故的翻译方式直接保留了原本的含义，通过直接翻译的方式，一字一句地翻译，便可以快速了解典故的主要内涵。虽然绝大多数文学作品所引用的典故具备鲜明、形象的特点，但部分典故对于读者而言比较陌生，尤其是将中文翻译成英文之后，一部分读者无法直接解读典故的主要含义，采取直译法，可以有效还原典故的原本含义，有助于读者快速理解文本主要内容，保持文章的流畅性与一致性。

（二）意译法

如果译者在翻译文学作品中的典故内容时无法使用直译法，则可以通过意译法的形式进行有效翻译。由于中西方文化存在较大差异，一部分读者在理解文学作品内容的过程中可能会遇到较大阻碍，一部分读者可能依然保留较为传统的文化理解思维，在接触其他国家优秀文化的过程中，可能会存在误解。为了避免此类情况，在翻译过程中，译者需要尽量保留原文的大致含义，对原文中的一部分细节内容进行调整与转化，只需要保留语句的大致含义即可。如果译者在翻译英美文学作品典故之时，无法使用直译法，或者是在使用直译法的过程中导致语意发生较大偏差，可以直接采取意译法。

（三）直译加注法

直译加注法在英美文学作品典故翻译过程中的应用效果相对较好，受到许多译者的青睐。直译加注法要求译者完全保留原文的基本形式，随后在原文下方添加注释，帮助读者理解原文的主要内容，避免读者对原文相关内容产生误解。在译者保留原文基本形式或者是大致含义的同时，可以直观、清晰地展示出作者原有的思想、情感，保留作者的主观意图。

（四）释义法

针对一部分民族色彩或者是国家区域色彩较为突出的文学作品而言，译者在对英文语句进行翻译的过程中，如果采取直译法的翻译形式，可能无法帮助读者理解原文的深刻内涵与独特意境，读者可能会对作者的思想、情感产生一定误解，无法促进读者与作者之间的心灵沟通与互动。面对此种情况，译者可以采取释义法的翻译形式，将历史典故中所隐含的各种含义直观地呈现在读者面前，帮助读者理解比较复杂的语句内容，感悟更加深刻的民族文化。译者需要对文章的基本含义进行有效翻译，精准翻译文本的核心内容，对特殊文本内容进行注释。

（五）增译法

在译者对特殊文本进行翻译或注释的过程中，需要对作品中的某一部分文学典故进行深化翻译，避免直接翻译，出现语言歧义问题。在此过程中，译者需要帮助广大读者理解文章的深刻内涵，还需要向读者淋漓尽致地展现作者的创作思想与独特手法，加深读者对文章内容的理解。由于东西方文化差异较大，读者与作者的思维方式可能会存在较大不同之处。因此，读者在阅读文章的过程中，可能无法正确解读文本含义，可能无法彻底理解作者的思想与意图。

对此，译者为进一步提升作品翻译的准确性与真实性，可以增添文学作品的语句，丰富文章的核心内容，降低读者的阅读难度，采用通俗易懂的语言描述文章的大致内容，这种较为典型的翻译方式便是增译法。经过长期实践与研究之后表明，绝大多数英美文学作品在创作与调整的过程中均融入许多当地元素，一部分作者经常会有意无意地将地方文化元素或者是民族元素融入其中，这意味着地方文化元素对作者的创作思想与情感产生了一定影响，也对西方文学作品的创作产生了非常深刻的影响。译者需要采取多种翻译方式，对不同的英文文本进行有效翻译与解读，对一部分词汇进行有效拓展，保留文本中的精髓内容。

第八章　文学作品中的中西方生活文化差异与翻译

在中西方文学作品中，都会涉及一些日常生活中的常见现象，这些现象由于地理位置、生活环境的不同而存在着差异。因而，读者想要深入了解一部作品，就需要充分掌握这部作品中的细节，熟知其中的文化内涵。本章针对文学作品中的中西方生活文化差异与翻译展开研究，包括文学作品中中西方服饰文化、饮食文化、建筑文化、节日文化这几个层面的内容。

第一节　文学作品中的中西方服饰文化差异及翻译

一、服装纹饰文化

服装纹饰是人类所特有的劳动成果，它既是物质文明的产物，也是精神文明的结晶。人类经历了由愚昧、野蛮到文明的复杂过程，而在这一过程中，服饰成为一个标志。从早期的兽皮、树叶到麻布、丝绸再到化纤材料，服饰纹饰的历史是人类历史不可或缺的一部分。服装纹饰与特定的文化、历史和社会背景紧密相连。在翻译时应保持这些特色，以便目标读者了解和欣赏源文化的独特性。例如，某些传统图案或符号具有深厚的文化寓意，在翻译时应适当地解释。纹饰的设计传达了某种寓意、象征或故事，在翻译时须确保这些意义在目标语言中得到准确的传达。译者需要采用一些解释性的翻译策略，帮助目标读者理解纹饰背后的深层含义。

二、文学作品中的中西方服饰文化差异分析

（一）中国传统服饰

广府自古便是岭南商业贸易最为活跃的地方，广义上来讲这一地区是指广府民系分布之地，包括广东东南部珠江三角洲一带（含今香港、澳门），整个粤中和粤西、粤西南部、湛江地区和广西南部地区。然而，最能体现广府文化特征的，则是以广州为中心的珠江三角洲地区，下文即以这一地区于清末民初时的女子服饰作为研究对象。广府地区长期作为中西贸易口岸，应出口需求生产许多改良后的产品（如外销瓷），同时，广府也是民主革命的先锋地区。在这一背景下，广府女性的社会生活和社会角色发生了诸多改变，对于自我形象的认知以及身体权利的主张也较过去增强，女子服饰渐渐走出宽衣文化的束缚，形成新的特点。此时，西方女性也抛弃了扭曲和夸大女性线条的胸衣及臀垫，显露出人体的健康曲线，宽松的中式廓形影响了当时许多设计师，后演变为风靡20世纪初的H廓形。诞生于这一背景下的新式胸衣，随着流行的浪潮传至广府地区后，进一步影响了新式旗袍廓形的变化。

1.大襟衫、文明新装与旗袍

清代，以澳门为牵引，以广州为中心，在输入西方服饰文化后，以发达的交通、新式媒体向内地传播。至清末，不同女性群体的服饰不尽相同，比如大襟衫仍是广府地区较为普及的款式，上衫下裙也是常见搭配，但劳动妇女则更多穿着方便劳作的宽筒裤，后续随着西风东渐，改良后窄身合体的旗袍渐渐流行开来。在上述服饰变化中，西关小姐无疑是其中最具代表性的女性群体之一。当时的西关范围大约是西城墙外、南至珠江边的西河口，北边则至第一津附近，并有上、下西关之分：出第一津到太平门等地方为上西关；由光复中路以西至黄沙、华贵路一带称为下西关。其中下西关集中了许多商贾富商，广州十三行即位于此地，曾经的一口通商制度使得此地作为广州的外贸中心汇聚了各种外来人士及中西商品。西关小姐正是生长于这些物质富足，能够接触到许多西来文化的家庭。

西关小姐于清末的装扮初始亦是大襟衫搭配及地宽松的裙子。此时封建礼教仍然制约着女子生活的方方面面，女子的社会角色仍然局限在家庭内部，缠足束胸，以平为美，对自我形象的认知局限于礼制框架和风俗禁忌，这样宽大的服装廓形不仅限制了女性的活动，也模糊了女性的身体曲线。随着西式学堂的兴起、维新运动的影响，许多诸如缠足等风俗已渐动摇。辛亥革命后，民国政府陆续颁布新的着装政令，旧有的着装体系被打破。自1897年梁启超协助经元善创办了中

国第一所女学堂——经正女学后，从此女学渐兴，女子校服问题也渐浮出水面。一种趋于合体的上衣下裙的着装成为风靡一时的学生装。这种上衣与过去相比，长度变短，整体廓形显得修身合体，露出部分手臂，且衣服的下摆是弧形的，这样更衬得腰身纤细，裙子也一改过去各类图案绣饰的风格，素面简洁，长度短至脚踝。这种服装又称"文明新装"，起初为女生制服，为知识群体之象征，后渐流行开来。

对比大襟衫，这一文明新装的改变不可谓不大。当旧有的服饰体制日渐崩塌，必当寻找新的参照，这种参照当是符合其时新的社会思潮和社会环境的。文明新装的称谓似乎与新文化运动所提倡的精神风貌、与西洋窄衣文化密切关联。值得注意的是，过去女子服饰有严格的等级划分，但服装的变化呈现整体性，此时打破了旧有服饰体系后，新的完整的服饰体系并未建立起来，不同女性群体的服饰变化也不尽相同。1929年，国民政府颁布的《服制条例》将旗袍列为女子礼服，与此同时，教育部也规定高级小学和中等以上学校学生校服为旗袍。20世纪20年代的旗袍体现出一种苗条纤细的女性形象，但此时仍然使用传统的十字平裁方法制作，西式的省道和分裁的塑形裁剪方法还未被使用。此时的广府旗袍相较海派旗袍袖子更为紧窄，并勾勒出腰身。

广府地区的裁缝后续习得了西式的裁剪技法，在欧美流行时装的熏染下，旗袍也更趋于塑造女性窈窕有致的身材。许多女性的社交生活此时已经十分丰富，游船、观景、跳舞与上班，烫卷的短发、香水、女式手表、长筒丝袜、高跟鞋，即时髦女性的理想形象。至此，广府女性的社会角色已经慢慢靠近现代女性，有自己的职业，自由择偶的婚姻，参与政界选举等，正视与欣赏自身女性角色的同时，也走出礼教束缚，塑造了新的女性形象。

2.束胸与健康审美

民国初年，脱离了宽大的外衣轮廓，穿着窄身旗袍和文明新装的女性，尚未能完全摆脱不显露形体的审美标准，城市女学堂中率先掀起"平胸美"的热潮，女学堂的学生甚至还发明了名曰"小半臂"的紧身背心，束胸甚至一度成为区分城市女性和"村下婆"的标志。向前追溯女子束胸的历史，研究者所持观点不一，具体自何时起女子开始束胸并无明确记录，考察明清女子内衣，也并无刻意束胸的功用。实则廓形宽大的衣袍，已经完全遮蔽了女子形体，似无必要再进一步束胸使得女子上身曲线趋于平直。反而当合体的外衣显露出女性曲线时，旧有的内衣如肚兜等，无法遮挡女性的上身曲线。此时，受传统文化影响的进步女性，仍然选择掩藏女性特征，以平胸为美。这或许与合体的外衣自相矛盾，但也是中西服饰文化冲突时，传统服饰文化仍然作用于女性生活的表现。也有研究者认为束胸是为了更好地适应合体窄衣的新式女装，因外衣紧窄故内衣也趋于紧窄，或是由于争取男女平权，催生了女子男装化的风气，束胸以使女子更似男性。

无论出于何种原因，这种束胸之风引发了社会各界人士的关注，尤其是进步人士更是指出了这种行为对身体健康的影响，从而引发了"天乳运动"。1927年7月，广州市代理民政厅厅长朱家骅提出禁止女子束胸的提案，此倡议一经通过，首先在广东女校执行。这一运动中，许多女性在媒体的引导下注意到了早已传入中国的西方新式内衣，这种起到胸部承托作用但并不压胸的女性内衣，其款式与现代女性内衣已十分相似。这种社会氛围和可供配套的内衣，彻底使被礼教束缚许久的女性解放出来，正视并悦纳自己的身体曲线，这也得益于西方服饰的立体造型对于人们的视觉冲击，穿着洋服的归国留学生和时髦女子，也给了裁缝诸多制版和裁剪上的参考。与此同时，在西方世界，中国传统服装宽松自然、洒脱飘逸的风格日渐风靡，保罗·波烈设计的中式宽松女袍在巴黎风靡一时。

广府女子服饰脱离了宽大廓形的束缚，一如此时的女性从旧时代的阴影里走出来，重新找到自己的价值和新的社会角色。无论是改良的新式旗袍还是文明新装，既保留了东方女性含蓄优雅，又简洁明快，颇具现代感。西方女性也同样呼唤男女平权，抛弃了束腰塑乳的胸衣（corset）和夸张曲线的臀垫，显露女性自然曲线的H廓形成潮流，在巴黎和广州街头，可以见到同样留着短发，身穿H廓形服装的时髦女子，中西方的审美再一次重合，同样都是摆脱了男性视角，掌握女性身体的话语权，一同迈向了女子服饰的现代化。

（二）西方传统服饰

1.西方的服饰材料

自古以来，西方服饰的选材始终离不开亚麻布这一经典面料。亚麻布在西方服饰中的主导地位可以归结为以下原因。

第一，亚麻布自身的特性。亚麻布质地轻盈，透气性好，穿着舒适，具有良好的吸湿性和快干性，能够有效排汗，防止潮湿。亚麻布具有天然的抗菌性能，可以有效抑制细菌滋生，呵护肌肤健康。这些优点使亚麻布成为日常生活中理想的服饰材料。

第二，亚麻布与西方国家的地理环境密切相关。亚麻植物的生长需要特定的气候和土壤条件，西方许多国家气候温和，阳光充足，土壤肥沃，为亚麻的生长提供了得天独厚的条件。西方国家在亚麻的种植和加工方面具有天然的优势，所以亚麻布成为其服饰制作的主要材料。

第三，受西方文化的影响。西方文化历来强调个人奋斗、实用主义和节俭精神。亚麻布作为一种经济实惠、结实耐用的材料，正好符合这种价值观。亚麻布代表西方人对于实用、朴素和自然的追求，体现了他们对生活品质的独特理解。因此，亚麻布在西方服饰文化中占据了不可替代的地位。

2.西式服饰图案的特点

西方国家的服装图案反映了当时社会的审美观念和文化特点，体现了人们的创造力和艺术追求。

（1）花草图案。最早在西方国家服装上出现的图案是花草图案。这些图案以自然的花草为创作元素，通过艺术家的巧手将它们绘制在服装上形成了一种独特的装饰风格。花草图案色彩鲜艳、形态各异，展现了大自然的美丽与生机。

（2）花卉图案。文艺复兴时期花卉图案在服装上得到了广泛应用。人们开始注重图案的对称性和平衡感，通过精细的线条和丰富的色彩展现出花卉的优雅与华丽。花卉图案成为当时社会上层阶级身份和地位的象征。

（3）洛可可装饰风格。法国路易十五统治时期，洛可可装饰风格对服装图案产生了深远的影响。洛可可风格以轻盈、精致、浪漫为特点，注重表现S形或旋涡形的藤草和轻淡柔和的庭院花草图案，以淡雅的色彩和细腻的笔触展现出一种温柔而优雅的美感，符合当时社会对女性形象的审美追求。

（4）服装图案的多元化和创新。近代，服装图案呈现出更加多元化和创新的特点。利用计算机设计的电子图案则以其独特的创意和表现形式，成为现代服装图案的重要组成部分；利用几何原理设计的欧普图案则通过抽象的形状和色彩，引发人们的视觉错觉和联想；野兽派的杜飞花样以其独特的色彩和粗犷的线条，展现出一种原始而热烈的美感；以星系或宇宙为主题的迪斯科花样则通过璀璨的星辰和炫目的色彩，展现出一种美感。

三、文学作品中的中西方服装文化翻译策略

（一）保留文化意象法

为确保译文的忠实性，对等翻译是一种常用方法。英汉两种语言虽然属于不同的语系，但仍然存在着共通之处。两种语言在交流中可以找到相互替换的、相同含义的词汇。此处保留文化意象法指的是在英语中能够找到不少相似且可以替换的词，因而可以采用直接对等的翻译手法，但是要注意文化因素的影响，从文

化角度来处理原文。下面以苗族的服饰为例来分析。

"女子盛装百鸟衣"对应的英文为Women's holiday costume hundred-bird coat。百鸟衣是苗族一个支系的服饰，源于该支系苗族人对鸟的崇拜，他们自称"嘎闹"，是上古蚩尤氏族中以鸟为图腾的"羽族"之一，当地人衣服上绣着各种鸟形鸟纹，再加上衣服飘带缀着白色羽毛，这种衣服被当地人称作"百鸟衣"。文化翻译观指出，翻译应该把文化作为翻译的基本，而不是停留在以往的语篇之上。"百鸟"二字采用符合英文表达，可以采取直译的方法，利用连字符"-"将hundred和bird连接起来修饰coat。但该译文存在不足，"百鸟衣"是属于苗族服饰文化特有的意象，译文中应该增译of Miao nationality，给读者传达"百鸟衣"是苗族的服饰这一文化特点。综上，"女子盛装百鸟衣"建议译为Women's holiday costume hundred-bird coat of Miao nationality。

"百褶裙"对应的英文为pleated skirt。"百褶裙"是苗族服饰中常见的女子下装，在英语中也有固定译法，因此将其直译为"pleated skirt"是合理的。

"蜡染围腰"对应的英文为wax-printed apron。根据词典，"蜡染"在英语中可找到固定译文，可译为batik（a method of printing patterns on cloth using cloth）或直译为wax printing。"围腰"作为苗族女子盛装的重要饰品，主要用于装饰上半身。此处将"围腰"译为apron（a piece of clothing worn over the front of the body, from the chest or the waist down, and tied around the waist）是合理的。

"凤纹银冠"对应的英文为silver crown with phoenix pattern。"凤纹银冠"为贵州苗族少女盛装头饰。银冠亦称凤冠，帽体由银丝编结而成，纯银制。"凤纹银冠"可以在英语中找到含义上对等的词，因此《中国苗族服饰图志》中将其直译为silver crown with phoenix pattern是合理的。

（二）替换文化意象法

在巴斯奈特文化翻译观视角下，译者不能直接从译语中找到对等表达时，应当遵循发挥主观能动性的原则。贵州苗族服饰中包含了众多文化负载词，它们当中有些词汇可以采用直译的方式，但还有一些词汇没有固定的译法。此外，在翻译的过程中，译者即便能够将单个词对等翻译出来，也不能确保准确传递文化内涵，原因在于不同文化背景下的受众往往倾向于以自己已有的观念来理解译文。因此，在翻译贵州苗族服饰文化词汇时，基于对这些表达文化内涵的理解，译者可以采取音译加注等处理方法，在译文中替换了原文中的文化意象，也达成了文化上的等值。下面仍旧以苗族服饰来论述。

"牯脏衣"对应的英文为Guzhang costume。贵州榕江月亮山地区苗族的"百鸟衣",原为古代祭祀时穿芦笙时穿戴,现作节日盛装衣饰,亦称为牯脏衣。衣饰宽大,无领对襟,前胸和后背刺绣鸟、龙、蝶等纹样,下缀有百鸡羽毛,色彩古朴斑斓,绣饰粗犷,显示出苗族古代巫文化的传统观念。《中国苗族服饰图志》一书中将"牯脏衣"译为Guzhang costume,虽然传达了原文的表面含义,但忽视了其背后的文化内涵,没有达到文化交流的效果。综上,结合"牯脏衣"的文化背景,此处可以采取音译加注的方法,建议修改为Guzang costume(dressed at the time of sacrifice in ancient times)。

"青布脚笼"对应的英文为black-cloth leggings。"青布"往往指的是青色或者黑色的布。此处"青布"指的是黑色的布料,故译为"black-cloth"。而"脚笼"一词在现实交流中并不多见,查阅资料可知,这一服饰为"裹腿"一类,因其成对出现,故译为leggings(outer coverings for the legs,worn as protection)。因此,《中国苗族服饰图志》一书中将"青布脚笼"译为black-cloth leggings是合理的。

"无领右衽上衣"对应的英文为collar-less right-buttoned jacket。"无领"一词在英语中有现成表达,不需使用连字符"-"。所以此处可将连字符"-"去掉,直接译成collarless。根据字典,衽,本义衣襟。左前襟掩向右腋系带,将右襟掩覆于内,称右衽。故《中国苗族服饰图志》中将"右衽"译为right-buttoned是合理的。因此,"无领右衽上衣"的译文建议修改成collarless right-buttoned jacket。

"鼎"的对应英文为hat。查阅资料可知,此处的"鼎"并不是青铜器中所谓的"鼎",而是贵州省黄平县谷陇乡少女所戴的圆筒形挑花帽或者儿童戴的小花帽。因此,为了传递文化含义,实现文化交流,此处可以采用音译加注法,建议将"鼎"的译文修改为Ding(small embroidered hat)。

"银压领"对应的英文为silver collar weight。银压领是一种压饰,主要流行于贵州清水江流域苗族地区,因佩戴后可平整衣襟而得名。《中国苗族服饰图志》中将其翻译成silver collar weight,这一译文直译过来会迷惑英语读者,在很大程度上觉得不知所云。根据其具体含义,此处可采取音译加注法,建议将其修改为silver collar weight(silver ornament that makes collar flat)。

"刺绣麒麟纹云肩"对应的英文为embroidered shoulder with unicorn pattern。中国云肩亦称披肩,它与霞帔等同属一个系统的概念,均为披搭在领肩部位的服饰品。《中国苗族服饰图志》中将"云肩"译为shoulder。根据词典,shoulder的英文释义为the part of a piece of clothing that covers the shoulder,中文意思为"(衣服的)肩部"。由此可知,此处将"云肩"译为shoulder是不准确的。因此,根据"云肩是搭在领肩部位的服饰"这一含义，建议将"云肩"译为shoulder adornment。

"女子贯首衣"对应的英文为woman's through-hole jacket。苗族贯首衣历史悠久，因"幅中作孔，穿中而贯其首"而得名。《中国苗族服饰图志》中将"贯首衣"译为through-hole jacket，这一译文虽然表现了该服饰的特征，但译成中文"穿孔的夹克"，受众不免会感到困惑。根据服饰特征，此处可采用音译加注法，译为woman's Guanshou costume（with a round neckline for the head to go through）。此外，为体现服装的民族特性，"女子贯首衣"建议译为Miao nationality's woman's Guanshou costume（clothes with a round neckline for the head to go through）。

"刺绣上轿衣"对应的英文为embroidered wedding costume。贵州省安顺市黑石头寨苗族服饰女子盛装上衣称为上轿衣，喜事时穿戴，布料为缎子和彩色蜡染布两种。"上轿"一词是典型的中国传统词汇，为文化负载词。书中在处理这一译文时，考虑到了"上轿衣"的文化内涵，将其译为wedding costume，体现了该服饰的文化特征，英语读者能够获知其中的文化含义。

（三）异化注释法

异化注释法是一种将英文直译与英文注释相结合的翻译方法，旨在确保信息在跨文化传播中的准确性和完整性。这种方法特别适用于那些具有独特文化背景和特定含义的词汇或短语。通过直译与注释的结合，我们不仅能够传达词汇的字面意义，还能够揭示其背后的文化内涵和特殊功能。以藏族传统服饰中的"长袖"为例，这一词汇若仅直译为long sleeves，则可能使目的语受众产生误解，将其与日常生活中常见的长袖服饰等同起来。然而，藏族服饰的长袖实际上具有更长的长度，这是由藏族人民所处的寒冷生态环境所决定的。因此，在翻译时，我们需要在译文中添加适当的注释，以明确区分两者之间的差异。例如，long sleeves but which is much longer than our usual size for protecting against the cold。这样的翻译不仅准确传达了"长袖"的字面意义，还揭示了其在藏族服饰中的特殊功能和象征意义。

同样地，异化注释法也适用于其他具有特定文化背景的词汇或短语。例如，"穿腰束腰"这一词汇，在藏族服饰中指的是一种特殊的穿衣方式。若仅直译为waistband，则无法准确传达其文化内涵。因此，我们可以采用异化注释法，将其翻译为upper garments with pieced fronts，并在注释中解释其特殊的穿衣方式和文化意义。

此外，对于"凤凰王冠"和"品官朝冠"等具有特定历史和文化背景的词汇，异化注释法同样适用。例如，"凤凰王冠"可翻译为phoenix cornet for a woman of noble rank，并在注释中解释其在古代中国宫廷文化中的地位和象征意义。同样地，"品官朝冠"可翻译为official's court hat with different top decoration and feather streamer diversified according to the rank，并在注释中阐述其在中国古代官制中的等级制度和礼仪规范。

第二节　文学作品中的中西方饮食文化差异及翻译

一、饮食习惯文化

名扬四海的中国美食，无疑是我国民族文化中最为璀璨的一颗明珠。它不仅仅是一种食物，更是一种融合了中华民族丰富食源、独特饮食加工技艺、深厚饮食美学和饮食民俗的文化载体。随着全球化进程的加速，中国美食越来越受到世界各地的认可和赞誉，被誉为世界文化的瑰宝。

中国饮食文化最为核心的原则便是五味调和。这一原则不仅贯穿于中国饮食文化的整体之中，更是其精髓所在。五味调和不仅是一种对菜品口感的要求，更是对烹饪技艺的精湛表现。五味是甜、酸、苦、辣、咸五种基本口味。五味调和即这五种口味在烹饪过程中既要有变化又要搭配合理，保持和发挥食物的本味或真味。这一原则的实现既需要烹饪者对食材有深入了解，又需要他们精湛的烹饪技艺和敏锐的味觉。

在烹调过程中，五味调和是对烹饪技艺的精湛要求。《吕氏春秋·孝行览第二》中曾详细描述过烹调过程中五味调和的要求和技巧。例如，对于烹饪火候的掌握、食材的处理、调料的使用等都需要烹饪者具备高超的技艺和敏锐的味觉。只有这样，才能在烹调过程中使菜肴具有"久而不弊，熟而不烂，甘而不浓，酸而不苦"的上乘特色。

中国的不同社会阶层都有自身的饮食文化，包括宫廷、贵族、市井和百姓的饮食文化。以下是对这四种饮食文化的简要概述：宫廷饮食文化体现了封建帝王的统治思想和权威。其特点包括选料严格、用料精细，烹饪过程精细烦琐，花色品种繁多。宫廷饮食不仅满足帝王的口腹之欲，更是展示其权力和地位的一种方式。贵族饮食文化虽不及宫廷饮食铺张奢侈，但也注重菜肴的精美和独特性。以孔府菜和谭家菜为代表，这些菜肴风味独特、营养丰富，反映了贵族阶层的审美和饮食追求。市井饮食文化随着城市贸易的发展而兴起，具有技法多样、品种繁多的特点。市井饮食以满足广大市民和商贾的需求为主，注重实用性和大众化。各种小吃和快餐因其方便快捷而深受欢迎。百姓饮食文化是中国饮食文化的渊源，以取材方便、随意和制作方法简单易行为特点。民间菜肴的味道适口实惠、朴实无华，注重满足人生理需求。不同地区的民间菜肴因地域差异而呈现出丰富多样的口味和特色。

二、文学作品中的中西方饮食文化差异分析

餐饮文化作为文化交流的重要组成部分，在中英两国呈现出丰富多彩的面貌。中餐强调悠久的历史和深厚的文化传统，以草药与养生为核心，反映在复杂的菜肴和家庭聚餐的社交方式上。相比之下，英国餐的实在与简朴反映了其多元的历史和文化融合，而餐桌礼仪和社交方式则强调个体独立性和轻松氛围。随着全球化的深入，中英餐饮文化的交流与融合变得更加频繁。

（一）中国饮食文化

中国拥有上下5000年的历史，多年来儒家、道家思想都是中国的典型文化代表，但民以食为天，广大民众在历史实践中形成了本民族的饮食文化，构成了本民族文化的一部分。中国的饮食文化起源于新石器时代，形成于夏商时代、鼎盛于汉唐时期；从新石器时代对谷物的简单加工，到煎、炸、烹、煮、炖等多种精湛的烹饪技术的成熟，饮食文化得到了全面的培育和发展。通过历史的变迁和生产力的发展，中国的饮食文化不断吸取各个历史时期的精华元素，包括从封建社会的宴席文化、宫廷烹饪技艺，到民间传统的家常菜等，形成了丰富而多元的饮食体系。这些传统的饮食理念和烹饪技艺在今天仍然对中餐产生着深远的影响，也为中国饮食文化的传承和发展奠定了坚实的基础。

1.中华饮食文化的形成

文化属于人类的精神活动或者精神产品，所以一种文化的形成有特定的条件，经过时间的考验和积累，得到大多数人的认同。中华饮食文化的形成伴随着中华社会的发展史进行，时间漫长，很难像社会事件那样以一种"突变"的标志事件进行划分，但可以通过一些阶段性的特征来体现中华饮食文化的演变过程。

公元前，上至北京猿人，下迄龙山文化的晚期，几十万年的漫长阶段，饮食文化的重要发展在于人类开始会用火种，开始把食物熟制之后食用；夏商周三代，约2000年的时间，这一时期食物原料比较丰富，周王室的饮膳制度比较完备，饮食文化初步萌芽，医食结合、本味主张、孔孟食道等思想均是在这一时期形成；两汉时期的400余年，是中华饮食文化形成过程中比较重要的阶段，饮食的区域性特征逐渐体现出来，以旋转磨为代表的粮食加工、烹调方法、饮食器具、礼仪、习惯等为接下来2000年的饮食文化奠定了风格，面食的发酵技术和豆类制品的广泛使用及豆腐的发明，对中华饮食文化的影响意义重大；三国两晋南北朝时期，饮食方面进步较大的是南北朝时期，食风相互交流影响，互相吸收进步，饮食风格更加多样化；隋唐时期比较稳定，食物品种进一步丰富、饮茶风气得到普及、中外交流增多，中国的饮食文化开始走出国门，走向亚洲甚至世界；两宋时期商业比较繁荣，饮食业比较发达，饮食业的商业化程度增强；明清时期的饮食文化达到古代社会的巅峰，这一时期涌现出了一大批美食学家；清末到 20 世纪中期，被称为饮食文化的"转折期"，一方面政治原因导致百姓饮食生活困难，另一方面西方的饮食习惯、工艺、理论等开始传入中国；现代饮食文化还是个进行时态，20世纪80年代后的中国饮食已经从"吃饱"转向"吃好"，社会经济中餐饮业的职能逐渐拓展，食物安全和健康问题不断出现与解决，这也成为现代饮食文化的时代特征之一。

2.中华饮食文化的包容性

文化的包容性是指当一种文化与外来文化相接触时，不是一味地排斥，而是吸收融合，并形成一种属于自己特有的文化，宽容、开朗的文化政策对于推动文化的多元化发展起着极其重要的作用。中华文化是一个开放性的系统，具有兼容并蓄的传统特性。在中华文明包容性的辐射下，中国饮食文化也是兼容并蓄的。在全世界日益浓缩为小小地球村的今天，中国不同地方有着不同的菜系——粤菜的清淡、川菜的麻辣、湘菜的劲辣……同时，极具特色的海外料理也在中国大地上扎根，日本料理、泰国料理、美式快餐等可以在中国找到自己的市场定位，也为当今时代的饮食文化加入了时代特色。中华饮食文化的自新性创新是在保持自我的基础上的创新，是一种自我的更新。中华饮食文化作为中华文明中的一个子系统，在其发展过程中，同样坚持着自我更新。在西餐开始传入中国后，西餐的风味、烹饪方式都与传统中餐有着较大的差别，中国厨师们开始顺应时代的潮流，不断地吸收西餐的长处，创新中餐的做法，达到中西结合、菜品更加多样化的目标。随之也创造出了大量的中国名菜，如西式鸭肝、华洋里脊、纸包鸡等菜，不仅丰富和发展了中国人的饮食品种，使得中国菜品更加多样化，也对中国饮食文化产生了深远的影响。

3.中华饮食文化的类别

（1）主食菜肴

中国餐饮文化以其丰富多样的主食和经典菜肴而闻名于世。主食在中餐中占有重要地位，以米饭为主。不同地区的米饭在品种和烹饪方式上有所不同，南方的粳米和北方的籼米在口感上各具特色。此外，一些地方还有特色的主食，如面食、米线、馒头等，丰富了中餐的主食选择。经典菜肴则是中国餐桌上的瑰宝，代表了不同地域的饮食文化。比如，川菜以其麻辣鲜香而著称，火锅、宫保鸡丁等都是经典之作，让人垂涎欲滴；粤菜强调原汁原味，小笼包、糖水等广东早茶体现了粤菜的独特风味；苏菜注重淡雅清鲜，红烧带鱼、松鼠鳜鱼等经典菜品以其独特口感而受到推崇；福建的闽菜以海鲜为主，佛跳墙、八宝饭等则充分展示了福建的饮食特色。

（2）茶饮文化

中国是茶的发源地，栽植茶和饮用茶有着几千年的历史，其悠久的茶文化历史可以追溯到4000多年前的神农时代，印证于唐代茶圣陆羽的著作《茶经》，一直传承至今，其中蕴含着丰富的物质文化和精神文化，成为中国文化的一大特色。从最初的煮茶到品茶，中国人逐渐在茶文化中形成了自己的一套生活方式，在平常繁忙的家庭生活中通过泡上一壶热茶，自斟自饮，可以消除一天的疲劳，振奋精神，达到一种身心放松的状态，从而享受生活的美好，茶被认为具有保健功效，有助于清心明目、提神醒脑。

茶在中国的饮食生活中占有非常重要的位置，像平常百姓口中经常说的顺口溜：柴米油盐酱醋茶，茶作为一种大众生活中不可缺少的物质；同时，茶也具有一种社会功能，可以从以茶会友、以茶联谊、以茶示礼、以茶代酒等耳熟能详的词语中体现出来，作为茶运行社会功能的载体，衍生出茶馆，自古以来茶馆就是人们聚会、交流的场所，也是文人雅士进行切磋的场地，追求其安静舒适的环境，茶馆也就成了茶文化中的组成部分。由于茶的种类繁多，而且每种茶都有自己的特色和风味。在实践中，人们发展了茶艺表演，培养了各具独特的茶道技艺。通过茶艺表演，茶文化又深入中国的诗词、绘画、书法中，全方位地阐述了茶文化是一种对生活和艺术的独特追求。

（3）餐饮礼仪

中国的餐饮社交强调家庭和友谊，礼仪包括尊老爱幼、宾主尽欢等传统礼仪。在中国，社交往往强调家庭和友谊的重要性。人们常常通过共进美食来增进感情，尤其是在家庭聚餐和朋友聚会中。社交中的亲情、友情常常通过餐桌上的问候、笑谈和分享美食得以表达，强调了温馨和谐的社交氛围。餐桌礼仪在中国更是受到重视。尊老爱幼是中国传统美德之一，年长者在餐桌上享有尊敬的地位，年轻一辈会通过为长者倒茶、夹菜等方式表达敬意。此外，宾主尽欢是餐桌礼仪的核心原则，主人会用心款待客人，而客人也会表达对主人的感激。正式场合中的餐桌礼仪更是注重细节。例如，用餐时不大声喧哗、不乱摆筷子、有序使用餐具等。这些举止不仅体现了对美食的尊重，更是对人际关系的尊重和谦逊。

（二）英国饮食文化

英国饮食文化同样有着悠久的历史，但受到了多元文化的影响。传统与现代的融合反映了英国历史的演变。英国饮食文化源远流长，深植于该国悠久的历史和丰富的传统之中。其历史可以追溯到中世纪，受到不同历史时期的影响，形成了独特而多元的饮食传统。中世纪时期，英国的饮食以农产品和渔业为主，人们依赖当地的食材，如谷物、蔬菜、水果、肉类和海鲜。贵族阶层享用丰盛的宴席，而普通人则在简朴的食物中寻找营养。16世纪文艺复兴时期，英国的饮食文化受到了欧洲大陆的影响，引入了新的烹饪技巧和调味品。同时，也为英国带来了新的食材，如土豆和番茄。19世纪工业革命期间，城市化和工业化对饮食产生了影响。工人阶层的饮食更趋向于简单和便捷，而中产阶级则在家中举办各类社交活动，提倡复杂的料理和精致的餐桌礼仪。20世纪初，战争的到来给英国饮食带来了挑战，食物配给和紧缩政策使得人们不得不适应简朴的饮食。然而，在战后英国迎来了烹饪艺术的复兴，出现了一系列国际化的美食潮流。如今，英国饮食文化既保留了传统的经典菜肴，如炸鱼薯条、英式早餐，又融合了多元文化的元素，呈现出丰富多彩的风味。从传统到现代，英国的饮食文化一直在演进，反映了这个国家丰富多样的历史和传统。

1.主食菜肴

英国主食以面包、土豆为主，烤肉、鱼和薯条是经典的菜肴。英国的主食和经典菜肴在世界饮食舞台上独树一帜，体现了该国丰富的饮食传统。英国人讲究少食多餐，追求菜肴多样性且质量高、营养丰富。而传统的英式早餐是最具有代表性的主食之一，也叫作"煎食"，其中包括烤面包、炸薯饼、炒蛋、煎培根、香肠等元素，构成了一顿丰富的早餐。除此之外，英国传统的肉馅饼也是备受喜爱的主食之一，这种馅饼通常由各种肉类诸如牛肉、羊肉或鸡肉制作而成，搭配独特的酱汁，成为英国一道美味可口的经典菜肴。

2.茶饮文化

英国的茶文化深植于其社交习惯和日常生活中。下午茶是一项独特传统，人们在下午3点至5点之间聚集，品味各类茶、糕点和三明治。茶被视为社交的契机，家庭和朋友之间常以此分享轻松时光。英国人喜欢在正餐后品尝淡茶，并常添加牛奶，形成了独特的饮茶方式。红茶最受欢迎，被认为是英国国饮。尽管咖啡文化逐渐兴起，茶仍然是英国人日常生活中不可或缺的一部分，承载着传统、优雅和社交的文化内涵。

3.餐饮礼仪

英国人在正式场合强调礼貌和礼仪，家庭聚餐和朋友聚会是英国社交的一部分，但注重程度可能较低。英国的社交文化与餐桌礼仪反映了对彼此尊重、礼貌和传统价值观的高度重视。英国人在正式的社交场合中，通常遵循一系列社交礼仪，包括握手、寒暄、微笑等。礼貌用语和尊重他人的个人空间被视为社交互动的基本要素。下午茶是英国社交文化中的独特传统，这种社交活动强调轻松、优雅和亲近的氛围。在正式的社交场合，餐桌礼仪显得格外重要。座次的安排、使用餐具的规范、等待主人示意开始用餐等都是注重细节的礼仪；尊重他人、保持优雅的仪态是社交场合中的基本要求。交谈技巧同样是社交中的关键元素。在用餐时，避免过于私人的话题，以保持轻松、正面的氛围。尊重其他人的观点和空间是英国社交中的常规行为。

总的来说，英国社交文化注重礼仪、尊重和传统价值观。这种文化传承了悠久的历史，为人们在社交场合中创造了和谐而愉快的氛围。餐桌礼仪则是社交文化中的一项重要组成部分，体现了对细节和礼貌的关注。

（三）中英餐饮文化对比分析

1.饮食观念

中餐强调草药、养生，注重食物对身体的滋补作用。英国饮食实在、简朴，近年来更加多元化。中英两国的饮食观念体现了各自深厚的历史和文化传统，呈现出明显的差异。在中国，饮食被视为文化的重要组成部分，反映了中华文明的发展和演变。中国人注重食物的平衡，追求五味的调和，荤素搭配，食材与季节、地域息息相关。餐桌礼仪强调尊老爱幼、宾主尽欢，社交方式强调家庭和友谊，茶文化占据着重要地位，茶被视为一种文雅而有益健康的饮品。

相较之下，英国的饮食观念更加实用和简单。英国人偏好实惠的饮食方式，强调热量摄入和均衡饮食。餐桌礼仪注重顺序和规范，正式场合通常采用主菜和配菜分开上桌，用餐时使用特定的刀叉。英国社交更注重礼节，下午茶是传统的社交形式，茶和咖啡则是常见的饮料。

这些差异不仅反映了两国在饮食习惯上的不同，也折射出各自文化的独特魅力。中餐注重味觉的多样性和食物的天然原味，强调饮食与自然、季节的和谐；而英国饮食更注重实用性，强调烹饪的简便和实惠。这种文化差异丰富了全球饮食的多样性。

2.社交方式

中国社交强调家庭和友谊，注重共享。英国社交方式多样，注重个体独立性和轻松社交。中英社交方式与用餐习惯体现了两国文化的独特魅力。在中国，社交与用餐紧密相连，家庭和友谊是社交的核心。用餐时，家人和朋友聚在一起，共同分享各种美食，强调共享和亲情。餐桌上的菜肴通常是共享摆放，体现了集体的互动和尊重传统的价值观。而在英国，社交方式更为多样，人们可以在各种自由的场所中进行社交，不仅仅局限于用餐。而当在用餐这种正式的社交场合时，餐桌礼仪就显得格外重要。人们要注重用餐的细节礼仪，尊重他人、预留空间、保持优雅的仪态是最基本的要求。

中英两国截然不同的社交方式反映出了在不同文化背景下的各自价值观的差异性。总的来说，中国的社交注重亲情和友谊，通过餐桌文化维护人际关系；英国的社交更注重选择的多样性和个体的自由性，体现了对个体的尊重。这两种社交方式的差异在用餐的细节中得以体现，但是无论如何都丰富了全球饮食文化的多样性。

3.餐桌礼仪

中餐强调尊重和和谐的餐桌礼仪。英国在正式场合注重礼仪，但在一般场合可能较为随意。中英餐桌礼仪展示了两国文化在社交和用餐方面的特色。在中餐的餐桌礼仪中，尊重和和谐是关键元素。家庭聚餐时，长辈通常被赋予更高的地位，年轻人需表现出尊敬之意。用餐时，人们相互之间会保持礼貌，注意不打扰他人，体现出一种亲情和友情的和谐氛围。共享是中餐文化的一个重要方面，菜肴摆放在桌上供所有人共同品尝，强调集体互动和家庭团结。在英国的餐桌礼仪中，正式场合强调礼仪和规范。用餐时，人们会遵循特定的规矩，如正确使用刀叉、保持坐姿端庄等。这种正式的礼仪体现了英国社交中的一种庄重和仪式感。不过，在一般场合，英国的餐桌礼仪可能相对较为随意，人们更注重轻松自在的氛围，强调友好和放松。两国的餐桌礼仪差异不仅反映了文化价值观的不同，也体现了社交方式和家庭观念的独特性。中餐注重亲情和友谊，英国餐则在正式场合注重礼仪，但在一般场合更倾向于轻松和随意。这些差异丰富了全球饮食文化的多样性，让人们更好地理解和欣赏不同文化的独特之处。

中英两国在餐饮文化方面存在明显差异，这反映了各自的历史、文化传统和社会结构。跨文化背景下的饮食文化对比有助于增进跨文化理解。中英餐饮文化的对比揭示了两国深刻的历史、文化传统和社会结构差异。在中餐中，悠久的历史赋予了饮食以独特的文化价值，强调家庭和友谊，注重共享与和谐。中国的餐饮文化通过传统的烹饪技艺、丰富的调味和共享方式，彰显着深厚的文明底蕴。相对而言，英国餐饮文化展现了多元的历史影响，从古罗马到法国，形成了具有广泛味觉元素的独特餐饮体系。英国人更注重个体独立性，社交方式多样，正式场合强调礼仪，而一般场合则相对随意。在国际化和文化交流的推动下，两国的餐饮文化正在发生变革。中餐逐渐走向国际舞台，受到世界欢迎，而英国城市中的国际美食场所也为本土餐饮注入了多样元素。这种变革为中英两国提供了更为丰富的餐饮体验，同时促进了跨文化理解和尊重。

总体而言，中英餐饮文化的差异不仅丰富了全球饮食的多样性，也为人们提供了深入了解和欣赏不同文化的机会。这种跨文化的交流不仅是餐桌上的美味，更是促进世界各国之间相互理解、尊重和合作的桥梁。

三、文学作品中的中西方饮食习惯文化翻译策略

（一）尊重文化差异性

在全球化的大背景下，不同饮食文化间的交流变得日益频繁，译者在这一过程中扮演着举足轻重的角色。他们在翻译饮食文化时，不仅要传达食物的味道、口感和烹饪方法，更要尊重并体现其中蕴含的文化差异和习俗差异。这种尊重不仅是对原文的尊重，更是对源文化、源国家人民的尊重。

每个国家、每个地区都有独特的饮食文化习俗，与地理位置、气候、历史背景等因素有关。中国有"十里不同乡，百里不同俗"的说法，指即使在同一个国家内部不同地区的饮食文化和习俗也存在明显差异。例如，东北人偏爱炖菜，其独特的烹饪方式和口感反映了东北地区寒冷的气候和丰富的食材；四川人钟爱麻辣风味的菜肴，这与四川地区湿润的气候和辣椒的种植有密切关系。

当译者面对这些具有鲜明地域特色的饮食文化时，他们不仅要了解这些菜肴的制作方法、口感和风味，更要深入了解其背后的文化故事和历史背景。只有这

样，他们才能准确地传达出这些菜肴所蕴含的文化内涵，让目标语读者能够真正感受到其独特魅力。

（二）写实型——直译

"写实"，顾名思义，重在"实"，因此，"写实型"主要是指以菜肴的原料命名，能够直观地反映菜品的原料、刀工及其烹饪方法。以冬奥会为运动员提供的菜谱为例，"写实型"菜肴比比皆是。例如，荔枝鸡片翻译为Sliced Chicken with Litchi Source，此类"写实型"菜肴中并没有包含文化信息，因此，我们在翻译时应该遵循直译原则，简单明了地传递给外国运动员菜肴的主要信息，便于理解。

2008年，北京市人民政府办公室和北京市旅游局联合编撰出台的《中文菜单的英文译法》一书中，涵盖了1500多种常见中国菜肴的翻译，也对此类"写实型"菜肴的英译给出了参考，主要体现为以下两种形式。

第一，菜名组合为原料+辅料。例如，冬奥菜谱中的玉米排骨汤（Pork Ribs and Corn Soup）、冰梅凉瓜（Bitter Melon in Plum Sauce）、茄汁巴沙鱼（Basa Fillets with Tomato Sauce）。

第二，菜名组合为烹调方法／刀工+主料（形状）+（with/in）味汁。如冬奥会菜谱中的荔枝鸡片（Sliced Chicken with Litchi Source）、番茄烩牛腩（Stewed Beef Brisket with Tomato）、青椒炒牛肉（Sauteed Beef with Bell Pepper）。

（三）写意型——意译为主+直译为辅

据史学家研究，中国菜名重在"雅"字，为了展示文化底蕴内涵，中餐菜品的命名在不断追求"意美"这一境界，极富浪漫主义色彩，颇有古风诗韵，如"蚂蚁上树""凤凰展翅""七星伴月""黑白分明"等。在饮食文化的交流中，中西方菜名的差异颇为戏剧化。分析其根本原因，不难发现，菜品命名的差异直观体现出语言文化的差异。中国菜名本身就是艺术，多为意象、比喻形式的体现，有时由于地域文化的历史传承，菜名甚至融入当地的民间传说、典故、习俗，等等。如此命名的目的不仅在于命名，更是在于文化渲染、文化传播、文化传承、体现寓意、寄托情感、弘扬历史、增强地域民族感染力。基于本国文化熏陶荡涤，中国本土居民理解起来并不困难，但是由于中西饮食文化的差异，西方人民难以意会。西方人注重"简单""明了""实在"，菜名只需要体现菜的原料和做法，西方菜名更多颇为直接，其目的在于直观、理性地表达。因而，在翻译此类

"写意型"菜肴时，应遵循"意译为主，直译为辅"的原则，可以舍弃菜名中对信息传递的无关的信息，直接指出菜肴的主料、配料和烹饪方法等基本信息。重视菜肴的信息传递功能，以实代虚，化繁为简，简明扼要地译出菜肴的主料及做法，为外国人提供准确的菜肴信息，避免"虚"而不"实"。

以冬奥会菜谱之一"红烧狮子头"为例，"红烧狮子头"为淮扬名菜，起于隋朝，盛于唐朝。前身是隋炀帝命御厨特制菜肴"葵花斩肉"。唐朝时，人们觉得用巨大肉丸做成的葵花形菜肴宛如雄狮头颅，威武霸气，寓意盛唐国泰民安，也对应唐朝将军的狮子帅印，寓意戎马一生，所向披靡，因此从唐朝起，此菜改名为"狮子头"。官方将其译为Stewed Pork Ball in Brown Sauce准确简明地将狮子头的主要用料、做法及酱汁译出，这样才能让外国人一目了然，摆脱了原文内容的束缚，反之，若将其译为Braised Loin's Heads，恐怕不仅不会吸引外国宾客，还会起到反作用，令其感到害怕。因为狮子在外国人眼中是百兽之王，狮子的头更是不可食用的，在翻译写意类菜肴时，译者还需充分考虑到中外文化的差异性，尽量做到翻译出菜肴的实质性内容。

（四）典故型——直译+解释性翻译

中国诸多菜肴的名称中融入了历史名人或者历史典故，其目的多为表达赞扬或是缅怀纪念，能直观地体现历史，让人们在品尝菜肴的同时对文化历史留下深刻的印象。例如，"东坡肉"为Dongpo Pork，其为北宋元祐年间，诗词大能苏东坡先生在杭州任职，治水有功，将肉工整切块后炖煮至香酥软烂，设宴与百姓同乐。百姓为纪念苏东坡，将此肉命名为"东坡肉"并流传至今。据调查可知，外国人在冬奥会期间最喜爱的菜肴为"宫保鸡丁"，宫保鸡丁是由清朝名仕丁宝桢所创，丁宝桢闲暇之时喜欢研究菜肴，将辣椒、花生、鸡丁爆炒后创造此菜。

在丁宝桢担任四川总督时，为人刚正不阿，为官清廉，多建功勋。皇帝对其授予封号"太子太保"。宫保鸡丁的名字由此得来，一方百姓为了纪念一代名人为一方土地带来的恩泽就将此丁家私房菜发扬光大。官方给出的译文为Kung Pao Chicken（Spiced Diced Chicken With Cashew），也是直接翻译出"宫保"二字，然后稍加注解，因此在翻译此类"典故型"菜肴时，一般采取"直译+稍加注解"的方法，但是由于此类菜名往往承载较多的文化信息，所以在翻译的过程中难免会出现文化流失现象，因此有学者提出，可以在加注时，对菜肴的典故稍加说明，这样一方面能够让国外友人更加了解菜名背后的故事，给他们留下更加深刻的印象，另一方面还能促进饮食文化的相互交流。

（五）地方风味型——直译+突出地方名

华夏地大物博，美食大致分为八大菜系，为了体现各地特色，在菜名中融入地理信息的情况也屡见不鲜。例如，"西湖醋鱼"为West Lake Fish in Vinegar Sauce，杭州西湖盛产草鱼，且由于西湖水系优良使得其草鱼肉质鲜美。将西湖加入菜名使得菜肴获得了更高的评价，并且直观洞悉来源，加强地域自豪感，传播地域饮食文化。在冬奥会菜谱中，此类"地方风味型"菜肴也比比皆是，如北京烤鸭（Beijing Roast Duck）、广东点心（Cantonese Dim Sum）直接采用"地名+原料/加工方法"的译法，即将地名与菜肴主料相结合。又如，四川辣子鸡（Spicy Chicken，Sichuan Style）、北京炸酱面（Noodles with Soy Bean Paste，Beijing Style），则是直接采用了"原料/加工方法+地名汉拼音+Style"的后缀形式。

（六）数字型——简译

中餐中也多以数字命名，在中餐中，数字的意义多表示此菜的特点、精细程度、品质等级、食材数量，等等。例如，中国地方美食"三不粘"是用鸡蛋面粉蜂蜜在高温锅中颠炒而成的糕团型甜品，此菜软糯同时做到不粘锅、不粘筷子、不粘牙，因此得名"三不粘"，这一名字准确地体现了菜肴的特色。类似的还有"一品千丝豆腐"，一品表示菜的等级，千丝体现的就是烹饪师傅极致的刀工和细节，将一块嫩豆腐横切八十八刀，竖切八十八刀，每一根豆腐线条都细如发丝共七千多条，因此用千丝命名。翻译这些菜名时应当做到灵活变通，碰到有内涵的数字，透过数字的表象看到本源，通过合理的翻译方式准确地体现菜肴名称。我们在处理此类菜肴时，尽量采取简易的方法，如冬奥菜谱中的八宝咸菜为Assorted Pickles，素三鲜煎饺为Pan-Fried Vegetables Dumplings，三丝炒米粉为Fried rice noodles，都是省略了菜肴中的数字，直接将菜肴的原料及烹饪手法翻译出来。

（七）寓意型——意译+注释

在中国，很多事物都被赋予了超脱原本名称的寓意，如红豆代表相思，青、绿、翠代表生机、希望、美好，鲤鱼代表祝福或高升，金和玉往往寓意财气或良缘。这在传统饮食文化中也体现得淋漓尽致。如"翡翠白玉盅"（白菜豆腐汤）寓意平平淡淡、和和美美，"鲤跃龙门"（糖醋鲤鱼）寓意金榜题名或步步高升。在翻译此类极具文化寓意的菜肴时，我们仅需要遵循意译的原则，将材料和主要烹饪方法展示给外宾即可，但是有很多学者表示，这样的翻译没能达到信息传递的功能对等，因此，可以在菜名后面稍加注释，简要介绍，让外宾了解菜肴的言外之意。

以冬奥会的菜肴之一四喜丸子为例：四喜丸子为鲁菜的代表之一，"四喜丸子"对应中国自古公认人生四大最喜之事，分别是：久旱逢甘霖、洞房花烛夜、金榜题名时、他乡遇故知。此外，在每年年末，新春团圆之时，岁末天寒，风禾尽起，更是少不了四喜丸子，餐桌上的四喜丸子包含了人们对辞旧迎新，来年春风吹满四时吉祥的美好愿景。官方将其译为Braised Pork Meatballs in Gravy Sauce也是遵循了这一原则，直截了当地指出此菜的烹饪方式、主要材料和酱汁，让外宾能一目了然。笔者认为，翻译需要在做到"信、达"的基础上，再去进一步去追求"雅"，首先要准确地传达菜肴基本信息，然后可在其后稍作注释，体现出中华菜肴名称的"意"。例如：

老少平安 "Steamed Bean Curd and Minced Fish（the whole family is well）"

佛跳墙 "Fotiaoqiang——the Buddha jumped the wall for luring by its smell（assorted meat and vegetables cooked in embers）"。

（八）极具中国文化特色型——音译

冬奥会期间，爱吃韭菜盒子的中国选手谷爱凌，也因边吃韭菜盒子边等成绩登上了热搜，外媒也对中华美食之魅力充满了好奇，笔者经调查发现，GLOBAL TIMES在对此报道时，将韭菜合子译为Jiucai Hezi, traditional Chinese snack, a pan-fried dumpling filled with chives and vermicelli noodles，直接采用了音译+注释法，用汉语拼音译出韭菜盒子，再对其进行解释——中国的传统小吃，原料为韭菜和粉丝的煎饺子。再如，比赛期间吃豆包走红的"豆包小姐姐"马耳他运动员珍妮斯·斯皮泰，马耳他驻华大使卓嘉鹰（John Aquilina）在接受采访时更是表示，许多马耳他人因为斯皮泰而知道了什么是豆包。在视频采访中，大使先生直接把豆包的英文名称翻译为了汉语拼音doubao。这样的翻译更有利于跨文化交流，就像提到"三明治"，大家都知道是"sandwich"，提到汉堡，大家都知道是hamburger，直接音译中华美食doubao, Jiucai Hezi，能更加直接、有效地传递菜肴的文化信息，也更能体现出我们对中华美食的文化自信。

第三节　文学作品中的中西方建筑文化差异及翻译

建筑不单单指建筑工程，建筑是一个综合的概念，是技术、经济与艺术的综合体。建筑是人创造的产物，其作用也在于服务与方便人类，所以我国对建筑的要求是实用、坚固与愉悦。作为技术、经济与艺术的综合体，建筑与景观设计学、人因工程学等有着密切联系。

一、文学作品中的中西方建筑文化差异分析

（一）中国建筑文化

中国建筑可以划分为多个类别。

按照地域文化划分，中国建筑可分为北方建筑、南方建筑、西北建筑、西南建筑等。北方建筑以厚重、粗犷为主要特点，如北京的四合院、东北的土坯房；南方建筑以轻盈、细腻为主要特点，如苏州的园林建筑、福建的土楼；西北建筑多受游牧文化影响，以帐篷、毡房等为主要形式；西南建筑多受山地环境影响，以吊脚楼、石板房等为主要形式。

按照历史时期划分，中国建筑可分为古代建筑、近代建筑和现代建筑。古代建筑以木构建筑为主，注重空间层次和景观营造，如故宫、颐和园等皇家园林和寺庙建筑；近代建筑受西方建筑思想影响，开始尝试采用新材料、新技术，如上海外滩的西洋建筑群；现代建筑注重功能性和环保性，如鸟巢、水立方等体育场馆。

按照建筑类型划分，中国建筑可分为宫殿建筑、寺庙建筑、园林建筑、民居建筑等。宫殿建筑以皇家宫殿为代表，注重规模宏大、气势磅礴；寺庙建筑以佛教寺庙为主要形式，注重宗教氛围和神秘感；园林建筑以江南园林为代表，注重景观营造和意境表达；民居建筑以各地传统民居为主要形式，注重实用性和舒适性。

（二）西方建筑文化

西方建筑文化涵盖了从古代到现代的多种建筑风格和理念。西方建筑不仅在技术和结构上有所创新，而且在艺术表现和文化象征上也极为丰富。

西方建筑风格随着历史的进程不断演变。从古希腊和罗马的古典建筑到中世

纪的罗曼式和哥特式建筑，再到文艺复兴时期的复兴古典风格，以及后来的巴洛克、洛可可、新古典主义、浪漫主义、折衷主义、新艺术运动，直至现代主义和后现代主义等，每一种风格都反映了特定时期的文化特点和社会需求。西方建筑文化并非孤立发展，与其他文化有着广泛的交流和互动。例如，通过传教士和殖民活动，西方建筑风格传播到世界各地，如在中国，西方建筑风格与本土建筑元素相结合形成了独特的中西合璧的建筑风格。

随着工业化和现代化的发展，西方建筑文化经历了重大变革。现代主义建筑强调功能主义和简洁线条，摒弃了过多的装饰，追求空间的自由和灵活性。后现代主义在现代主义的基础上重新审视历史和文化传统，探索更加多样化和个性化的建筑表达。因此，西方建筑文化中蕴含着活跃的创新思维和工匠精神。建筑师不断探索新的设计理念和技术，推动建筑艺术的发展。同时，工匠们精湛的技艺也是实现建筑设计理念的关键。

二、文学作品中的中西方建筑文化翻译策略

在建筑领域，专业词汇和术语的使用是不可或缺的。这些词汇如Sprinkler system（自动喷水灭火系统）、steel bar（钢筋）、smoke pipe water drainage ditch（烟道排水管）等，虽然使用面窄，但专业性极强，能够准确、恰当地表达特定概念。这些术语的存在，使得建筑英语材料更加精准、严谨，为建筑行业的发展提供了有力的支持。除了专业词汇外，建筑英语中还经常使用一些同义词来客观、准确地表达某一具体概念。例如，在一般意义中，我们习惯将elevation理解为"提升、高度、海拔"等，但在建筑英语中，这个词衍生出了"立面图"的意思。这种用法丰富了建筑英语的词汇表达，提高了语言表达的准确性和客观性。合成名词在建筑英语中使用十分频繁。合成名词是科技英语的积木块，具有构句能力强、语言简练、信息量大、语义单一等特点。合成名词可以客观、准确地传递信息，使建筑英语的表达更加精确、高效。例如：

Load-bearing（受力）

storm peak flow 暴雨强度

brick masonry quality control 砖砌体质量控制

合成名词，从表面上看，似乎只是简单的词汇组合，口语化且易于理解。然而，实际上它是一种高度缩略的形式，内部关系复杂，属于正式文体的一部分。在建筑英语中，合成名词的使用更是显得尤为关键。例如，在建筑英语中，我

们经常可以看到诸如"the importance of safety in construction"这样的名词化结构。通过将"importance"这一名词与介词短语"of safety in construction"结合，形成了一个完整的句子成分，既表达了原句的意思，又使句子更加紧凑和有力。此外，在建筑英语中，动词的名词化也是非常重要的。通过将动词转化为名词，可以使原本需要用两个句子表达的内容用一个简单句即可表达出来，从而提高句子的信息密度和表达效率。例如，"the conduct of research"这一名词化结构就将原本需要用两个句子表达的"进行研究"和"研究的行为"两个概念合并为一个整体，使句子更加简洁明了。

建筑英语翻译具有一定难度，要想翻译出高质量的作品，就需做好对专业词汇的学习与运用；在翻译过程中注重翻译的文化属性与实际应用要求；译者要不断丰富自身知识储备与实践经验，多阅读，多实践，不断更新自身翻译理念与翻译技巧，并在翻译过程中树立文化意识，重视文化差异，从多个角度出发去思考与认识建筑翻译，能够充分考虑语序、语言风格、语言习惯及语境等要素，注重语言的情感表达与语言的美感，在准确表达原义的基础上对语言做适当修饰，使译文更易阅读、更易理解、更加符合目标语言的语言环境，更具有人文性。

下面以潮汕传统民居建筑文化的翻译为例来分析。

从清朝的"闭关锁国"开始，中国逐渐与国际脱轨，迟迟未能进入工业化时代，中国传统建筑的发展也处于停滞状态。清末民初，由于历史、经济等原因，中国传统文化受到了西方文化的不断冲击，人们的文化观念开始逐渐走向西化。近年来，中国传统建筑缺少创新和发展，在现代建筑工业中没能占得一席之地，并因其结构、材料、建筑难度等方面的落后而逐渐式微。同时，中国因经济、政治、国际形势等种种原因，在对外文化交流中处于弱势。为了保证读者的阅读兴趣，因而在传统文化的对外翻译上多采用归化的翻译策略，力求为读者创造顺畅易读的感受，但是忽略了自身的文化特点，使得中国文化在国际文化交流中丧失了话语权。

鉴于此，在传统建筑文化的翻译策略选择上，应更多地采用异化的翻译策略，并以异化策略下的零翻译、音译、逐词翻译、直译等翻译方法为基础，辅以适当的图文注释和文化引导，在更好地保留原文本中的文化信息的同时，引导目标读者自发地对中国文化进行进一步的学习和了解；同时，译者也应避免绝对异化，而宜在中西文化较为相似或确实存在对等文化信息的文本上适当地采用意译、改译、创译等翻译方法，避免导致读者的理解困难，使跨文化交际无法顺畅进行。但无论如何，译者都应抛弃以归化为主导的翻译策略，更应避免绝对归化造成文化信息的亏损，削弱传统建筑的文化底蕴。所以，在传统建筑文化的英译过程中，应采用以异化为主、归化为辅、二者有机结合的翻译策略，让译文易于理解，起到传播建筑文化的作用；同时，译者应建立绝对的文化自信，确立自身文化的主体地位，从"我"出发，巩固自身作为文化输出方的主导权和话语权。

由于潮汕地区的地理位置和商业经济活动较为特殊，在建筑形制上受《营造法式》等官式建筑的影响和约束较少，具有明显的地方文化特色。在翻译时，一些已有统一译法的建筑构件、形制等专业术语，因其不包含或较少包含文化信息，且专业术语的信息准确性权重较高，因此宜采用统一译法，保证专业信息的准确性；对于已存在通用译法、但亦有地方特色名称的词汇，由于其包含较多的文化信息，应更多地保留其特色名称进行翻译，以便最大程度地保留其文化特点，同时通过补译、增译等方法，以另一种方式达到信息的准确转化，让读者便于理解；对于中国传统文化特有的、以文化信息为主的完全文化负载词，由于其在目标文化中不存在或较少存在对等概念，因此应从异化的翻译策略出发，采用直译、音译等翻译方法，并通过注释加强其可理解性，但切不可忽略词语本身的文化内涵，将其文字进行简单解构以期做到语言的等价转换。

（一）描述性词语

潮汕传统民居建筑的格局样式种类繁多，且潮汕地区的民居多呈现出"群落性"，通过不同的排列组合方式，又演变出了许多复杂的样式。潮汕地区的人们常根据建筑样式的外观，用一个形象的名字来命名，如："下山虎""四点金""驷马拖车"等。在翻译此类文本时，不能为追求保留文化内涵而单纯采用音译，使描述失去象形。此类描述性文本的用词，往往存在中国文化背景下的意象，切不可因在译入语中找不到对等的文化意象，便舍弃原有的文化特征。

如一种常见建筑样式"下山虎"或"爬狮"：大厅居中，两侧为大房间，并分别延伸出两个小房间，成"凹"形结构，有如猛虎下山双臂前探，又如雄狮匍匐前腿伸展，故得名。这类词语广泛存在于中国传统文化文本中，是由具象延伸至意象的文化负载词，也是"形"和"神"的有机结合和统一。所以，若采用绝对异化的翻译策略，只将其直译为Descending Tiger或Crawling Lion，则读者可能无法理解其意象含义，同时由于缺乏相关文背景，亦难以想象其具体构造。而若采用归化的翻译策略，将其转译为Chaoshan Quadrangle with Two Gabled Chambers，又丢失了原文中的文化意象，造成了文化信息的亏损，主动放弃了文化对外传播的主动权。对于此类描述性文本，在翻译时既要保持原文的文化特征，又要确保信息的准确性，故宜采用直译加具体注释的形式，可将"下山虎"译为Descending Tiger（Chaoshan Quadrangle with Two Gabled Chambers）（"爬狮"同理），并结合相关的图文介绍，进一步向目标读者介绍其背后的文化背景，如"虎"在中国传统文化中的文化意象等。相似地，通过类比，则"四点金"可译为Four Points of Gold（Chaoshan Quadrangle with Four Gabled Chambers）。"四点金"的四个角是四个房间，从外部看，其山墙顶部为三角形，形如"金"字，故得名。在翻译文化负载词时，为了提高文化信息的保真度，异化的翻译策略是译者的主要立足点，译者应适当加以注释，在必要时辅以图文说明，帮助读者理解。

（二）专业术语

潮汕传统建筑作为中国传统建筑的一个分支，其结构、建造方式与其他中国传统建筑并无较大差别。在翻译建筑中的结构、构造等不包含和少包含特定文化信息的专业词汇时，则宜适当采取归化的策略，方便读者理解。对于常规的、非特有的建筑构造、构件，应采用通用译法，如："柱"译为"Column"、"梁"译为"Beam"等；但对于中国传统建筑中特有的结构、构件，由于在西方建筑中很难找到或者完全没有相对应的概念，此时单纯的归化策略可能也难以对信息进行准确的传达，因此则应找到异化和归化的平衡点，采用音译和意译相结合的方法，如"门簪"可译为Decorative Cylinders on the Door、"间"译为Jian（a standard unit in Chinese traditional architecture）、"斗拱"译为Dougong（a structure of interlocking wooden brackets）等，并通过进一步的图片或文字说明，引导读者了解相关文化，补充读者的文化缺失、拓展其文化背景，确保文化传播中的话语权。

（三）文化负载词

与中国其他地区的传统建筑样式一样，潮汕建筑具有一些独特的样式特点。例如，在潮汕地区，建筑的"山墙"（外横墙）顶部会以代表"金、木、水、火、土"五种元素的样式进行装饰，称为"五行山墙"。"山墙"已有对等词汇"Gable"。"五行"作为中国古代哲学特有的概念，是一种朴素唯物主义的认识论。在古代西方文化中，也存在类似的简单认识论，即亚里士多德的"四元素论"。这两种理论都试图将万物解构为基本元素来解释世界。由于这两种理论的相似性，对于目标受众而言，其可理解性是可以接受的。此外，由于近代文化的传播和交流，中国的"风水""五行"等传统学说已经为部分西方学者所了解，而大部分西方的普通民众也有所耳闻，因此译者在翻译时，并不需要过多地追求语言上的等价转换。所以在翻译方法上，笔者认为宜采用直译的方法，将"五行"直接译为Five Elements。原文"五行山墙"指的是五种与五行元素相对应的山墙墙头样式，因此也可灵活采用释译的方法，译为Gable Styles of Five Elements，确保信息内容让读者易于理解，同时也保留了文化意象，让读者能够感受到中国传统文化的魅力。

又如，"门面"一词，从字面意义上看，它仅仅指代正门的外观，但其中的"面"即"面子"，在中国文化中同样具有深厚的文化内涵。面子可以表示一个人的名誉、自尊、声望、荣誉或社会地位，因此这实质上是一个十分复杂的社会学概念。不过，中国并不是唯一一个从"面子"这一词语中引申出复杂内涵的国家，在西方的部分国家中也同样存在着类似的概念。再者，在文化交流不断深入的今天，"面子"一词及其社会学概念已为许多西方人所熟知和接受，有不少西方人已经开始用直译的Face一词来表达相似的概念。因此，如果仅仅看到这个词的字面意思，通过简单的语言转换译为Appearance of the Gate，就会造成其文化概念的亏损。由此可见，作为一个文化负载词，若只为了进行等价转换而简单地找到一个字面意思相同的词来进行翻译，并不是最好的方法。笔者认为，应采用异化的翻译策略，将"门面"二字逐词翻译为Gate Face，将"面子"一词保留在文本中，进而保留其中的文化信息。既然Face这个词既可以表示人的脸，也可以表示其社会地位，那么Gate Face这个词同样也可以按照类似的方法去理解——显然，Gate可以看作是一栋房屋的"Face"，而一栋房屋又可以代表一个家庭或家族。因此，Gate Face显然也能够指代一个家庭的社会地位。

第四节　文学作品中的中西方节日文化差异及翻译

传统节日是一个国家在历史长河中积累形成的文化，体现了这个国家明显的民族特征和文化内涵。在每个国家的传统节日里都可以窥见当地民众的日常风俗习惯，有着深刻的文化体现和情感寄寓。本节旨在从跨文化的角度对中西方的传统节日进行对比，分析中西方国家在传统节日里的各种区别，以及产生这种区别的缘由，目的是在中西方日益紧密的交流中增进了解，达成共赢。

一、节日习俗文化

传统节日是体现一个国家自身文化的重要元素，它通常包含一个国家丰富的历史和文化特征，是该国家民族精神在特定的历史社会中孕育出来的外在表现。不同国家的人们有着不同的认知、思维方式，传统节日的存在完美展示了不同民族对这个世界的认知，是一个国家自身文化不可缺少的载体，是社会发展过程中逐渐被强化的文化记忆。自远古时期有了人类，就逐渐有了传统节日，传统节日是人类生活的一种方式，它是人类社会发展到一定阶段必然产生的。世上所有的传统节日都是为了记录人们的社会生活方式，其中有一部分节日是为了纪念某一时间段杰出的历史人物，有的是为了记录某一个重要的历史事件，而有的节日则是为了庆祝某一时节、季节的到来，有的节日的存在是为人们平淡的生活增添乐趣。跨文化研究是为了适应全球化趋势，在与国际接轨的背景下产生的，其关注本民族与非本民族之间的异同，目的是完成最终的成功交际。

节日习俗承载着深厚的历史文化积淀，经过数百年甚至数千年的传承和发展形成了独特的传统。节日传统习俗体现了先人的智慧和创造力，成为后人继承和发展的宝贵财富。无论是春节的贴春联、放鞭炮，还是中秋的赏月、吃月饼，都是历经数代人传承下来的习俗。

节日习俗文化具有传统性和继承性，随着时代的变迁和社会的发展节日习俗也在不断地发生变化。一些传统的习俗可能会被赋予新的时代内涵，而一些新的习俗也可能会逐渐融入传统的节日文化之中。这种变迁与创新，既是节日习俗文化生命力的体现，也是其不断适应社会发展需要的必然要求。

二、文学作品中的中西方节日文化差异分析

中国的传统节日是中华民族悠久历史传承下来的庆祝活动，形式多种多样，内容丰富多彩。我们在过这些传统节日时所举办的各种仪式包含了我们民族对自然的敬畏、对节气的认知、对阴历阳历的区分对待、对美好生活的期盼等人文、自然的文化寓意，从中可以看见我们祖先深邃的历史思想。中华民族历经不同历史时期慢慢形成的传统节日，不仅清晰反映了我们对自然、地理、天文的深刻认知，而且形成了博大精深的文化信仰，从社会层面、历史角度反映了我们国家的文化。同理，俄罗斯的传统节日同样源于他们的历史进程和人类文明、文化的发展，同样体现了俄罗斯民族和国家的自然、历史和文化特点。在中俄历史和文化

传承中，二者形成了各自的传统文化习俗。在这些特有的文化传承下，中俄拥有各自的传统节日。

（一）中国传统节日

我国的传统节日一般都是按农历进行庆祝的，包括上元、中元、春节、清明、端午、中秋、重阳节等。这些节日中，立春、立夏、腊八、冬至是与一年四季的节气有关，它们的共同特点是历史传承下来的，文化内涵极其深厚，庆祝内容丰富。中国的四大传统节日包括春节、清明节、端午节、中秋节。

1.春节

春节是中国的阴历新年，又被称为"新春""新岁""岁旦"等，民间把春节叫"过年""过大年"。春节是中国人一年中庆祝形式最丰富的节日，家家户户都要打扫房间、贴对联、祭拜祖先、迎财神、团聚、举办各种娱乐节目、做最丰盛的菜肴。春节历史悠久，起源于上古人们的最初信仰与对自然的崇拜，由早期时代岁首祈岁祭祀演变而来。在春节这段时期，全国各地举办各种庆祝新春的活动，各省份各地区都带有各自浓郁的特色。全国各地过春节的各种形式已经被国家列入第一批国家级非物质文化遗产名录中。从传统意义上讲，春节的过节时间是农历腊月二十三到正月十九。在这期间全国人民都要举办各式各样、丰富多彩的庆祝活动。过了小年到除夕之前，人们都要在家里打扫房屋，置办年货。在除夕的这一天，人们会摆上精心准备的菜肴、倒上美酒，举行隆重的祭祀仪式（主要在南方），以此感谢祖先的恩德。腊月三十的晚上，人们在吃完团圆饭后，会全家聚在一起守岁，包饺子，看中央台的春节联欢晚会。从正月初一开始（也就是农历新的一年开始的第一天），全国各地会举办各种各样的庆祝活动，如舞狮、放爆竹、去亲戚朋友家拜年等活动。而到了正月十五日，民间还会举办赏花灯、猜灯谜、闹元宵等庆祝活动。

2.清明节

清明节是我国的节气点，时间在仲春与暮春之交。清明前后气候会发生很大的变化，而这一天也是我们中华民族最隆重的祭祖日，所以清明节包含了人文与自然两大方面。由于这一天我们的习俗是需要走出家门去大自然踏青，所以又被称为踏青节、行清节、祭祖节等。清明节源自我们的祖先信仰，是中华民族最隆重盛大的祭祖节日。扫墓祭祖与踏青郊游是清明节的两大民俗主题，这两大传统习俗在中国自古有之，是我们国家传承至今的习俗。这个节日的传承也是我们的祖先想要后人遵循孝道，重视亲情，拥有家族共同的记忆，从而强化家庭甚至整个民族的凝聚力和归属感。清明节把自然节气与人文风俗融为一体，体现了我们民族企盼"天地人"的完美统一，让后人顺应天时地利、遵循自然规律的思想。

3.端午节

端午节最初是夏季驱离瘟神和祭龙的节日，是古人向龙族祭祀的，民间也有纪念伍子胥、曹娥及介子推等说法。再后来，伟大的爱国诗人屈原于这一天在江边自尽，于是民间就把端午节作为纪念屈原的日子。端午节为每年的农历五月初五，又称端阳节、午日节、艾节、夏节等。在这一天，民间必不可少的活动是吃粽子、赛龙舟、挂艾草艾叶、薰苍术、白芷、喝雄黄酒。这是个驱邪避疫的传统节日。在古代，民间认为端午节是鬼怪出没的日子，因此要进行驱邪避疫的活动，所以就有了挂艾叶、佩戴香囊、吃粽子的习俗。这些活动寓意着保护人们的健康和平安。而纪念屈原是为了体现爱国情怀。

4.中秋节

中秋节，又称祭月节、月娘节、中秋节等，为农历的八月十五。它源自古代的祭月活动，与月亮的祭祀有关，由上古时代秋夕祭月演变而来。中秋节这一天，人们晚上要赏月、吃月饼，各地都会举办花灯会，南方有赏桂花、饮桂花酒的习俗，从古代的帝王先人到现代的我们，流传至今，从未停息。祭月作为民间过中秋节的重要习俗，逐渐演化为现在的赏月、颂月等活动。中秋月圆预兆着人之团圆，寄托了人们思念故乡、思念亲人的感情，中秋节又逢秋天，人们祈盼丰收、幸福。古代的诗词多出现仲秋题材的诗句，这个节日也成了我国弥足珍贵的文化遗产。

（二）西方传统节日

这里以俄罗斯的传统节日为例进行分析。俄罗斯独具特色的自然环境、与众不同的历史使得俄罗斯民族拥有了自己独特的生活习惯、民族文化、宗教信仰等。特有的文化和习俗使得俄罗斯人在日常生活中庆祝自己特有的民族传统节日和节日习俗。传统节日和宗教节日已经成了现代俄罗斯人不可缺少的生活组成部分。俄罗斯有四大传统节日：新年、复活节和圣诞节。

1.新年

新年是俄罗斯一年中最为隆重、最具民族特色的传统节日。每年的1月1日是俄罗斯人狂欢庆祝的日子。庆祝时间长达一周左右。自古以来，俄罗斯人制作美食，习惯给家人朋友购买新年礼物，在家里添置新的饰物，举办各种家庭派对，或者选择出去游玩。他们的新年庆祝一直持续到1月19日的耶稣受洗节，过节期间，俄罗斯人都会不间断地制作俄罗斯特色美食，不间断地在亲朋好友之间相互串门。

俄罗斯新年的餐桌非常丰盛，各式各样的开胃冷盘、热菜、甜点、香槟，让人垂涎欲滴、欲罢不能。莫斯科克里姆林宫的自鸣钟夜间12点准时敲响，电视台主持人会向全国人民祝贺新年快乐。此时此刻，所有的人都停止了一切活动，高呼"乌拉"，相互拥抱祝贺，开怀畅饮。按俄罗斯当地的习俗，庆祝新年首先要喝香槟酒，之后才可以喝其他酒类，享用新年晚餐的美食。

2.复活节

复活节是俄罗斯民族非常重视的传统节日，又叫"帕斯喀节"，是为了纪念耶稣死后复活。复活节当天俄罗斯会举行盛大的纪念活动，除准备各式各样的"比切尼"（糕点）之外，家家还准备煮熟的彩蛋，当客人来到时，主人就会分一个彩蛋给他，以此表示祝贺客人生命的昌盛。除此之外，俄罗斯人还要举办户外的聚会。各民族能歌善舞的人们拉起手风琴，弹起三角琴和吉他等各种乐器，唱着动听的俄罗斯民歌，跳着节奏强烈的踢踏舞和各种民族舞蹈，男男女女都会登场，节日的聚会就成了人们欢乐的场所。

3.圣诞节

圣诞节是俄罗斯东正教的节日，节期在1月7日，但庆祝活动一般从前一天夜里就开始了。6日夜间，在莫斯科最大教堂救世主大教堂，莫斯科和全俄东正教大牧首率领教徒迎接圣诞节。祈祷从晚10时左右开始并持续数小时，于7日凌晨结束。俄罗斯东正教徒一般按照儒略历法，在1月6日夜间至7日凌晨庆祝圣诞节。按照东正教教规，圣诞节前是圣诞斋戒，在斋戒期40天里，虔诚的教徒只食用浸泡和煮熟的小米、大米、豆类和蔬菜。

（三）中西方传统节日的文化内涵对比

中国和俄罗斯都是拥有悠久历史的国度。在历史的发展进程中产生了不同的文化特点，也推出了各种各样的传统节日，这些节日都与两个民族的生活方式、气候季节、历史人物息息相关。中俄传统节日文化分属两种不同的文化形态，两者既存在相同之处，也存在着文化差异。

中俄传统节日文化的共同点。在长期的社会历史发展过程中形成的节日是社会文化的一种积累，从侧面反映了国家文化。传统的节日都有着深远的源流，都有着各自不同的庆祝习俗和形式。两国传统节日作为两个不同民族文化的载体，都发挥着传承各自文化的作用。具体来说，两者的传统节日蕴含着共同的文化寓意，主要包括以下三个方面。

第一，加深人与人的关系，引起人们对亲情的重视。我国传统节日民俗中体现了贵人伦、重亲情的特点，体现了本民族传统伦理道德和礼俗，成为维系人与人之间情感关系的媒介。比如，合家团聚是春节和中秋节最显著的特点。节日里的探访、团拜等活动保持了与周围人的良好关系，也加强了亲朋好友之间的情感依赖和精神交流。节日里鞭炮的燃放、节日灯会等民俗活动释放了内心的情感和愿望，从而使人际关系更加和谐。俄罗斯在过传统节日时同样是全家团聚，亲朋好友相聚，以此表达对亲情的重视。

第二，表达对美好生活的向往。中国的传统节日体现了人顺应自然的理念，让人们遵循自然规律、按照气候周期规律进行农业生产，在节日里的庆祝形式表达了人们祈盼风调雨顺的心境。在节日中，人们非常注重人与自然的亲近，这体现了中国传统节日中的天人合一思想。同样俄罗斯的传统节日，如谢肉节就是春天来临的日子，对当地的农民来说，这意味着新一年春耕劳动的开始，人们期盼美好的生活。所以俄罗斯人在节日里参加许多户外活动，尝试贴近大自然。

第三，表现对历史英雄人物的敬仰。我国的端午节表达了对先人英雄的怀念和敬仰之情。而俄罗斯胜利日的庆祝形式之一就是宴请老兵，以表达对英雄的敬意。

中俄传统节日文化的不同之处。中国的传统节日一般都与自然社会环境的关系更为密切。中国的春节、清明节、端午节、中秋节等传统节日本身反映了农业活动一年四季的耕作规律，农耕相关的历法都直接影响着节日的发展演变和庆祝形式。而俄罗斯的传统节日往往与宗教关系更为密切，自古以来，俄罗斯文化都与宗教文化息息相关，所以作为文化重要表现形式的传统节日自然也带有浓厚的宗教味道。中国的传统节日以吃喝为主题文化，饮食文化是节日活动不可或缺的内容，无论是春节、端午节，还是立春、夏至、重阳节、腊八节等，都有各自特定的饮食文化和风俗，例如元宵节吃汤圆、中秋节吃月饼、端午节采艾叶、重阳节插茱萸等民俗。而俄罗斯的传统节日多以娱乐欢庆形式为主题文化，因为俄罗斯是一个崇尚自由、欢乐的民族，尽情地娱乐是他们在传统节日里表达内心感情的主要形式。

综上所述，中西方的传统节日都承载了本民族的文化印记。为了更好地完善本民族文化和精神，强化各自民族的凝聚力、向心力，它们都表达了一个民族最美好的情感和向往。从这一文化角度看，中西方传统节日的文化功能是有相同之处的。同时，中西方由于自然环境和文化背景不同，所传承的传统节日自然也有着自身独特的节日寓意。随着国际化的不断深化，我们对传统节日所显现的深层文化需要有更深的认知，进而发掘更高的现代价值。随着我们不断认识传统节日所传达的文化内涵，中西方都会更加注重保护各自的传统节日，同时对别国的传统节日也会更加尊重和包容。

三、文学作品中的中西方节日文化翻译策略

（一）归化翻译

归化原则在传统节日和民俗文化的翻译中，要求译者尽可能接近目标语读者的文化背景和表达方式。这不仅意味着要将中文的文化元素翻译成目标语读者易于理解的形式，还需要在翻译过程中模仿目标国作者的写作风格，使译文在语言表达和文化内涵上与目标语读者的阅读习惯相契合。

例如，"春节"不仅要译为Spring Festival，还需深入揭示其在中国文化中的丰富内涵。作为中国传统的重要节日，春节背后蕴含着家庭团聚、祭祀祖先、放烟火等丰富多彩的习俗，这些习俗体现了中国人民对和谐家庭、尊重传统和欢庆生活的热爱，展现了中国文化的独特魅力。译者在翻译时应注重传达这些文化内涵，使目标语读者能够全面、深入地了解春节的意义和价值。

（二）异化翻译

异化翻译是中国传统节日和民俗文化翻译中的一种重要翻译策略。异化强调保留原文的文化特色和表达方式，要求目标语读者跨越文化障碍去理解和欣赏源语文化的独特性。异化有助于保持文化的多样性，促进跨文化交流和理解。在实际翻译中，异化要求译者对源语文化有深入的了解和尊重，忠实于原文的内容和形式，保留原文的风格、情感和文化内涵。在译文中保留一些特定的文化词汇和表达，不是简单地将其转换为目标语的等效表达，帮助目标语读者更真实地体验源语文化，感受其独特魅力。

异化要求译者在翻译过程中注重目标语的表达习惯和读者的接受能力。译者需要保留原文的特色，确保译文的流畅性和可读性。译者在保持原文特色的同时对一些难以理解的文化概念进行适当的解释或注释，以便目标语读者理解和接受。

异化要求译者在翻译时考虑目标语的文化背景和读者的预期。了解目标语读者的文化习惯和阅读偏好，在保持原文特色的同时使译文能够与目标语读者的文

化背景和阅读习惯相契合。提高译文的接受度，促进文化的传播和交流。异化在翻译中国传统节日和民俗文化的过程中提供了一种平衡文化差异和语言表达准确性的有效方法，译者可以更好地展现源语文化的独特性，确保译文的可读性和可理解性，为促进不同文化之间的相互理解和尊重作出贡献。

第九章　中西方文化差异视角下中国古典文学翻译与传播

中国古典文学具有深厚的文化底蕴与独特的艺术魅力，受到越来越多国际读者的欢迎。在翻译这些经典文学时，译者遇到的文化障碍是比较大的。由于文化背景、价值观念、审美习惯等方面的差异，翻译中可能会出现误解、歧义或信息丢失的情况。为此，本章重点研究中西方文化差异视角下中国古典文学翻译与传播。

第一节　中国古典文学概述

一、古典文学

"古典"一词源自拉丁文，意味着"第一流的、典范的"。古典文学作为文学宝库中一颗璀璨的明珠不仅承载着各民族古代的智慧和情感，更是现代文学发展的基石。它如同一座桥梁连接着过去与未来，是文学长河中不可或缺的一环。在欧洲文艺复兴时期，文艺理论家们将古希腊、古罗马的优秀文学作品奉为圭臬，称为古典文学。

在中国，古典文学的内容包括了远古的原始歌谣、神话传说，涵盖了五四运动之前具有一定艺术价值和历史意义的文学作品。古典文学的价值在于它所蕴含的丰富知识和深刻思想，在于它对后世文学创作产生的深远影响。它如同一位智者，以其独特的魅力和智慧启迪着一代又一代的文学创作者。古典文学是了解古代社会、文化、历史的重要窗口，它以独特的艺术形式记录了人类文明的发展历程。今天，古典文学依然具有不可替代的魅力，为人们提供了丰富的精神食粮，以其独特的艺术魅力激发着人们对美好生活的向往和追求。

二、中国古典文学历史概览

（一）先秦两汉文学

1.《诗经》

《诗经》原名为《诗》，包含305首诗歌，其中6首仅有题目而无具体内容，被称为笙诗六篇。《诗经》被誉为"诗之源头，文之始祖"。作为中国古代文化中的一颗璀璨明珠，《诗经》是中国历史上最早的诗歌总集。这部作品为人们提供了丰富的历史资料，展示了古代中国人民的精神风貌和审美情趣。这些诗歌所涵盖的地域广泛，主要集中在黄河流域，西起山西和甘肃东部，北到河北省西南，东至山东，南及江汉流域。这些诗歌的时间跨度也相当长，从西周初年一直到春秋中叶500多年的时间内，它们被精心收集和整理，最终形成了这部不朽的诗歌总集。

汉朝儒家学者将《诗经》奉为经典，因此称其为《诗经》，它不仅具有高度的思想价值，而且展示了古代中国人民的艺术才华和创造力。西汉时期，它被尊为儒家"五经"之一，成为中国古代教育的核心内容之一。毛亨和毛苌两位学者对《诗经》进行了详细的注释，这部诗歌总集得以广泛传播并沿用至今。《诗经》中的诗歌作者大部分已经无从考证，但从诗歌中可以感受到他们的真挚情感和深刻思考。诗歌涉及主题广泛，有反映劳动生活的场景，有抒发对爱情、友情和家国情怀的感慨。

《诗经》包括风、雅、颂三部分。"风"是地方民歌，共160首，包括15首国风；"雅"，分为大雅和小雅，是朝廷乐歌，共105首；"颂"是宗庙乐歌，共有40首。诗歌在表现手法上采用赋、比、兴，这些手法不仅丰富了诗歌的表现力，也使诗歌更加生动形象、易于理解。赋直陈其事，比以物喻事，兴先言他物以引起所咏之词。

《诗经》中思想和艺术价值最高的部分是民歌，以简洁明快的语言、生动形象的比喻和深刻的思考展示了古代中国人民的智慧和才华。这些民歌体现了古代中国人民对美好生活的追求和对社会现实的关注，具有很高的思想价值和艺术价值。民歌真实反映了古代中国人民的生活和情感，如《伐檀》《硕鼠》《氓》等就是代表作。

《诗经》的内容极为丰富，从多个角度展现了500多年间的社会生活。

（1）《诗经》记叙了自周始祖后稷出世到武王灭商的许多传说和历史，用韵文的形式生动地描绘了周民族的兴起和发展过程，如大雅中的《生民》《公刘》《绵》《皇矣》《大明》等。

（2）《诗经》反映了社会丧乱、描写战争苦难、指责现实。例如，《小雅·采薇》生动地描绘了周宣王时期军士离乡远戍的艰辛生活以及还乡路上的饥寒交迫，表达了对战争的深深痛恨和对和平生活的渴望。

（3）《诗经》表达了反剥削、反压迫的思想。诗歌以劳动者的视角控诉了当时社会的不公和压迫，如魏风中的《伐檀》《硕鼠》，唐风中的《鸨羽》，邶风中的《北风》等，体现了古代劳动人民的勇敢和智慧。

（4）爱情和婚姻是《诗经》中的重要主题之一。风诗中有大量描写爱情和婚姻的诗歌，这些诗歌感情真挚、热烈、纯朴、健康，反映了恋爱生活里的所有忧喜得失、离合变化，如《郑风·兮》《郑风·将仲子》《邶风·静女》等都是古代爱情诗歌的典范。

（5）《诗经》中描写劳动人民劳动情景的诗歌，不仅展现了古代劳动人民的辛勤劳动，也表达了他们对美好生活的向往和追求，如《鄘风·桑中》《唐风·采苓》《邶风·谷风》等，都是描写劳动人民劳动情景的经典之作。

《诗经》以其独特的艺术魅力在历史长河中熠熠生辉，是中国古代诗歌的瑰宝。在艺术创作上的特色不仅体现在内容的真实性、手法的丰富性，更在于其结构形式和体裁的别致之处。

（1）真实性。诗集里的作品如实地反映了当时社会的各种生活场景，展现了不同阶层人民在现实生活中的喜怒哀乐。它不仅仅是一部文学作品，更是一部生动的历史长卷。当后世作家们批评诗歌过于脱离社会实际时，他们总会以《诗经》为榜样提醒自己要深入生活、关注现实。这种关注现实的精神使《诗经》具有了超越时代的价值。

（2）比、兴手法。这些手法的运用使诗歌的艺术效果达到了一个新的高度。比，即比喻和比拟，诗人们用"柔荑"来比喻女子的手，用"玉"来比喻美人，这些都是明喻。《魏风·硕鼠》中将剥削者比作老鼠，这种以人拟物的比喻方式既形象又生动。兴是一种通过描述其他事物来引出所要表达的主题的手法，如《秦风·蒹葭》以"蒹葭苍苍，白露为霜"的清秋萧瑟景象作为起兴，为后文铺设了情感基调，使诗歌更加曲折委婉。这种比兴手法的运用极大增强了诗歌的艺术感染力，丰富了诗歌的艺术境界，为后世诗歌创作提供了宝贵的经验。

（3）重章叠句。在结构形式上，《诗经》最突出的特点是重章叠句。这种结构形式体现了事物进展的程度和顺序，增强了诗歌的音乐性和节奏感。诗人通过反复吟咏同一词句或句群，使诗歌在情感表达上更加深沉和强烈。这种结构形式让人读之余味无穷，仿佛置身充满韵律和节奏的美妙世界。

（4）《诗经》在体裁上的特色。《诗经》多以四言一句为主，隔句用韵，整齐划一又富于变化。这种体裁形式对后世的赋、颂、赞、碑、谏、箴、铭等韵文产生了深远的影响。

《诗经》是中国古代韵文创作的鼻祖，为后世文学创作提供了丰富的灵感和借鉴。

2.先秦散文

先秦散文大致可以分为历史散文和诸子散文两类。

历史散文以叙事为主，如《春秋》《左传》《战国策》《国语》等作品记录了当时的历史事件，通过文字展现出作者的观点和态度。《春秋》是孔子编订的战国最早的一部编年史，用简洁的语言记录了从鲁隐公元年到哀公十四年间的各国大事，通过对事件的评断体现了孔子的微言大义。《左传》仿照《春秋》的体例详细记叙了春秋时期各国的政治、外交、社会事件以及某些代表人物的活动，具有很高的艺术成就。

诸子散文以说理为主，如《论语》《墨子》《道德经》《法经》等，通过阐述各家学说的思想观点和理念为后世的文化、哲学、政治提供深刻的思考和启示。《道德经》是道家学派的经典之作，通过阐述"道"的哲学思想为后世提供了对自然、社会、人生等方面的深刻洞见。《论语》是儒家学派的经典著作之一，记录了孔子及其弟子的言行和思想，体现了儒家学派的核心价值观和思想体系。

诸子散文发展脉络清晰可辨，可分为三个重要时期。每一时期都有其独特的风格与特点，展现了作者深邃的思想，体现了他们卓越的文学才华。

（1）春秋末年至战国初年。这一时期的诸子散文以语录体和韵文为主，代表作品有《论语》和《老子》。《论语》是孔子弟子记录的孔子言行，语言简练而意蕴深远；《老子》以其独特的韵文形式传达出深邃的哲学思想。

（2）战国中叶。诸子散文的文辞更加丰富，说理也更为畅达。代表作品有《孟子》和《庄子》。《孟子》以其雄辩的言辞和生动的比喻展现了孟子的仁政思想；《庄子》以其奇幻的寓言和深邃的哲理成为道家思想的代表。

（3）战国末期。诸子散文进一步发展，代表作品有《荀子》和《韩非子》。

《荀子》以其严密的逻辑和深入的分析展现了荀子的儒家思想；《韩非子》以其峻峭犀利的文风阐述了法家的治国理念。这一时期的诸子散文，不仅注重抽象分析，还注重文采的表现，为后世散文的发展产生了深远的影响。

除了上述三个时期，诸子散文中还有一些文章以表现人物性格、描写人物行为见长，如《论语》中的《子路》《颜渊》等篇章，通过生动的语言描写展现了孔子门徒的鲜明个性。这些篇章不仅具有高度的思想性，还具有强烈的艺术感染力，使读者如见其人、如闻其声。在诸子散文中还有一些文章重在抽象分析，同时也富有文采，如《荀子》中的《劝学》《天论》等，通过严密的逻辑推理和生动的文笔阐述了荀子的哲学思想和教育理念。此外，诸子散文中还有一些文章采用寓言故事的形式来阐明理论，如《庄子》中的《逍遥游》《至乐》等篇章通过奇幻的寓言故事表达了庄子对于自由、快乐等哲学概念的理解。这些寓言故事不仅生动形象、寓意深刻，还具有较高的文学价值，为后世文学创作提供了丰富的素材和灵感。

3.楚辞

辞赋作为一种半诗半文的独特文体兼具韵文和散文的性质，展现出宏大的结构、华丽的辞藻以及精湛的文采和韵律。这种文体常常运用夸张和铺陈的手法使作品更加生动、形象。辞赋这一独特的文学样式源于中国古代，凭借其独特的美学特质和文学魅力受到广大读者的喜爱。辞赋源于战国时期的楚地，因此被称为"楚辞"。"赋"有着铺陈之意，特点在于"铺采摛文"和"直书其事"。

《楚辞》是战国时代以屈原为代表的楚国人创作的文学作品。汉成帝时期，刘向将这些辞赋作品进行整理，将屈原、宋玉、唐勒、景差以及西汉贾谊、淮南小山、东方朔、庄忌、王褒等人的辞赋汇为一集，共16篇，定名为《楚辞》。在《楚辞》中，屈原的作品数量最多，质量也最出色。《离骚》被誉为楚辞的代表作，后人又称楚辞文体为"骚体"。

《离骚》是屈原的代表作，也是我国古代最长的一首抒情诗，共计373句，2490字。这部作品以其浪漫主义风格和崇高理想成为中国古代文学的瑰宝。屈原，这位伟大的爱国诗人渴望革新政治，挽救楚国于危亡之中，并期望楚国能够崛起，实现中国的统一。这种对国家和民族的深情厚谊，通过《离骚》的字里行间传达给了后世无数的读者。《离骚》不仅是一部政治抒情诗，更是一部充满理想主义光辉的作品。诗中，屈原表达了自己对理想的坚持，对黑暗的憎恶，对邪恶的嫉恨。在楚王的昏庸和"党人"的谗言下，屈原被流放，楚国也逐渐走向衰微。面对这样的现实，诗人在矛盾中选择了以身殉道的道路，这种高尚的情操和坚定的信念使《离骚》闪耀着震撼人心的理想主义光彩。在这首诗中，屈原以炽热的感情和坚定的信念展现了自己对国家和人民的深深忧虑和关怀。他通过丰富的想象和生动的描绘将自己的理想和追求融入诗歌中，使整部作品充满了激情和力量。

在艺术成就上，《离骚》无疑是一部杰作。整部作品充满了强烈的浪漫主义色彩，特别是在诗的后半部分。诗人运用了大量的"比兴"手法，与《诗经》中的"比兴"有所不同。他通过比喻创造出一种幽远的意境象征他的高尚品德和坚定信念，如诗中所描述的"江离""辟芷""秋兰""荙荷""芙蓉"等生长在深岩的幽花香草，令人感受到花草的色和香，引发人们对高远意境的向往。此外，《离骚》还展现了诗人卓越的想象力和艺术表现力。诗人在作品中大量运用神话传说、历史人物、日月风云、山川流沙等元素构成了一幅雄奇壮丽的图画。如诗人幻想自己驾着鸾凰、凤鸟，乘风飞上天空，寻找天帝倾诉，这种开阔的意境和宏伟的想象使《离骚》的艺术魅力更加深远。

在诗歌形式上，《离骚》也体现了诗人高超的诗歌创作技巧。诗句形式错落有致，既有主客问答，又有大段铺张描写。大多四句一章，字数不等，亦多偶句，形成了错落中见整齐，整齐中又富有变化的特点，这种独特的诗歌形式，对后世辞赋产生了巨大的影响。除了《离骚》外，屈原还有许多优秀作品，如《九章》《九歌》《天问》等，这些作品都体现了屈原对楚国和人民的深深眷恋，以及对理想和信念的坚定追求。

4.汉赋

汉赋作为中国古代文学的一种独特体裁以其铺陈写物的特点著称，不歌而诵，独具魅力。它不仅仅是一种文学形式，更是历史、文化、社会等多方面的综合体现。

汉赋的源头可追溯至汉代初期，代表作家有贾谊和枚乘。贾谊的《鹏鸟赋》和《吊屈原赋》等以其深沉的情感和细腻的描绘展现了汉初社会的风貌和人文精神。枚乘作为汉初赋家中的佼佼者，作品如《七发》更是被誉为汉赋的奠基之作。枚乘身为宫廷文人，对宫廷生活有着深刻的体验和理解，他的作品语言明白中肯，善于运用形象比况，铺张特色鲜明，为后世的汉赋创作提供了宝贵的借鉴。

汉赋在汉武帝和汉成帝时代迎来了全盛时期，代表作家有司马相如和扬雄等，他们的作品不仅代表了汉赋的最高水平，也为后世的文学创作提供了丰富的素材和灵感。司马相如的《子虚赋》《上林赋》等作品以其丰富的想象力和精湛的语言技巧展现了一个绚丽多彩的世界。扬雄的赋作以其深沉的思想和独特的艺术风格赢得了广泛赞誉。

东汉末年，汉赋逐渐走向衰落。尽管有张衡的《二京赋》《归田赋》等优秀作品出现，但已经无法掩盖汉赋整体衰落的趋势。这一时期汉赋的创作开始转向抒情小赋，以淡泊、浪漫、清新的风格表现出作者对朝政日下的无奈和归隐田园的乐趣。这种转变不仅标志着汉赋风格的演变，也对后世的抒情赋产生了深远影响。

（二）魏晋南北朝文学

在东汉末年那段波澜壮阔的历史长河中，黄巾起义犹如狂风骤雨，将东汉王朝推向了崩溃的边缘。这场革命的尘埃落定后，曹操、刘备、孙权这三位英雄人物代表，如同璀璨的星辰，三分天下，各自书写着属于自己的传奇。

在这三人之中，曹操无疑是最为耀眼的一颗星。他不仅力量强大，更在文学领域取得了卓越的成就。曹操与他的儿子曹丕、曹植，以及汉末的孔融、陈琳、王粲、徐干、阮瑀、应场、刘桢等人，共同构成了文学史上的"建安文学"群英谱。他们的诗文才情横溢，与曹氏父子关系紧密，共同开创了一个文学繁荣的时代。

建安七子，是东汉末年到三国时期魏国的七位著名文学家，他们分别是王粲、刘桢、应场、徐干、陈琳、阮瑀和孔融。在这七位才子中，王粲的文学成就尤为卓越，被誉为七子之首。他的诗歌作品如《七哀诗》和《从军诗》等，情感深沉，语言凝练，深受后人喜爱。除了诗歌外，王粲还擅长赋文，如《登楼赋》等作品，展现了他深厚的文学功底和敏锐的洞察力。

与王粲齐名的刘桢，也是一位杰出的诗人。他的代表作《赠从弟》三首，以其简洁明快的语言和深刻的比兴手法，抒发了个人的抱负和志趣。特别是其中的"亭亭山上松，瑟瑟谷中风。风声一何盛，松枝一何劲。冰霜正惨凄，终岁常端正。岂不罹凝寒，松柏有本性"这几句诗，以松树为喻，形象地展现了作者坚韧不拔的性格和崇高的精神追求。

除王粲和刘桢之外，其他几位作家的作品相对较少，成就也相对较低。相比之下，陈琳和阮瑀则以文章著称于世。他们的作品以雄浑豪放、气势磅礴见长，为后世文学的发展奠定了基础。

孔融在七子中也有着自己独特的风格。曹丕曾评价他的作品与扬雄、班固等文学家相媲美。孔融的散文作品如《荐祢衡表》等，以清新自然、流畅生动为特点，展现了他深厚的文学造诣和敏锐的洞察力。

到了魏末时期，由于政治上的高压和知识分子逃避现实的倾向，多数作品已经不如建安作家那样富有现实性。尽管如此，仍然涌现出了一批杰出的文学家，如嵇康和阮籍等。嵇康的散文作品如《与山巨源绝交书》等，以深邃的思想和犀利的笔触见长；而阮籍则以诗歌见长，他的82首《咏怀诗》历来被传诵不衰。

从西晋建立到东晋灭亡的一百多年间，是中国文学史上一个重要的时期。在这一时期，产生了左思、刘琨、郭璞、陶渊明等一批杰出和优秀的诗人。其中以陶渊明的成就最为突出。陶渊明，字元亮，是东晋末年到南朝宋初的著名诗人和散文家。他的作品以自然、真挚、深邃为特点，深受后人喜爱。他的代表作有组诗《归园田居》《饮酒》等。这些作品以清新的语言和深刻的意境，展现了他对自然和人生的独特感悟。

南北朝时期也涌现出了一批优秀的文学家和作品。其中，"八友"等代表人物以其卓越的文学才华和独特的艺术风格，为后世文学的发展作出了重要贡献。此外，由刘义庆组织文人编辑的《世说新语》和干宝著的《搜神记》等作品，也以其独特的风格和深刻的思想内涵，对后世文学的发展产生了深远的影响。

（三）唐宋文学

唐朝，这一在中国历史上具有举足轻重地位的朝代，不仅是政治、经济、文化繁荣发展的黄金时代，更是中国诗歌的黄金时代。国力的强盛、科举制度中对诗赋的高度重视，都为文人墨客提供了广阔的舞台。他们以诗会友，以诗言志，使得诗歌创作在这个时期达到了巅峰。

初唐时期，文坛上出现了四颗耀眼的新星，即被誉为"初唐四杰"的骆宾王、王勃、卢照邻和杨炯。他们才华横溢，作品风格各异，为唐朝诗歌的繁荣奠定了坚实的基础。同时，陈子昂等诗人的出现，也为初唐诗歌注入了新的活力。

进入唐朝中期，诗坛迎来了两位巨星——"诗仙"李白和"诗圣"杜甫。李白以豪放不羁、奔放自如的诗歌风格著称，他的诗作想象丰富、气势磅礴，充满了浪漫主义色彩。代表作如《蜀道难》《梦游天姥吟留别》等，展现了他对大自然的热爱和对生活的独特感悟。而杜甫的诗作则以沉郁顿挫、语言精当的风格赢得了"诗史"的美誉。他的诗作关注社会现实，反映人民疾苦，如"三吏""三别"等作品，都是现实主义诗歌的典范。

除了李白和杜甫外，唐朝中期还有许多优秀的诗人，如"诗中有画，画中有诗"的王维、擅长边塞诗的高适和岑参、"诗鬼"李贺、"诗豪"刘禹锡、"诗囚"

孟郊和贾岛等。他们的诗作各具特色，共同构成了唐朝诗歌的丰富多彩。

然而，随着唐朝的逐渐衰落，社会矛盾日益加剧，诗坛也迎来了一些现实主义诗人。其中最具代表性的当属白居易。他关注民生，批判社会黑暗，以通俗易懂的语言创作了大量现实主义诗作。如《秦中吟》《长恨歌》《琵琶行》等作品，都深刻反映了当时社会的矛盾和问题。

唐朝晚期，李商隐和杜牧的出现为诗坛带来了新的活力。李商隐的诗作大都与政治相关，如《马嵬》等，同时也有一些感情深刻的诗篇如《锦瑟》《无题》等。而杜牧则是一个集风流才子和具有新历史观的诗人于一身的人物，他的代表作《赤壁》等作品充满了历史感和现实关怀，杜荀鹤、秦韬玉等现实主义诗人也在这一时期崭露头角。

除了诗歌外，唐朝的散文和民间文学也取得了很高的成就。初唐时期的散文仍受到六朝骈文的影响，但到了唐朝中期，韩愈、柳宗元等人发起了一场"古文运动"，强调散文的实用性和质朴自然之美。韩愈的散文气势充沛、纵横开阖、形象鲜明，如《师说》《祭十二郎文》等作品都体现了他的文学才华。而柳宗元则擅长描写山水，其思想具有唯物主义倾向，代表作如"永州八记"等。此外，唐朝的民间文学也十分繁荣。这一时期出现了小说的前身——"传奇"，如《虬髯客传》《柳毅传》《莺莺传》等作品，都展现了唐朝民间文学的独特魅力。

晚唐时期，温庭筠是第一个大力写词的作家，他的词以闺怨为主题，展现了浓艳细腻、锦密隐约的特点。他的作品以女性视角出发，通过细腻的描写展现了女性内心的柔情和哀怨。温庭筠的词风成为"花间派"的代表，对后来的词人产生了深远的影响。

进入五代十国时期，词坛上更是涌现出了众多杰出的词人。韦庄、冯延巳、李煜等人都是当时的著名词作家。其中，李煜的词作最为出色，被誉为词中之冠。他的词内容广泛，既有对宫廷享乐的描绘，也有对离愁别恨和囚徒生活的倾诉。李煜的词感情深挚，他擅长运用白描手法，通过简洁明快的语言，将复杂的情感表现得淋漓尽致。他的词作意境浑融阔大，语言或明丽或朴素，流走如珠，风格清婉沉着。李煜的词作不仅丰富和发展了词的表现能力和艺术风格，而且在词史上占有重要地位。他的作品不仅具有极高的艺术价值，也为我们了解当时的历史和文化提供了宝贵的资料。

除了李煜之外，韦庄和冯延巳也是五代十国时期词坛上的重要人物。韦庄的词以清新自然、明快流畅为主要特点，他的词作中充满了对生活的热爱和对美好事物的追求。而冯延巳的词则更加注重词藻的华丽和情感的深沉，作品常常以情感为主线，通过细腻的描写展现出人物内心的复杂情感。

五代十国时期的文学繁荣，除了词人的才华和努力之外，也与当时的社会环境有关。战乱频繁的历史背景使得人们更加珍视生命的短暂和美好，从而更加注重情感的表达和文学的创作。这种文化氛围为文学的发展提供了有力的支持。

北宋初期的词坛，承袭了五代词风的遗韵，犹如江河之水，流淌着男女间的柔情蜜意与离愁别绪。这一时期的词坛，群星璀璨，其中柳永、晏殊以及中期的秦观，更是独树一帜，引领风骚。

柳永，被誉为"词坛之宗"，他的作品擅长描绘羁旅行役之情，笔触细腻，情感真挚。诸如《雨霖铃》中的"寒蝉凄切，对长亭晚，骤雨初歇"，他以寒蝉和骤雨为引，抒发离别的哀愁；《望海潮》中的"东南形胜，三吴都会，钱塘自古繁华"，则展现了东南的壮丽景色和钱塘的繁华盛景；《八声甘州》中的"对潇潇暮雨洒江天，一番洗清秋"，他以暮雨为伴，勾勒出一幅清秋的画卷。这些作品都展现了柳永深厚的文学功底和敏锐的情感捕捉能力。

晏殊的词作则以风调娴雅、语言婉丽、音韵和谐而著称。他的代表作《浣溪沙》中的"一曲新词酒一杯，去年天气旧亭台"，以清新脱俗的笔触，描绘了时光流转中的物是人非。这种淡雅的风格，使得晏殊的词作在北宋词坛上独树一帜。

秦观，作为北宋中期的词坛翘楚，他的词风婉约绮丽，情感深沉。诸如《鹊桥仙》中的"纤云弄巧，飞星传恨，银汉迢迢暗度"，他以牛郎织女的传说为引，寄托了对爱情的美好期许；《踏莎行·郴州旅舍》中的"郴江幸自绕郴山，为谁流下潇湘去"，则表达了他对故乡的深深眷恋。这些作品都展现了秦观敏锐的情感洞察力和高超的文学造诣。

除了上述三位词人外，北宋初期还有周邦彦、欧阳修等著名的婉约词人。他们的作品多以描写男女恋情和自然风光为主，风格细腻、语言优美，为北宋词坛注入了新的活力。

北宋中期，苏轼的出现打破了词坛的固有格局。他开辟了豪放词风，以磅礴的气势和深邃的思想内涵，引领了词坛的新潮流。诸如《念奴娇·赤壁怀古》中的"大江东去，浪淘尽，千古风流人物"，他以赤壁之战为背景，抒发了对英雄人物的敬仰和怀念；《定风波》中的"莫听穿林打叶声，何妨吟啸且徐行"，则表达了他对人生坎坷的乐观态度和坚韧精神。苏轼的词作不仅气势磅礴，而且富有哲理性和思想性，给人以深刻的思考和启示。

同时，苏轼的诗作也堪称一绝。他擅长说理，以简洁明快的笔触和深刻的思想内涵，赢得了"诗中有画，画中有诗"的美誉。诸如《题西林壁》中的"横看成岭侧成峰，远近高低各不同"，他以庐山为引，表达了对事物多角度观察的思考；《饮湖上初晴后雨》中的"欲把西湖比西子，淡妆浓抹总相宜"，则展现了他对自然美景的赞美和热爱。这些诗作都体现了苏轼高超的文学造诣和敏锐的思想洞察力。

在两宋之交，著名女词人李清照的出现，更是为词坛注入了新的活力。她的词作以女性独有的细腻情怀和清新脱俗的笔触而著称。她前期的词作主要写男女爱情和自然风光，如《如梦令》中的"常记溪亭日暮，沉醉不知归路"，以女性特有的视角和情感体验，描绘了爱情的甜蜜和美好；后期的词作则主要抒发伤感怀旧、悼亡之情，如《声声慢》中的"寻寻觅觅，冷冷清清，凄凄惨惨戚戚"，以凄婉动人的笔触，表达了对逝去亲人的深深思念和无尽哀愁。李清照的词作不仅情感真挚、语言优美，而且意境深远、韵味悠长，给词坛带来了清高的意趣、淡雅的情怀和空灵的意境。

南宋文学繁荣，人才辈出，其中尤以词坛最为璀璨。辛弃疾，这位被后人尊称为"词中之龙"的豪放派词人，凭借其六百多篇的词作，成为南宋词坛的璀璨明星。他的作品不仅数量众多，而且质量上乘，以国家、民族的现实问题为题材，抒发慷慨激昂的爱国之情，展现了他坚持抗金的决心，倾诉了壮志难酬的悲愤。他对南宋上层统治集团屈辱投降的嘲讽和批判，更是展现了他的铮铮铁骨和民族气节。他的名篇如《破阵子·为陈同甫赋壮词以寄之》《永遇乐·京口北固亭怀古》等，都是后人研究和欣赏的瑰宝。辛弃疾并非只有豪放一面，他的婉约词同样令人称叹。其中的代表作《青玉案·元夕》以清新脱俗的笔触，表达了自己甘愿寂寞、不与世俗同流合污的高洁情操。这种既豪放又婉约的风格，使他在词坛上独树一帜，成为后人研究和模仿的对象。

与辛弃疾并驾齐驱的，还有南宋婉约词的代表人物姜夔。他的词作以清新脱俗、婉约柔美著称，其中《扬州慢》（淮左名都）等作品，都展现了他对生活、自然和情感的细腻描绘。姜夔的词作，如同清泉流淌，给人一种清新脱俗的感觉，让人陶醉其中。

（四）明清文学

明朝初年，经历了元末的动乱之后，文坛上出现了以宋濂、刘基、高启为代表的一批诗文作家。他们广泛接触现实生活，创作出了许多揭露现实黑暗、具有社会内容的作品，如宋濂的《阅江楼记》、刘基的《卖柑者言》等。这些作品不仅体现了文人们对社会现实的关注，也展示了他们独立思考和敢于批判的精神。

到了清朝时期，由于文字狱的加剧，诗文创作更加受限，文人的创作空间受到了极大的压缩。尽管如此，仍有一些文人如袁枚等坚持创作，为清朝诗文的发展作出了贡献。同时，清朝的吴楚材、吴调侯等编辑了一部《古文观止》，收录了上启先秦，下至明末的222篇散文，为后人研究古代散文提供了宝贵的资料。

在中国古代文学史上，小说的兴起和发展是一个引人注目的现象。尤其在明朝初年，小说这一文学形式展现出了旺盛的生命力和独特的魅力。与前代传奇小说、话本和杂剧相比，明朝初年的小说不仅在数量上有所增加，更在质量上有了显著的提升。

这一时期的文学繁荣与市民阶层的壮大密不可分。随着市民阶层的崛起，他们对于反映自己生活、表达自己情感的文学作品产生了强烈的需求。因此，适应市民阶层需要的文学创作应运而生，涌现出大量优秀的长篇通俗小说和短篇白话小说。这些作品不仅深受人们欢迎，而且逐渐冲击了正统的封建文学，甚至在文学发展史上逐渐取代了正统文学的地位。

《西游记》是明代中期吴承恩所著的一部神魔小说，它以丰富的想象力和深刻的社会寓意，成为中国古典文学的四大名著之一。这部作品共100回，前7回主要描述了孙悟空的诞生和他在天宫的闹事，而8至13回则讲述了唐僧的出世和取经任务的开始。小说的其余部分则围绕唐僧师徒四人在取经路上的种种考验和冒险，他们与妖魔的斗争，以及最终取得真经的历程。

孙悟空这一角色是《西游记》中最为突出的形象，他不仅具有超凡的武艺和变化无穷的本领，更以其反抗神权和妖魔的精神，体现了人民对于正义和自由的向往。《西游记》通过讽刺和幽默的笔法，以及浪漫主义的艺术手法，构建了一个充满奇幻色彩的神话世界，展现了作者非凡的艺术想象力。作为一部文学作品，《西游记》也不可避免地带有时代的烙印，其中包括一些如三教合一、佛法无边以及宿命论和因果报应等思想。

"三言"和"二拍"的选编版本《今古奇观》，由姑苏抱翁老人精心编纂，是流传甚广的古代白话短篇小说集。这部作品不仅丰富了文学的多样性，更以其生动的笔触展现了当时社会的百态。从繁华的都市到偏僻的乡村，从权贵的府邸到平民的茅屋，每一个故事都如同一幅幅细腻的社会画卷，反映了那个时代的风土人情、伦理道德和价值取向。这些作品不仅具有很高的文学价值，同时也是研究当时历史、文化和社会的宝贵资料。

而在清朝时期，吴敬梓的《儒林外史》无疑是一部具有里程碑意义的讽刺小说。吴敬梓多次参加科举考试，却屡试不中，家业也逐渐败落。这些经历使他深刻体验到了科举制度的残酷和世态炎凉。他通过细腻的笔触，刻画了一群追求功名富贵的封建儒生和贪官污吏的丑恶形象，剖析了他们扭曲的灵魂。这些人物虽然形态各异，但都在不同程度上展现了当时读书人的丑陋和变态。吴敬梓希望通过这部作品，唤起人们对儒家道德规范的重视，扭转社会的丑恶风气。《儒林外史》的讽刺手法堪称一绝。无论是周进撞号板还是范进中举发疯，都充满了强烈的讽刺意味。这些故事不仅令人捧腹大笑，更让人深思。它们以生动有趣的方式揭示了当时社会的种种弊端，开创了以小说直接评价现实的先河。

与此同时，清朝初期还出现了一部名为《聊斋志异》的文言短篇小说集。这部作品以谈狐说鬼为主题，展现了作者蒲松龄丰富的想象力和深刻的社会洞察力。蒲松龄通过描绘幽冥幻域之境和鬼狐花妖之事，曲折地反映了明末清初广阔的社会生活。他不仅对科举制度进行了血泪控诉，还热烈歌颂了真挚的爱情，对现实政治的腐败和贪官污吏进行了严厉的批判。这些故事不仅充满了奇幻色彩，更蕴含了深刻的社会意义。《聊斋志异》中的许多篇章，如《司文郎》《连城》《婴宁》《促织》等，都是脍炙人口的名篇。这些故事虽然写的是幽冥幻域之境和鬼狐花妖之事，但它们所反映的却是现实生活中真实存在的社会问题。蒲松龄以独特的视角和犀利的笔触揭示了当时社会的种种矛盾和问题，表达了自己鲜明的态度。这部作品不仅对清代文言小说产生了重要影响，也为后世文学创作提供了宝贵的借鉴和启示。

在18世纪中叶，一部名为《红楼梦》的小说横空出世，它在中国小说史上独树一帜，被誉为空前的艺术巅峰。这部作品不仅以其丰富的情节和生动的人物形象吸引了无数读者，更以其深刻的主题和独特的艺术风格，成为中国封建制度崩溃和必然灭亡的生动写照。《红楼梦》的别名有《金陵十二钗》《石头记》《风月宝鉴》《情僧录》等，这些名字都蕴含着丰富的文化内涵和象征意义。作者曹雪芹花费了五年的时间，五次增删修改，终于完成了这部现实主义杰作。如今，一般认为前80回为曹雪芹所写，后40回为高鹗所续。这部小说以贾宝玉和林黛玉的爱情悲剧为主线，通过描绘贾、史、王、薛四大家族的衰亡过程，形象地揭示了封建家庭的腐朽和没落。小说以巨大的艺术表现力，成功塑造了400多个人物形象，其中既有叛逆精神的青年男女，也有富有斗争精神的下层女性，还有形形色色的封建统治阶级人物。这些人物的生动刻画，不仅反映了当时社会的面貌，更让我们深入了解了封建制度下的种种丑恶和矛盾。

鲁迅曾评价说："自有《红楼梦》出来后，传统的思想和写法都被打破了。"

这正是因为《红楼梦》所体现的反传统的女性人文主义思想和悲剧美学价值，使其在中国小说史上具有独特的地位。同时，作品在思想性和艺术性上的完美结合，也使其呈现出永久的魅力。如今，《红楼梦》已成为专门学科——"红学"的研究对象，吸引了无数学者和爱好者的深入探索。除了丰富的情节和生动的人物形象外，《红楼梦》还以其绚丽多彩的语言和紧凑的结构赢得了读者的喜爱。小说中的诗词歌赋、对联谜语等文化元素，不仅展示了作者深厚的文学功底，更为作品增添了浓厚的文化底蕴。而小说中对封建家庭和社会现实的深刻揭示，更是让人们在欣赏艺术之美的同时，思考着社会和历史的发展规律。

明清时期，通俗小说和戏剧创作均达到了巅峰状态，涌现出了一批杰出的作品和作家。这些作品不仅在文学史上占据了重要地位，而且深受广大读者的喜爱。

在通俗小说方面，明代的《杨家府演义》以杨家将的英勇事迹为题材，通过生动的叙述和刻画，展现了忠诚、勇敢和爱国精神。清朝李汝珍的《镜花缘》则以奇幻的笔法，描绘了一个充满神奇色彩的花仙世界，富有哲理和想象力。俞越的《七侠五义》则以七侠五义的英勇事迹为主线，弘扬了正义和侠义精神。钱彩与金丰的《说岳全传》则以岳飞抗金为背景，歌颂了民族英雄岳飞的忠诚和英勇。

在戏剧方面，明清传奇是最具代表性的戏剧形式之一。明朝戏剧家汤显祖的"临川四梦"以其浪漫主义风格和深刻的社会寓意而著称。《牡丹亭》作为其中的代表作之一，以杜丽娘和柳梦梅的爱情故事为主线，通过离奇动人的情节和典雅华美的文辞，揭露了封建礼教对人性的束缚和压迫，歌颂了青年男女追求自由爱情的斗争精神。这一作品不仅具有深刻的思想内涵，而且艺术成就极高，被誉为中国古代戏曲的瑰宝之一。

清朝初期，孔尚任的《桃花扇》和洪昇的《长生殿》两部剧作的出现，标志着清代戏曲创作达到了新的高峰。《桃花扇》以侯方域和李香君的爱情故事为线索，通过历史剧的创作手法，揭示了明末腐朽、动乱的社会现实，谴责了南明王朝的腐朽政治。而《长生殿》则以唐明皇和杨贵妃的爱情故事为主线，通过细腻的笔触和浓厚的抒情色彩，展现了生死不渝的爱情和家国之痛。这两部作品不仅在历史剧的创作上取得了很高的艺术成就，而且深刻反映了当时社会的现实和人民的心声。

此外，清代杭州才女陈端生的长篇弹词《再生缘》也是明清时期通俗文学中的一颗璀璨明珠。这部作品行文潇洒、语言风趣、风采卓绝，被誉为祖国五千年灿烂文化中的光辉典籍之一。其中塑造的孟丽君形象更是惊才绝艳、智慧超群，成为中国文学史上不朽的艺术形象。数百年来，《再生缘》的演绎作品层出不穷，不断为后人提供着艺术的灵感和文化的滋养。

（五）清末文学

在清末，受到欧洲文学观念的影响，梁启超等人强调了小说在社会改良中的作用，推动了小说的社会地位提升和创作的繁荣。李宝嘉的《官场现形记》、吴趼人的《二十年目睹之怪现状》、刘鹗的《老残游记》和曾朴的《孽海花》等作品，运用讽刺和夸张的手法，批评了腐败的封建统治和帝国主义的侵略，被誉为"清末四大谴责小说"。

西方文学名著的翻译和介绍也在这个时期开始兴起，林纾是其中著名的翻译家。他通过别人的口译，用文言文记录并整理外国小说，一生翻译了170余部作品，其中《黑奴吁天录》（今译《汤姆叔叔的小屋》）影响尤为深远。

清王朝结束后，陈独秀、鲁迅等人发起了"新文化运动"，主张反对旧文学、提倡新文学，这一运动结束了古典文学在中国的统治地位，文言文被白话文取代。尽管这一运动促进了思想解放，但也对中国传统文化进行了过度批判，导致了历史虚无主义的出现。

中华人民共和国成立后，中国古典文学得到了新的评价和重视，被视为中国文学的根本和文化修养的基础。我们应当采取正确的扬弃态度，既继承又发展古典文学，以展现中国几千年文化的辉煌与魅力。

第二节　中国典籍文化翻译与传播

一、典籍文化

（一）典籍文化的定义

《孟子·告子下》中有言："诸侯之地方百里；不百里，不足以守宗庙之典籍。"这里的"典籍"指的是"礼制"，是国家重要的法则文献。在古代，典籍被视为国家的瑰宝，是传承历史文化的重要载体。从广义上讲，典籍涵盖了自上古神话至清代学术的绵延千年的重要作品，没有时间限制。而狭义上的典籍则更具体，更能体现某一时期典籍的特色和特点。结合广义和狭义的定义，我们可以将典籍理解为清代（19世纪中叶）以前的古籍，这些古籍不仅具有学术价值，有些还代表了当时的传统地域文化。

（二）典籍文化的特征

典籍文化，作为人类文明的瑰宝，其独特的魅力与重要性不言而喻。深入探讨典籍文化的特征，我们会发现它体现在深厚的历史积淀、丰富的内涵和独特的传承方式等多个方面。

典籍文化的历史积淀深厚是最为突出的特征之一。无论是东方还是西方，典籍都是知识的载体、智慧的结晶和历史的见证。从古代的甲骨文、竹简、帛书到现代的电子书、网络文献，典籍文化的形式在不断演变，其核心价值始终未变。典籍记录了人类文明的发展历程，见证了不同时代、不同地域、不同民族的文化特色与智慧结晶。典籍文化是人类文明传承与发展的重要载体，是一种深厚的历史文化积淀。

（三）典籍文化的分类

为了便于对卷帙浩繁的典籍进行学习运用，便产生了典籍的分类。我国古代典籍的分类，一般认为源于西汉刘向、刘歆父子奉诏整理点校国家藏书，对汉朝皇室"积如丘山"的典籍进行全面整理，编成《七略》。《七略》的原本已经失传，但我们在后来班固所著的《汉书·艺文志》中可见其基本轮廓，只是班固删掉了《七略》中的《辑略》，改为了《六略》。

明清以后，著录更加繁盛，到清代乾隆年间，乾隆皇帝亲自组织，征集大批名人儒士，历时数十载，进行了我国历史上最大规模的古籍整理工作，编纂成《四库全书》，在书籍分类上仍按经、史、子、集四部分类，部下又分若干类，同时形成了一部重要的目录学著作《四库全书总目》。经部是指古代儒家的思想、伦理书籍和学说；史指各种类型的历史作品，司马迁著《史记》是中国正史的开始，每个朝代几乎都有一部正史，共二十四史。除此之外，史部还收录古史、野史、地方志、时令等书籍；子部包含除儒家外其他诸子百家的学说和著作。春秋时期，百家争鸣，法家、墨家、兵家等都有其学说。另外，宋明理学及之后的考据学也归于子部。集部是集合类书籍，包括散文、骈文、诗词、剧本、文学评论等。

中国典籍从分类的产生到四部分类法的正式形成是不断发展、不断进步的，越来越系统，也越来越复杂。随着西学东渐的浪潮，晚清引进了西方近代图书分类法后，加之现代学科建制的确立，美国图书馆专家麦尔威·杜威（Melvil Dewey）的十进分类法（哲学与心理学、宗教、社会科学、语言、自然科学、文学、历史地理与传记等）对我国现代图书分类产生影响。现代图书分类（2011）有5大类：马列著作、哲学、社会科学、自然科学及综合类图书。实际上，《中图法》也适用于典籍的分类，为了对典籍进行有针对性的翻译，将传统分类方法与满足读者阅读习惯的现代分类方法相结合是更好的选择。因为，与现代图书分类学相比，四部分类有很多不合理的地方，比如，各部之间没有明显的分类规定，标准不统一，或按书籍内容，或按作者的社会地位等。

另外，基于不同的研究目的，典籍还有其他分类。就学科而言，典籍可分为哲学、历史、宗教、文学、风俗研究、考据学、伦理学、版本考据等。从思想上看，典籍可分为先秦哲学、儒家、道家和佛教思想。就标准而言，典籍可按传统的经史子集分类。从文体来看，典籍可以分为两类：文学典籍和科技典籍。文学典籍包括诗词、散文、戏剧和小说。科技典籍由数学、天文、生物、物理、化学、地理、农业、医学、技术、法律和军事等部分组成。当代学者自身受教于现代学科分类的教育体制下，在讨论典籍诸问题时，分类法始终是分析的对象，既包括现代学科分类也包括中国传统的分类法"七略"和"四部"，如在梳理典籍外译文本时，会有如下表述。

就已经翻译出版的典籍而言，数目较多的包括哲学典籍、历史典籍、诗词歌赋典籍、小说典籍、戏剧典籍、中医药典籍等六大类。已经外译并出版的典籍的其他类型数量较少，如文论、散文、兵书、地理典籍、科技典籍、农业典籍、百科典籍、法律典籍、艺术典籍等。

结合文化和典籍的定义及分类可见，典籍是文化的一部分，是文化产品的一种形态。根据冰山理论的分类，典籍的外在表现形式即文字读物（包括多媒体形式）属于水平面上的文化，而典籍所蕴含的深层意义则属于水平面以下的文化。因而，从跨文化研究的理论和方法视角考察典籍外译，对典籍外译的理论体系构建和翻译实践，有很强的引领意义。

二、典籍文化翻译与传播的策略

典籍文化，作为中华民族悠久历史的见证和智慧的结晶，其翻译工作不仅要求语言上的精准，更要求文化上的传承与发扬。在进行典籍文化的翻译时，必须遵循一系列的原则，以确保原文的精髓得以完整保留，并在译文中得到恰当的体现。典籍文化的翻译不是简单的语言转换，而是一次跨越时空的文化对话。因此，译者在翻译过程中，必须尽可能保持原文的语义、风格和修辞特点，不得随意增减或修改原文内容。只有在充分理解原文的基础上，才能进行准确的翻译。

（一）语言层面

译文越接近原文的措辞，对读者来说就越显得异化，就越有可能起到修正主流话语的作用[①]。东西方文化焦点的巨大差异造成了词义空缺现象明显。而异化效果可以通过吸收源语文化在民族历史进程中逐渐积累并有别于其他民族的表达来实现。从中医名词术语来看，文树德对《黄帝内经》进行翻译时并没有采取用目的语表达去意译、解释这些中医概念的方式，而是以中医的思维去解读，主要通过直译加注或音译加注等方式来确保译文更充分地接近原文，反映原文的真实内容。据统计，文译本共计使用了5912条脚注对译文进行注解[②]。所有的这些译注、解读和说明为读者领会原文本之"异"提供了直接资源。

1.直译

直译是表现源语文本差异性最常用的策略之一。面对特有的中式表达，文树德在文本处理上大多直译，然后采用注解去丰富直译背后蕴含的深刻含义。例如：

原文：弱而能言，幼而徇齐，长而敦敏，成而登天。

译文：While he was [still] weak, he could speak.

While he was [still] young, he was quick of apprehension.

After he had grown up, he was sincere and skillful.

After he had matured, he ascended to heaven.

注：Wang Bing: He casted a tripod at Tripod Lake Mountain. After he had it finished（成），he rose to heaven in broad daylight（as an immortal）.Zhang Jiebin takes this story to be a fairy tale and interprets（登天）as "to die". Yu Yue suggested to interpret（登天）as assuming the position of ruler and he quoted the following statement

---

① 蒋晓华，张景华.重新解读韦努蒂的异化翻译理论——兼与郭建中教授商榷[J].中国翻译，2007（3）：39–43.

② 蒋辰雪.文树德《黄帝内经》英译本的"深度翻译"探究[J].中国翻译，2019（5）：112–120.

from *the Yi Jing*（易经），*Ming Yi Zhuan*（明夷传)to strengthen his point. Tanba Genkan adduces evidence from the almost identical passages in *the Shi Ji*(史记)，*the Da Dai Li Ji*（大戴礼记)，and *the Jia Yu*（家语）.

面对"登天"这样一个中西意义差异较大的词，文树德采用直译加注的方法，将"登天"翻译为ascended to heaven。接着在脚注中给出了其他学者的解读并补充各类注释。如列出王冰注解为"黄帝后铸鼎于鼎湖山，鼎成而白日升天"，登天即成就不死之身；张介宾将其理解为一个神话故事，登天即为死亡；俞樾从《易经》《明夷传》里引用"初登于天，照四国也"佐证，"登天"即继承王位；丹波元简从《史记》《大戴礼记》《家语》里找到证据，认为登天即为聪明之意。"登天"一词明显带有强烈的"异域色彩"，译者没有根据自己的理解进行意译，而是通过直译的翻译方法保留了这一异质特色，通过脚注将其进一步延伸彰显，呈现出多面、立体的意义。

2.音译

原文：女子七岁，肾气盛，齿更发长

译文：In a female，

at the age of seven，

the Qi of the kidneys abounds.

在中国古代哲学观点中，"气"指"构成万物的基本物质"。中医学便是基于这样一个出发点来阐释自然界的运动变化、人体的生理病理规律以及四时节气变化对人体的影响。此处的"肾气"即肾精化生之气，指肾脏的功能活动。在译本中，译者采取音译的异化翻译方法，译为the Qi of the kidneys。Qi是一个模糊概念，文化内涵丰富，存在于所有可能的状态中，所以译者直接用异化的手法音译为Qi。这种译法保留了源语独特的文化概念，还借此将Qi引入了目的语。同理通过在译文中引入大量此类异质性话语，既能凸显语言和文化的差异性，又对目的语起到一定的补充、丰富的成效。虽然从短期看可能会给跨文化交流带来一定的障碍，但只要该术语被接受了，就会对中医学概念的传播和目的语文化建构起到积极的推动作用。

（二）结构层面

韦努蒂说，他的翻译是要在目的语中重新创造原文中相类似的特殊表达方式，力图忠于原文中一些特殊表达，使译文和原文的关系，既是一种重现的关系，又是一种相互补充的关系。原文的医理是以"黄帝"和"岐伯"之间的对话形式来呈现，文树德在译本中同样采用对话的结构，使得读者从全局了解到《内经》的话语特色。原文中有大量结构对仗的并列句式，文树德尽力保留原文句法的并列结构与句法顺序，以并置方式让英文读者真切地感受中医话语的内在结构。为了使译文与原文句型结构一致，译者会使用括号来补充原文中省略但表达了意思的词汇或短语。例如：

原文：食饮有节，起居有常，不妄作劳。

译文：[Their] eating and drinking was moderate.

[Their] rising and resting had regularity.

They did not tax [themselves] with meaningless work.

原文为并列的四字结构，且前后对仗。译文为达到与原文句型结构上的高度统一，对原文进行了模仿，并采用括号这一形式来补充相关内容以连贯文气。虽然这种非线性句式的表达并不符合英语中重前后逻辑、连贯的形合特点，但是这种不连贯在另一个层面上则是保留了差异性和陌生性。

《黄帝内经》文译本以异化翻译为主并采用多种话语策略，正视差异、尊重差异、强调差异、保留差异。最大程度地反映了原义和原貌，保留并彰显了原文本的"文化之异"和"语言之异"。通过"存异"使得处于弱势地位的中医文化在西方国家维护了自身的主体性，译者的主体性和自身价值得到了充分体现，读者领会到异域文化的特色，目的语文化也得到一定程度的丰富和发展。

第三节　中国经典诗词曲赋翻译与传播

一、诗词曲赋文化

诗词曲赋文化，简而言之，便是以诗词、曲赋为载体，传递情感、思想、哲理以及历史文化内涵的一种独特文化形式。它源远流长，深深植根于中华民族的文化传统之中，是中华文化瑰宝的重要组成部分。

诗词曲赋文化以其独特的艺术形式和表现手法，展现了中华民族丰富的情感世界和深邃的思想内涵。诗词以其精炼的语言、优美的韵律和深远的意境，表达了人们对自然、社会、人生、情感等诸多方面的感悟和理解。而曲赋则以其活泼的节奏、丰富的想象力和多样化的表现形式，生动地再现了人们的生活场景和社会风貌。

二、诗词曲赋文化翻译与传播的策略

下面综合一些译者的观点，分析中国诗词曲赋的翻译策略。

（一）注重诗词的形式

以屈原的"骚体诗"为例，他打破了《诗经》整齐的四言句式，创造出句式可长可短、篇幅宏大、内涵丰富的"骚体诗"，开创了中国浪漫主义的先河。这种独特的诗歌形式在翻译过程中具有重要的再现意义。许渊冲先生提出的"形美"概念，就是指译诗在句子和对仗工整方面尽量做到与原诗形似。[①]然而，他所追求的并不是简单的对号入座式的形似，而是在忠实于原文的基础上，兼顾翻译规范、目标读者的阅读习惯以及审美倾向等因素，合理使用归化策略，以传达出原文的内涵和形式美。例如：

原文：

擥木根以结茝兮，贯薜荔之落蕊。

矫菌桂以纫蕙兮，索胡绳之纚纚。

译文：

I string clover with gather wine, oh!

And fallen stamens there among.

I plait cassia tendrils and wine, oh!

Some strands of ivy green and long.

在翻译领域，许渊冲先生以其独特的翻译手法和对英汉诗歌的深刻理解，为我们展示了一种全新的翻译美学。他深知英汉诗歌之间的异同，巧妙地运用英语诗歌的平行结构，将原文诗歌的形式美展现得淋漓尽致。同时，他也成功地传达了原诗的情感内涵，实现了意美的再现。在句式方面，许渊冲的译文充分考虑了目标读者的阅读习惯。他巧妙地补出了主语"I"，使得译文更符合英语SVO结构，易于理解和接受。这种处理手法不仅符合英语读者的阅读习惯，同时也为译文增色不少。在第一、三句中，他巧妙地使用了字数对等的手法，构成主语对主

---

① 许渊冲.文学与翻译[M].北京：北京大学出版社，2003：115.

语、谓语对谓语的结构，使得译文在视觉上更加美观，给人一种和谐、平衡的感觉。除了对句式的处理外，许渊冲还充分发挥了译语的优势。在兼顾原诗形美的前提下，他采用了等化的译法，将"落蕊""菌桂"等意象逐一译出，如fallen stamens，cassia tendrils，strands of ivy green等，成功地再现了原文的意象。这样的翻译不仅让读者了解到原诗的内容，更让他们在欣赏的过程中感受到美的愉悦。许渊冲的翻译艺术不仅仅体现在对原诗的忠实传达上，更体现在他对原文的深入理解和审美创造上。他基于原文的基础上，用符合英语语言规范的方式表达，充分调动了自己的审美能力和创造能力。他根据原诗的内容选择恰当的译诗形式，将原诗的神韵传达得淋漓尽致，做到了形神兼备。

（二）传递意境美和音韵美

《离骚》诗歌里的意象是诗人情感的寄托。许渊冲先生译诗最讲究的是传达诗的内涵意义，却又不过分拘泥于原诗。例如：

原文：

椒专佞以慢慆兮，樧又欲充夫佩帏。

既干进而务入兮，又何芳之能祗？

译文：

The pepper flatters and looks proud，oh！

It wants to fill a noble place.

It tries to climb upon the cloud，oh！

But it has nor fragrance nor grace.

"椒"与"樧"在古典诗词中，常被用作描绘那些专横跋扈、心机深沉的小人形象，而"芳"字则常被用来赞美品德高尚、行为端正的君子。然而，在翻译这些诗句时，译者并未一一对这些意象进行直译，而是更加注重传达诗句的内在含义和深层美感。这种翻译方式，不仅展现了诗人对小人谄媚之态的生动描绘，更凸显了译者在追求意美之余，对于诗歌整体美感的尊重与保持。在许渊冲的翻译中，我们可以看到他采用了浅化的译法，将"佩帏"翻译为"noble place"，这样的翻译既传达了原诗中小人攀权附贵的意味，又避免了直译可能带来的生硬和歧义。这种处理方式，既体现了译者对原文的深刻理解，也展示了他对译文读者的关照。值得注意的是，许渊冲在翻译过程中，还巧妙地省略了部分意象，如"樧""佩帏"以及"芳"。这种省略并不是简单地忽略，而是在深入理解原文的基础上，为了更好地传达诗歌的整体意境和美感所做的选择。这种处理方式，既避免了译文过于冗长，也保留了诗歌的简洁和凝练。在保持诗句意思的同时，许渊冲还十分注重译文的押韵和形式工整。他通过巧妙的词汇选择和句式安排，使译文在保持原文意蕴的同时，也兼具了音乐性和视觉美感。这种对于音美和形美的追求，正是许渊冲翻译诗学观的重要体现。

第四节　中国经典散文小说翻译与传播

一、散文小说文化

散文小说文化作为一种重要的文化形态，它跨越了时间和空间的界限，成为人类共同的精神财富。在这一文化领域中，散文和小说各自以其独特的方式，展现了人类情感的丰富性和思想的深邃性。散文以其自由灵活的文体和贴近生活的内容，为读者提供了一种直接与作者心灵对话的途径。它既可以是对自然风光的细腻描绘，也可以是对人生哲理的深刻思考，或是对社会现象的敏锐观察。散文的美在于以简洁而富有力量的文字触及人心最柔软的部分，引发读者的共鸣和思考。

小说通过虚构的叙事世界构建了一个个充满想象力的故事。小说中的人物形象鲜活，情节跌宕起伏，背景丰富多彩，共同构成了一个完整的艺术世界。小说不仅是娱乐和消遣的手段，更是对人性、社会和历史的深入探讨。通过小说，作者能够展现复杂的人性，探讨道德和伦理问题，反映社会变迁，甚至预见未来。

散文小说文化的价值不仅在于其文学成就，更在于对人类精神世界的滋养。它鼓励人们去探索、去体验、去感悟生活的真谛。在快节奏的现代生活中，散文小说提供了一种放慢脚步、回归内心的方式，让人们在阅读中找到慰藉，获得启示。

二、散文小说文化翻译与传播的策略

（一）动态、静态转换

语言是人对客观世界的一种反应方式，也有动态和静态的不同表达。静态的表达往往会把事物的运动和变化描述为一个过程或状态。而动态的表达法则注重对引起变化或运动过程的行为、动作。英语句子基本意义常常用静态表达，而汉语则通常用动态表达。

（二）情感的传达

散文的创作在于传达作者的思想感情，因此情感是散文的灵魂所在。在对散文进行翻译时，译者需要对原文的情感进行体会。也就是说，要想让读者顺利读完译者翻译的散文，获得与原作读者相同的感受，就需要译者把原作的情感融入进去，这样才能真正地移情。

参考文献

[1]蔡新乐.翻译的本体论研究[M].上海：上海译文出版社，2005.

[2]岑运强.语言学概论[M].北京：中国人民大学出版社，2015.

[3]陈福康.中国译学理论史稿[M].上海：上海外语教育出版社，2000.

[4]陈圣生.现代诗学[M].北京：社会科学文献出版社，1998.

[5]陈望道.修辞学发凡[M].上海：上海教育出版社，2001.

[6]陈文忠，李伟.文学理论[M].合肥：安徽大学出版社，2002.

[7]辞海编辑委员会.辞海[Z].上海：上海辞书出版社，1995.

[8]伯姆.论对话[C].王松涛，译.北京：教育科学出版社，2004.

[9]杜夫海纳.美学与哲学[M].孙非，译.北京：中国社会科学出版社，1985.

[10]方梦之.翻译新论和实践[M].青岛：青岛出版社，1999.

[11]佛朗·霍尔.西方文学批评简史[M].张月超，译.南京：南京大学出版社，1987.

[12]弗郎索瓦多斯.从结构到解构——法国20世纪思想主题[M].季广茂，译.北京：中央编译出版社，2004.

[13]傅修延.文本学——文本主义文论系统研究[M].北京：北京大学出版社，2004.

[14]伽达默尔.真理与方法[M].洪汉鼎，译.上海：上海译文出版社，1999.

[15]龚光明.翻译思维学[M].上海：上海社会科学院出版社，2004.

[16]辜正坤.中西诗比较鉴赏与翻译理论[M].北京：清华大学出版社，2003.

[17]顾仲彝.编剧理论与技巧[M].上海：上海人民出版社，2015.

[18]桂诗春.新编心理语言学[M].上海：上海外语教育出版社，2000.

[19]郭建中.文化与翻译[M].北京：中国对外翻译出版公司，2000.

[20]荷马.奥德赛[M].王焕生，译.北京：人民文学出版社，1997.

[21]赫施.解释的有效性[M].王才勇，译.北京：生活·读书·新知三联书店，1991.

[22]洪汉鼎.理解与解释——诠释学经典文选[M].上海：东方出版社，2006.

[23]胡经之，王岳川.文艺学美学方法论[M].北京：北京大学出版社，1994.

[24]胡经之.文艺美学[M].北京：北京大学出版社，1999.

[25]胡经之.西方二十世纪文论史[M].北京：中国社会科学出版社，1988.

[26]黄源深.外国文学欣赏与批评[M].上海：上海外语教育出版社，2003.

[27]加切奇拉泽.文艺翻译与文学交流[M].北京：中国对外翻译出版公司，1987.

[28]贾正传.融合与超越：走向翻译辩证系统论[M].上海：上海译文出版社，2007.

[29]蒋成.读解学引论[M].上海：上海文艺出版社，1998.

[30]金元蒲.接受反应文论[M].济南：山东教育出版社，2002.

[31]雷淑娟.文学语言美学修辞[M].上海：学林出版社，2004.

[32]李润新.文学语言概论[M].北京：北京语言学院出版社，1994.

[33]李咏吟.诗学解释学[M]上.上海：上海人民出版社，2003.

[34]李运兴.语篇翻译引论[M].北京：中国对外翻译出版公司，2001.

[35]廖七一.当代西方翻译理论探索[M].南京：译林出版社，2000.

[36]刘华文.汉诗英译的主体审美论[M].上海：上海外语教育出版社，2005.

[37]刘明阁.跨文化交际中汉英语言文化比较研究[M].开封：河南大学出版社，2009.

[38]刘士聪.英汉·汉英美文翻译与鉴赏[M].上海：译林出版社，2002.

[39]龙协涛.文学阅读学[M].北京：北京大学出版社，2004.

[40]罗兰·巴特.符号学原理[M].李幼蒸，译.北京：生活·读书·新知三联书店，1988.

[41]罗志野.西方文学批评史[M].桂林：广西师范大学出版社，1991.

[42]吕兴玉.语言学视阈下的英语文学理论研究[M].长春：东北师范大学出版社，2017.

[43]马丁·布伯.我与你[M].陈维纲，译.北京：生活·读书·新知三联书店，2002.

[44]马丁·布伯.人与人[M].张健，韦海英，译.北京：作家出版社，1992.

[45]中共中央马克思恩格斯列宁斯大林著作编译局.马克思恩格斯选集[M].北京：人民出版社，1972.

[46]马奇.中西美学思想比较研究[M].北京：中国人民大学出版社，1994.

[47]孟昭毅，李载道.中国翻译文学史[M].北京：北京大学出版社，2005.

[48]裴文.索绪尔：本真状态及其张力[M].北京：商务印书馆，2003.

[49]盛宁.人文困惑与反思：西方后现代主义思潮批判[M].北京：生活·读书·新知三联书店，1997.

[50]索绪尔.普通语言学教程[M].北京：商务印书馆，1999.

[51]谭载喜.西方翻译简史[M].北京：商务印书馆，1991.

[52]谭载喜.新编奈达论翻译[M].北京：中国对外翻译出版公司，1999.

[53]汪澍白.二十世纪中国文化史论[M].北京：中国青年出版社，1999.

[54]王德春.现代修辞学[M].南昌：江西教育出版社，1989.

[55]王宏印.文学翻译批评论稿[M].上海：上海外语教育出版社，2006.

[56]王先需.文学评论教程[M].武汉：华中科技大学出版社，1995.

[57]王一川.文学理论[M].成都：四川人民出版社，2003.

[58]王寅.语义理论与语言教学[M].上海：上海外语教育出版社，1999.

[59]王岳川.现象学与解释学文论[M].济南：山东教育出版，1999.

[60]吴建民.中国古代诗学原理[M].北京：人民文学出版社，2001.

[61]吴晟.中国意象诗探索[M].广州：中山大学出版社，2000.

[62]伍蠡甫，胡经之.西方文艺理论名著选编[M].北京：中国人民大学出版社，1985.

[63]谢天振.翻译研究新视野[M].青岛：青岛出版社，2003.

[64]谢天振.译介学[M].上海：上海外语教育出版社，1999.

[65]徐通锵.语言论——语义型语言的结构原理和研究方法[M].长春：东北师范大学出版社，1997.

[66]许钧.翻译思考录[M].武汉：湖北教育出版社，1998.

[67]亚里士多德.范畴篇·解释篇[M].方书春，译.北京：商务印书馆，2003.

[68]杨自俭.翻译新论[M].武汉：湖北教育出版社，1994.

[69]叶纪彬.艺术创作规律论[M].长春：东北师范大学出版社，1987.

[70]张柏然.译学论集[M].南京：译林出版社，1997.

[71]张培基.英汉翻译教程[M].上海：上海外语教育出版社，1980.

[72]张祥龙.海德格尔思想与中国天道——终极视域的开启与交融[M].北京：生活·读书·新知三联书店，2007.

[73]张晓春.艺林散步[M].上海：上海社会科学院出版社，1995.

[74]郑海凌.文学翻译学[M].郑州：文心出版社，2000.

[75]中国科学院语言研究所词典编辑室.现代汉语词典（试用本）[M].北京：商务印书馆，1973.

[76]中国社会科学院语言研究所.现代汉语大词典（第5版）[M].北京：商务印书馆，2006.

[77]周方珠.翻译多元论[M].北京：中国对外翻译出版公司，2004.

[78]周仪.翻译与批评[M].武汉：湖北教育出版社，1999.

[79]朱光潜.诗论[M].合肥：安徽教育出版社，1997.

[80]陈珊.从文化差异和准确性分析文学作品的翻译[J].青年文学家，2020（27）：104-105.

[81]杜小芳.以陈廷良译本《乱世佳人》为例分析英美文学翻译中东西方文化差异处理[J].青年文学家，2020（33）：79-80.

[82]段学慧.简析文化差异对英美文学翻译的影响[J].哈尔滨职业技术学院学报，2023（2）：156-158.

[83]鄂丽燕.中西饮食文化差异在英美文学作品中的体现——评《中西方饮食文化差异及翻译研究》[J].粮食与油脂，2022，35（7）：165.

[84]龚航.英语语言学翻译中国文化的体现探索[J].天南，2023（5）：38-40.

[85]龚磊.探究文学翻译中的中西方文化差异处理[J].名家名作，2023（22）：149-151.

[86]郭慧芳.文化差异对英美文学翻译的影响分析[J].英语广场，2024（9）：27-30.

[87]郭淑颖.英语文学翻译视角下中西文化的差异研究[J].西部学刊，2023（4）：86-90.

[88]韩羽.探讨英美文学翻译中语境文化的差异与影响[J].校园英语，2021（9）：245-246.

[89]胡冰玉.英语文学作品翻译中如何处理中西方文化差异[J].时代报告（奔

流），2022（6）：25-27.

[90]胡建敏.英语文学翻译中对中西不同文化意象的处理方法研究[J].现代英语，2020（24）：45-47.

[91]井婧.文化差异对外国文学翻译产生的内在影响研究[J].青年文学家，2020（30）：119-120.

[92]黎庆园.中西文化差异视野下的英美文学作品翻译对策[J].作家天地，2022（30）：28-30.

[93]李家才.文学翻译中的中西方文化差异处理[J].赤峰学院学报（汉文哲学社会科学版），2023，44（2）：50-53.

[94]李庆荣.中西方跨文化下的外国文学作品的鉴赏与翻译[J].散文百家（理论），2021（7）：50-51.

[95]李书琴.中西文化差异对英美文学翻译的影响分析[J].青年文学家，2020（27）：108-109.

[96]刘秋芝.英语文学翻译视角下中西文化的差异[J].散文百家（理论），2021（12）：79-81.

[97]刘淑奇.英语文学作品翻译中如何处理中西方文化差异浅析[J].中国民族博览，2022（21）：118-120+134.

[98]刘稳亮.英语文学作品翻译中处理中西方文化差异研究[J].山东开放大学学报，2022（1）：79-81.

[99]娄艺佳.正确应对英语文学翻译中文化差异的思考[J].校园英语，2021（1）：253-254.

[100]马鼎.中西方文化差异对英美文学翻译的影响研究[J].江西电力职业技术学院学报，2022，35（1）：136-138.

[101]毛靖怡.浅析中西方文化差异及其对文学翻译的启示[J].黄河.黄土.黄种人，2020（21）：9-10.

[102]闵煜.英语文学作品翻译中如何处理中西方文化差异[J].三角洲，2023（24）：82-84.

[103]乔璐.英语文学翻译视角下探讨中西文化的差异[J].青春岁月，2021（14）：24-25.

[104]王丹.中西文化语言差异下的英美文学作品翻译与赏析[J].作家天地，2022（14）：28-30.

[105]王丽君，邓薇薇.英语文学翻译中文化差异处理方式探究[J].英语广场，2020（35）：31–33.

[106]王丽丽.文学翻译中的中西文化差异与困境[J].文学教育（上），2022（8）：184–186.

[107]王林芳.英美文学作品英汉翻译与中西文化差异的关联研究[J].汉字文化，2021（24）：152–153.

[108]王明月.试论英语文学翻译中对中西不同文化意象的处理方法[J].中国多媒体与网络教学学报（上旬刊），2020（12）：74–76.

[109]夏弦，胡雅玲.解读中西方文化差异下的英美文学作品翻译[J].文化创新比较研究，2022，6（8）：42–45.

[110]熊阳梅.中西文化差异背景下的英汉诗歌互译策略研究[J].海外英语，2022（9）：54–56.

[111]薛玉秀.文化地理学视域下的中西方文学翻译研究[J].中学地理教学参考，2023（4）：87–88.

[112]张琛.跨文化视角下的英美文学作品英汉翻译研究[J].海外英语，2021（19）：248–249.

[113]张丹，朱宇晴.中西方文化差异在英语文学作品中的处理方式分析[J].青年文学家，2021（5）：151–152.

[114]赵国霞.基于中西方文化差异的英语文学作品处理方法分析[J].中国民族博览，2022（1）：192–194.

[115]赵欣.中西方文化差异背景下英美文学作品翻译[J].三角洲，2023（7）：143–145.

[116]郑芾.文化差异视域下英美文学翻译策略研究[J].作家天地，2022（1）：104–106.

[117]郑素娟.茶文学翻译中的中西方文化融合研究[J].福建茶叶，2022，44（12）：149–151.

[118]周淋霞.浅析跨文化视野下的英美文学作品英汉翻译策略[J].青春岁月，2022（12）：27–29.

[119]朱瑞珂.我国文学翻译出版"走出去"的现实困境及突破路径[J].安阳工学院学报，2020，19（5）：81–83.